高等职业院校职业素质教育改革创新教材

体育与健康

TIYU YU JIANKANG

主　编　童凤莲　王国旭　张贝迪

中国教育出版传媒集团
高等教育出版社·北京

内容提要

本书是高等职业院校职业素质教育改革创新教材。

本书共十章，包括体育与健康概述、体能训练、体育精神与体育美学、操舞类运动、大球类运动、小球类运动、我国民族传统体育、格斗类运动、水上运动与冰上运动、户外休闲运动。为利教便学，对于常见运动项目的部分重点、难点技术动作，本书在相关内容旁提供了链接动作视频的二维码，供学习查阅。

本书适合作为高职院校公共体育课教材。

图书在版编目（CIP）数据

体育与健康 / 童凤莲，王国旭，张贝迪主编.

北京：高等教育出版社，2025. 8（2025. 9重印）. -- ISBN 978-7-04-065408-0

Ⅰ. G807.4；G717.9

中国国家版本馆CIP数据核字第202556PL45号

策划编辑 张尕琳 **责任编辑** 赵力杰 **封面设计** 张文豪 **责任印制** 高忠富

出版发行	高等教育出版社	**网　　址**	http://www.hep.edu.cn
社　　址	北京市西城区德外大街4号		http://www.hep.com.cn
邮政编码	100120	**网上订购**	http://www.hepmall.com.cn
印　　刷	上海叶大印务发展有限公司		http://www.hepmall.com
开　　本	787 mm × 1092 mm　1/16		http://www.hepmall.cn
印　　张	16.75		
字　　数	419千字	**版　　次**	2025年8月第1版
购书热线	010-58581118	**印　　次**	2025年9月第2次印刷
咨询电话	400-810-0598	**定　　价**	42.00元

物 料 号　65408-00

编写委员会 EDITORIAL COMMITTEE

主　　编	童凤莲	王国旭	张贝迪
副主编	王　乐	肖婷予	
参　　编	张鑫禹	邓昊悦	刘　晨
	陈　双	莱　航	薛信勇
	陈晓奕	郭　磊	景小峰
	李建宇	史春海	王瑞鑫
	谢　博		

前言 FOREWORD

随着我国高等职业教育的蓬勃发展，培养具备扎实专业技能、良好职业素养和健康身心状态的高素质技术技能人才成为时代赋予高职院校的重要使命。“体育与健康”课程作为高职教育体系中的重要组成部分，不仅是提升学生身体素质的关键途径，更是培养学生意志品质、团队协作能力和终身锻炼意识的重要载体。在当前社会节奏加快、职业压力增大的背景下，高职学生的身心健康状况直接影响其未来的职业发展和生活质量。为此，我们编写了本教材，旨在为高职学生提供一本科学、实用、贴合职业发展需求的体育与健康指导用书。

本教材以《“健康中国2030”规划纲要》和《关于全面加强和改进新时代学校体育工作的意见》为指导，坚持贯彻落实党的二十大报告明确提出的“推进健康中国建设”战略部署，坚持立德树人。教材编写“以学生为中心”，充分考虑高职学生的认知规律和学习需求，在内容编排上打破了传统体育教材重技能、轻应用的局限，构建了“健康知识+运动技能+职业适应”三位一体的课程体系。教材既注重基础知识的传授，帮助学生树立科学的健康观念，掌握必备的健康管理知识，又注重强化运动技能的培养，注重技能的实用性和可操作性。教材采用图文结合的方式，将复杂的运动技术和健康知识以简洁明了的图示和通俗易懂的语言进行讲解，便于学生理解和掌握。此外，教材还注重培养学生的终身锻炼意识，介绍了多种简便易行的锻炼方法和运动计划制订技巧，鼓励学生根据自身情况选择适合的运动项目，养成坚持锻炼的好习惯。

由于高职教育专业众多、学生特点各异，本教材在内容选择和编排上尽量兼顾不同专业的需求，在实际教学中，教师可根据本校的专业特色和学生实际情况进行适当调整和补充，以更好地满足教学需求。我们希望本教材能够成为高职学生健康成长的良师益友，帮助他们在掌握专业技能的同时，拥有健康的身体和积极的心态，为未来的职业发展和幸福生活奠定坚实基础。

由于编写编者水平有限，教材中难免存在不足之处，恳请广大师生和读者批评指正。

编　者

目录 CONTENTS

第一章 CHAPTER 1

体育与健康概述

导言

健康问题已经成为当今中国乃至世界都十分关注的重大问题。随着社会的发展与进步，出现了工业化、城市化、老龄化等发展趋势，在其与社会转型、环境恶化、自然灾害、全球化等因素的共同作用下，体育与人的健康呈现出越来越紧密的联系。习近平主席在致博鳌亚洲论坛全球健康论坛大会开幕的祝贺信中强调，人人享有健康是全人类共同愿景，也是共建人类命运共同体的重要组成部分。党的二十大明确提出要推进健康中国建设，这充分体现了国家维护人民健康的坚定决心。

学习目标

- 了解健康与大健康的概念。
- 熟知体育锻炼的重要意义。
- 理解推进健康中国建设的重要意义。

健康与大健康

一、健康概述

随着社会的进步、物质和文化生活水平的不断提高，人们已解决基本的生存需求问题，转而开始关注生活的质量，对健康生活的追求也成为现代人的共同目标。

传统观念认为，健康就是指机体处于正常运作的状态，没有疾病。然而随着人们对健康认识的不断深入，单纯的身体健康已经不能解释我们在日常生活中的一些非健康现象。1948年世界卫生组织成立时就在其宪章中明确指出了健康的概念：健康是一种在身体上、心理上和社会上的完满状态，而不仅仅是没有疾病和虚弱。“三维健康观”的提出，使人们对健康的认识更为全面，对健康的评价也从身体领域扩展到了心理学和社会学领域。

1989年，世界卫生组织对健康的概念作了进一步丰富，提出了生理、心理、社会适应能力和道德的四维健康观。现代健康观不仅在内容上包括多个层面的含义，而且已由单纯的“生物医学模式”发展为“生物—心理—社会医学模式”，如表1-1所示。

表 1-1　生物—心理—社会医学模式

标　　志	生　　物	心　　理	社会医学
正常健康	健　康	健　康	健　康
悲　观	健　康	不健康	健　康
社会方面不健康	健　康	健　康	不健康
心理疾病	健　康	不健康	不健康
身体不健康	不健康	健　康	健　康
长期受疾病折磨	不健康	不健康	健　康
乐　观	不健康	健　康	不健康
严重疾病	不健康	不健康	不健康

（一）健康标准

根据世界卫生组织所制定的健康标准，可以用“五快、三良、三要、四有”来分别归纳身体健康、心理健康、社会适应和道德健康的评价标准。

1. 身体健康的标准

身体健康的标准是“五快”。

（1）吃得快。三餐吃起来津津有味，能快速吃完一餐而不挑食。快食并不是狼吞虎咽、不辨滋味，而是吃饭时不挑食、不偏食，吃得痛快，没有过饱或不饱的不满足感。

（2）走得快。这是下肢没有出现衰老和疾病的标志，表现为活动时动作敏捷、灵活自如。

（3）睡得快。这是中枢神经系统机能协调的标志，表现为入睡快，睡眠质量好，第二天精神饱满，工作状态佳。

（4）说得快。这是思路清晰、思维敏捷的标志，表现为说话连贯流畅，个人观点表达清晰准确。

（5）便得快。这是消化功能良好的标志，表现为排泄顺畅，有规律。

2. 心理健康的标准

心理健康的标准是“三良”。

（1）良好的个性。与人相处时性格温和、胸怀坦荡；遇到困难时意志坚强、坚忍不拔；遇到烦恼时乐观豁达、心境平和。

（2）良好的处事能力。待人接物时具有敏锐的洞察力和良好的自控力，遇事沉着、冷静、不慌乱，做事细心、周到、有条理，对复杂的社会环境和多变的周边事物具有良好的适应能力。

（3）良好的人际关系。拥有稳定的朋友圈，与人交往时助人为乐，不损人利己。

3. 社会适应健康的标准

社会适应健康的标准是“三要”。

（1）要为社会所接受。将社会规范作为行动准则，在复杂的社会环境中约束自己的一言一行。

（2）要为他人所理解。做好与周边其他人的沟通和交流，使自己被集体接受，适应集体生活并在集体中充分发挥个人才华。

（3）要符合社会身份。明确自己在社会中所扮演的角色，勇于承担社会责任。

4. 道德健康的标准

道德健康的标准是“四有”。

（1）有健康向上的信仰。在生活中树立正确的世界观、人生观和价值观。在信仰的引导下，形成为社会所接受的道德品质，进而促进个体精神世界的健康发展。

（2）有高尚的品德情操。在生活中表里如一，言必信、行必果，爱岗敬业，诚实守信，不存在精神上的空虚和道德上的危机。

（3）有完美的人格。待人处世要讲究原则，不损人利己、自私自利，不唯利是图、违反道德，以正直、诚信的态度面对生活和事业。

（4）有社会责任感。具有公民意识，以社会需求为己任，先天下之忧而忧、后天下之乐而乐，不做危害他人的不文明行为。

（二） 健康测评

健康对人们的生活、事业和家庭具有不可替代的作用。重视定期健康体检，学会自我健康评价，关注自身发育与健康状况，及时发现身体健康隐患及时治疗。健康体检的对象包括身体的形态、生理和心理机能的发育状况以及其他健康状况等内容。

1. 身体形态指标

身体形态是指人体外部的形状特征，它反映了人体的生长发育水平、体质水平以及营养状况。反映身体形态发育的指标有身高、坐高、胸围、臂围、腰围、腿围、肩宽、骨盆宽和体脂率等，其中身高、体重和胸围在体质测量中为基本指标，其他指标则可根据需要和具体条件加以选用。

（1）身高。身高是指人站立时头顶正中线上最高点到地面的最大垂直距离。它是反映人体骨骼的发育状况和人体纵向发育水平的重要指标。人的身高在重力的作用下，一天内会发生±1.5厘米的变动。清晨起床时最高，夜晚最低。因此，测量身高的时间最好在上午10时。普通人的一生中30岁时身高最高。此后，随着年龄的增长，身高会逐渐降低。

（2）体重。体重是人体横向发育指标，反映人体骨骼、肌肉、脂肪及内脏器官质量的综合情况。体重大小受年龄、性别、身高、季节、生活条件、体育锻炼、疾病等因素的影响。成年人的标准体重可按下列公式计算：

$$体重（kg）=（身高（cm）-100）\times 0.9。$$

一般情况下，受试者的体重不超过标准体重上下的15%属正常，否则即为体重过重或体重不足。

（3）胸围和呼吸差。胸围是人体宽度和围度最有代表性的测量指标，可反映胸廓的大小和胸部、背部肌肉的发育情况。呼吸差是深吸气胸围与深呼气胸围的差值，反映人体生长发育状况和呼吸肌力量的大小。呼吸差大小可反映呼吸系统机能，呼吸差越大，呼吸机能越好。游泳和长跑对呼吸差影响较明显。

（4）体脂率。体脂率是指人体内脂肪重量在人体总体重中所占的比例，又称为体脂百分数，它可反映人体内脂肪含量的多少。正常成年人的体脂率，男性为15%～18%，女性为20%～25%。体脂率应保持在正常范围内，若体脂率过高，体重超过正常值20%就可视为肥胖。肥胖表明运动不足、营养过剩或有某种内分泌系统的疾病，而且常会并发高血压、高脂血症、动脉硬化、冠心病、糖尿病、胆囊炎等病症；若体脂率过低，达到体脂含量的安全下限，即男性约低于5%、女性低于13%，则可能引起功能失调。

2. 生理检查指标

（1）心率。心率是指每分钟心脏搏动的次数。安静时，一般成人心率为60～100次/分钟。临床上安静时心率超过100次/分钟称心动过速，60次/分钟以下称心动过缓。经过较系统的体育锻炼或劳动锻炼的人，安静时心率明显减慢，有些训练水平较高的运动员可低于50次/分钟。

（2）血压。血压是指血液在血管内流动时对血管壁产生的侧压力，通常所说的血压是指动脉血压。心室收缩时血液大量射入血管，主动脉压力急剧升高，这时的压力称为收缩压；心室舒张时压力降低称为舒张压；收缩压与舒张压之差称为脉压差。血压在一定程度上反映心肌收缩力量的大小和血管弹性。我国成年人安静时收缩压为13.3千帕～16千帕，舒张压为8千帕～10.6千帕，脉压差为4千帕～5.3千帕。世界卫生组织使用的血压标准规定：凡舒张压超过12千帕或收缩压大于18.7千帕，即视为血压高。在非药物状态下，两次或两次以上非同日多次重复测定的血压平均值较高，则可能患有高血压。

（3）呼吸。呼吸是指机体在新陈代谢过程中，不断地从外界环境中摄取氧气并呼出二氧化碳的气体交换过程。正常成人平静状态下呼吸频率为12～20次/分钟，但可随活动、情绪、疾病等因素而改变。

（4）肺活量。肺活量是指一个人全力吸气后所呼出的最大气量。肺活量是一种常用的反映呼吸机能的指标，与身高、体重、胸围成正相关。一般情况下，体重和胸围大的人，肺活量也大。正常成年人肺活量，男性为3 500～4 000毫升，女性为2 500～3 000毫升。

（5）最大吸氧量。最大吸氧量是指运动中每分钟由人体呼吸系统吸入体内并由循环系统运输到肌肉而被肌肉所利用的最大氧量，是评定人体运动时有氧工作能力的重要指标。优秀的男女耐力项目运动员最大吸氧量分别可达6升/分钟和4升/分钟，最高值男子可达7.4升/分钟、女子4.3升/分钟。

《《 看一看 》》

生活方式是健康的基石

生活方式是决定健康与否的核心要素。保持健康的基本法则就是坚持健康的生活方式，包括合理膳食、良好的身体活动习惯、规律作息、心理平衡、远离不良嗜好等。合理膳食，指全面、均衡、营养充足的膳食。饮食多样化，才能满足人体各种营养需要，达到增进健康的目的。要根据自身的状况，经常合理地科学健身，养成“少坐多动”的良好生活习惯，这有助于全面增进人体健康。规律作息，按时进餐，有规律地进行学习和从事各种活动，保证充足睡眠。心理平衡，是一种良好的心理状态，包括正确地认识自我和周围人群，悦纳自我和乐于接纳新朋友，能迅速适应新环境，保持愉快的情绪等。远离不良嗜好，如不吸烟、不酗酒等。以下10种生活方式习惯会显著改善健康和延长寿命：制订并实施一个终生身体活动计划；不要吸烟；合理地饮食，避免吃零食，适度饮酒或完全不饮酒；通过适当的营养和锻炼保持正常体重；每晚睡7到8个小时；减轻压力；与健康的朋友为伍；在健康的环境中生活和工作；让你的大脑在整个生命进程中保持活跃，以保持认知功能；采取人身安全措施，减少可避免事故的风险。

二、大健康概述

大健康是指完整全面的健康，要求做到人与人和谐相处、人与环境和谐相处。根据世界卫生组织（WHO）提出的生理、心理、社会适应和道德的四维健康观，可以把大健康归纳为生理健康、心理健康、社会适应健康、道德健康等四个部分。

我国健康专家闫希军在《大健康观》一书中为“大健康观”定义：大健康观以国家健康价值观为核心，强调人（生理与心理）、社会和生态的和谐，追求天人合一；遵循健康行为和生活方式；实现包括躯体健康、心理健康、履行社会责任的能力健康和道德健康在内的整体的、全面的全社会健康，提高生命质量。这种大健康观，既归纳了当前世界先进健康理念，又与中国“天人合一”的思想及中医至高境界“治未病”的精髓高度契合，更加强调生物、心理、社会及生态和谐，遵循健康行为和健康生活方式。

因此，要积极倡导四种健康理念：健康是完整的大健康，包括从生理、心理、道德到社会责任的全面健康；是从个体健康要求到全社会成员都应该享有健康的全人群健康；是从生命某一阶段健康到生命周期各个阶段都始终处于良好机能状态的全生命周期健康；要求弘扬中华优秀传统文化“上医治未病”的健康理念，推行健康行为和健康生活方式以促进人的健康发展。

（一）以人民健康为中心

党的二十大报告明确了到2035年建成“健康中国”，强调“把保障人民健康放在优先发展的战略位置，完善人民健康促进政策”。习近平总书记也指出，建设健康中国要树立大卫生、大健康的观念，把以治病为中心转变为以人民健康为中心，为构建大卫生大健康格局、全方位护佑人民健康提供了根本遵循。全民健康优先发展是我国健康理念的重大变革。2016年发布的《“健康中国2030”规划纲要》是我国首次在国家层面提出的健康领域中长期战略规划，为“大健康”发展奠定了基础。该纲要确立了“以促进健康为中心”的“大健康观”“大卫生观”，提出将这一理念融入公共政策制定实施的全过程，统筹应对广泛的健康影响因素，全方位、全生命周期维护人民群众健康。

（二）大健康与生活方式

世界卫生组织研究发现，影响人的健康因素中，行为和生活方式占60%。要保持健康必须遵循健康的行为和良好的生活方式，要积极探索和倡导健康的生活方式。健康生活方式的养成需要从日常生活做起。每个人都要强化健康意识、树立健康观念，注重合理膳食、适度运动、保持良好心态、戒烟限酒、保持良好卫生和睡眠习惯等，形成良好的生活习惯。

生活方式涵盖了饮食、运动、睡眠、心理等多个维度，每个维度都与大健康息息相关。就饮食而言，相关报告显示，我国居民高血压、糖尿病、高胆固醇血症等慢性病患病率呈上升趋势，这与人们长期摄入高热量、高脂肪、高糖食物，膳食纤维摄入不足密切相关。不合理的饮食结构犹如一颗定时炸弹，随时可能引发健康危机。而规律且适度的运动同样不可或缺，长期缺乏运动，身体新陈代谢减缓，肌肉力量下降，心血管功能受影响，肥胖症、心血管疾病等风险随之增加。

为了改善生活方式，促进大健康，我们可以从多个方面着手。在营养均衡方面，要合理搭配食物，多摄入蔬菜水果、全谷物、优质蛋白质，减少加工食品和高糖饮料的摄入。中国营养学会推出的《中国居民膳食指南（2022）》提供了科学的饮食指导，应以此为参考，规划日常饮食。运动方面，每周应进行至少150分钟的中等强度有氧运动，如快走、慢跑、游泳等，也可适当加入力量训练，增强肌肉力量。睡眠方面，保持规律作息，每天保证7—8小时的高质量睡眠，睡前避免使用电子设备，创造良好的睡眠环境。心理减压同样重要，可通过冥想、瑜伽、与朋友倾诉等方式缓解心理压力，保持积极乐观的心态。

（三）大健康与心理调适

心理状态与身体健康存在着千丝万缕的联系。现代医学研究表明，长期的负面情绪（如焦虑、抑郁、压力过大）会通过神经、内分泌、免疫网络影响身体机能。当人长期处于焦虑状态时，体内皮质醇水平升高，会抑制免疫系统功能，使身体抵抗力下降，增加感染疾病的风险；持续的抑郁情绪可能导致消化功能紊乱、睡眠障碍，甚至诱发高血压、心脏病等慢性疾病。相反，积极乐观的心态能促进体内多巴胺、内啡肽等“快乐激素”的分泌，增强免疫力，加速身体的康复与修复。

有效的心理调适是维护心理健康、促进大健康的关键。心理调适并非简单的情绪压抑，而是通过科学的方法调节心理状态，实现情绪的平衡与稳定。首先，要学会自我觉察，及时识别自身的情绪变化，当负面情绪出现时，不逃避、不否认，尝试分析情绪产生的原因。其次，掌握合理的宣泄方式，例如，向亲友倾诉、通过运动释放压力、书写情绪日记等，避免负面情绪在心中积压。冥想和正念练习也是有效的心理调适方法，通过专注于当下的呼吸和感受，能帮助人们平静思绪，缓解焦虑。

在社会层面，构建完善的心理支持体系对促进大健康至关重要。学校应加强心理健康教育，培养学生的心理调适能力；企业可建立员工心理援助机制，为员工提供心理咨询服务；社区应设立心理健康服务站，为居民提供便捷的心理支持。同时，借助大健康产业的发展机遇，将心理服务与科技相结合，开发心理健康App、线上心理咨询平台等，扩大心理服务的覆盖面，让更多人能及时获得专业的心理调适指导。

大健康与心理调适相辅相成，心理调适是实现大健康的内在要求，而大健康理念的普及又为心理调适提供了良好的社会环境。在追求健康的道路上，我们既要关注身体的养护，更要重视心灵的呵护。通过积极的心理调适，培养健康的心理状态，我们才能真正筑牢大健康的基石，享受身心和谐的美好生活。

（四）大健康与社会适应

社会适应是健康的重要标志之一，是指个体与他人及社会环境良好互动，具有良好的人际关系和实现社会角色的能力，是个体在与人和社会交往过程中心理承受能力以及心理自我调节能力的综合。社会适应能力良好的个体在交往中有较强的自信心和安全感，能与他人友好相处，心情舒畅，少生烦恼，知道如何结交朋友、维持友谊，知道如何帮助他人和向他人求助，能聆听他人意见、表达自己的思想，能以负责任的态度行事，并在社会中找到适合自己的位置。

良好的社会适应能力，是个体在社会环境中保持健康心理状态从而健康生活的基础条件。而体育运动在提高社会适应能力方面具有独特作用。因为，在体育运动过程中所有人都在一定的规则制约下，展开公平、公正、公开的激烈竞赛，这有利于促进人与人之间的和谐交往，协调人际关系，培养良好的社会公德，增强社会责任感和主人翁意识。

体育锻炼概述

一、体育锻炼的作用

（一）增强体质

1. 体育锻炼对运动系统的影响

经常参加体育锻炼能够促进人体新陈代谢，改善血液循环，使骨骼变得粗壮、坚硬，同时增强骨骼的抗折、抗变、抗压缩和抗扭转等方面的性能，有利于促进骨骼的生长。

经常参加体育锻炼可增强关节的稳固性，提高关节的灵活性。体育运动是靠关节的活动来完成各项运动技术的，经常从事体育运动，可使关节囊、韧带和肌腱增厚，使关节的稳固性、伸展性增强，使关节的弹性、灵活性、柔韧性得到提高。同时，经常参加体育锻炼对运动损伤和关节疾病也能起到良好的预防作用。

经常参加体育锻炼可提高肌肉的性能，增大肌肉的横截面，使之粗壮、结实和发达，从而使人身体更加健美，外表更加潇洒。

2. 体育锻炼对心血管系统的影响

长期运动，能够提高心肌收缩能力、增大心脏容积，进而提高心脏泵血功能。主要表现为心脏的每搏输出量增加，安静时心率降低。在同等强度的运动中，经常参加体育锻炼的人心脏每搏输出量增加，心肌可得到较长时间的血供，有利于改善心肌的血液循环、增加氧气的供应。长期参加体育活动可以使小动脉管壁的弹性不随年龄的增加而减弱，保持较好的弹性，加上安静时交感神经的紧张性减弱，外周血管阻力较小，使安静时血压处于相对较低的水平。

3. 体育锻炼对神经系统的影响

经常参加体育锻炼能促进大脑发育。体育锻炼能使血液循环加快，血流量增多，使脑细胞得到充足的氧气和养料，从而促进脑细胞的生长，使树状突起的分支数量增多。

参加体育锻炼，由于肌肉的活动，能完善大脑的传导功能，提高反应速度。

参加体育锻炼能改善大脑皮质的兴奋和抑制过程，建立运动条件反射，提高锻炼者的反应速度、神经动员能力及精确动作的神经控制能力。

《《 看一看 》》

多巴胺与运动

多巴胺是人脑内一种重要的单胺类神经递质，对运动控制起重要作用。它可以调节肌肉的紧张程度，使机体做好运动的准备。医学研究表明，当人脑内多巴胺缺少时，人的情绪会变得压抑，产生抑郁症，运动能力降低。

（二）提升心理健康水平

1. 体育锻炼对情绪的影响

体育锻炼对心理健康影响的最主要标志是改善人的情绪状态，给人带来愉悦的感觉，并能降低紧张和不安的程度，从而调节人的情绪，提高心理健康水平。

在体育锻炼中，全身肌肉得到积极活动，各肌肉群向大脑传递的兴奋信号迅速增多，使人变得情绪高涨，并获得运动快感。这种由生理引起的心理上的满足和快感是一种积极的情绪体验，其作用体现在两个方面：一是快感本身具有直接的心理健康效应；二是有利于运动的坚持，产生更显著的运动积极效应。

2. 体育锻炼对意志品质的影响

持续的体育锻炼对良好心理品质的形成具有积极作用。体育运动中始终充满着失败和挫折，不管是从自身机能还是从与对手对抗来说，失败和挫折都是不可避免的。在体育运动中付出的努力越大，从主观和客观方面需要克服的困难也就越大，要付出意志努力的积极程度也就越高，也就越有助于良好意志品质的培养。因此，体育运动始终与意志培养联系在一起，意志品质既能够从克服困难的过程中表现出来，又能在克服困难的过程中培养出来。

3. 体育锻炼对心理疾病的预防

积极参加体育锻炼促使一些心理障碍者改变考虑问题、处理问题的方式，使他们从自卑、孤僻、压抑的心理状态中解脱出来，让他们变得活泼、开朗、自信、坚强、充满活力。体育锻炼能够引发神经递质水平的改变，导致运动中的人情绪高涨，不良情感体验得到发泄，使患心理疾病所积聚的负面情绪得以宣泄，从而达到减轻患者的精神负担、维持心理平衡、改善患者心理健康水平。

《看一看》

人脑中的快乐激素

内啡肽亦称安多芬或脑内啡，它是由脑下垂体和脊椎动物的丘脑下部所分泌的氨基化合物。它能与吗啡受体结合，产生跟吗啡、鸦片剂一样有欣快感和止痛效果。当运动负荷超过某一阶段时，体内便会分泌脑内啡，从而使运动者产生运动愉悦感，起到改善情绪的效果。

（三）加强社会适应性

1. 体育锻炼可以培养适应社会需要的价值观

体育锻炼促进人们和平相处。体育体现的是合作与竞争。体育运动的竞争性体现的是建立在统一规则基础上的公平竞争，是建立在友好气氛上的相互交流与切磋。经常参加体育活动可提高人对社会的适应能力，使人更具有合作精神，培养豁达合群的性格、愉快乐观的情绪、丰富的同情心、尊重并遵循社会准则的观念。

体育锻炼体现参与和平等。从体育所包含的内容和要求来说，它不分肤色、贫富、贵贱、种族、信仰和性别，人人都可以参与；它构建了一个平等的、使每个人都乐于接受的生存空间。在这个平等的空间里，人的尊严、权利真正得以展现。

2. 体育锻炼促进协作意识和角色意识的形成

体育锻炼提高协作意识。体育运动的集体性特点，为培养协作意识、群体精神提供了有利条件。不管是个人参赛的田径和游泳，还是不同位置成员联合组成阵形的足球、排球和篮球比赛，体育决定了参与者必须以高度的协作意识、熟练的协作行为，承担起参赛角色的权利、义务和责任。

另外，体育锻炼中的角色学习，可以使练习者懂得社会角色是与人们的某种社会地位、身份相一致的一整套权利、义务的规范与行为模式，也可使练习者体会到经过个人努力是可以成功扮演各种角色的，从而认识到人的主观努力对改变社会地位的重要性。

二、学校体育的功能

学校体育的主要功能包括健身功能、教育功能、娱乐功能。

（一）健身功能

学校体育的健身功能是学校体育最原始、最为独特的功能，这一功能与学校体育共始终，无论是过去、现在还是将来，它都是学校体育最主要的育人功能之一。学校体育的健身功能主要表现在：促进学生身体的正常生长发育，提高人体的机能水平，促进正确的身体姿势的形成；全面发展学生的身体素质和基本活动能力；提高学生对环境的适应能力和对疾病的抵抗能力等。

（二）教育功能

学校体育对学生的教育功能是全方位的，蕴藏着极大的潜力和深刻的内涵。体育不仅是一门学科，而且是学校教育的重要组成部分，它包含了人们对自身的认识和对生命的感悟。学校体育的教育功能主要表现在学校体育对智育、德育、美育和劳育的协同作用上。体育是培育一个身心健全的劳动者教育过程中不可缺少的部分。

（三）娱乐功能

学校体育是学生课外活动的重要内容，也是学生休闲的重要手段，是扩大学生社会交往的重要媒介以及表现自我、展现自我的重要舞台。更重要的是，学校体育在某种程度上对学生未来的生活方式会产生巨大的、潜移默化的影响，学生在学校体育活动中所得到的乐趣和愉快体验，不仅会影响他们的体育态度，甚至还会影响他们未来的人生态度和生活方式。

三、体育锻炼的注意事项

（一）环境对体育锻炼的影响

气温对人体的体温调节和新陈代谢有很大的影响。当气温低时，体内产热增加，散热减少；相反，当气温高时，人体内散热增加，产热减少。人体通过这种体温调节机能，保证生理机能的正常，但人体生理调节机能也是有限的。

1. 气温对体育锻炼的影响

（1）高温对体育锻炼的影响。

人体对温度的适应有一定的限度。一般当气温达到32℃左右并且进行较剧烈的运动时，人体就容易出现中暑症状。

① 高温对中枢神经系统的影响。人对外界的反应迟钝，精力不集中，肌力和动作的协调性、准确性及反应性均下降，出现头痛、头晕、恶心、呕吐、烦躁不安甚至神志不清等情况。

② 高温对心血管系统的影响。持续高温，心脏负荷过重，最终导致心排血量减少，输送到皮肤的血流量减少，散热减少，进而热蓄积、体温骤升，出现高热、无汗、意识障碍为主要表现的热射病。

③ 高温对消化系统的影响。由于皮肤血管扩张，血流重新分布，胃肠道血流量相对减少，胃肠运动减慢，胃液分泌减少，消化功能减弱，食欲不振。

（2）低温对体育锻炼的影响。

在低温环境进行体育健身运动，对人体会产生以下不良影响。

① 低温可使肌肉僵硬、黏滞性提高。因而容易造成运动损伤，还容易引起身体暴露部位的冻伤。

② 低温可使可兴奋组织（如神经、肌肉和腺体）的兴奋性降低，也可使酶的活性降低，这都会对运动产生不良影响。

③ 低温可引起人体体温下降。体温下降会引起血氧离解度降低，因而加重运动中的组织缺氧程度。另外，人在寒冷的环境中运动，一旦出汗很容易受凉，引发感冒等疾病。

2. 湿度对体育锻炼的影响

相对湿度本身对人体的影响不大，而在高温或低温条件下，相对湿度若较大则对人体运动十分不利。高温时它阻碍人体散热，使人有闷热感；低温时它又增加体热散失，因而会加重高温或低温对人体运动的影响。过高的湿度还容易形成雾霾，造成空气污染；而过低的湿度会使皮肤、黏膜干燥，降低人体的抵抗力，从而易发生呼吸道疾病。从事体育锻炼时的相对湿度以20% ～ 30%为宜。

3. 运动场地对体育锻炼的影响

体育活动的场地不能过于狭窄，球场或跑道周围应留有一定的余地。运动场地应无碎石杂物，木制地板应平坦坚固，没有木刺和裂缝。场地过硬、过软或过滑，都不符合体育活动的要求，都可能造成意外的伤害事故。

体育场馆的通风状况要好，应保持恒温和空气新鲜。室外运动场地周围应无空气污染。室内或夜间的场地采光和照明要充足，光线要柔和、均匀、不炫目，避免发生运动损伤。

4. 运动服装、器材对体育锻炼的影响

运动服装应符合运动项目的要求，并具有良好的透气性和吸湿性，既有利于身体活动，又能防止运动创伤。参加长距离越野跑时最好不穿新鞋和新运动服，防止发生足部水泡和皮肤擦伤。在夏季从事体育锻炼时，运动服装应透气、质轻、宽松、色淡，最好选择吸汗排汗效果好的运动服。在冬季，室外运动服装既要保暖，又要不妨碍动作的完成。运动后潮湿的运动服装应立即换掉，以免受凉感冒。

运动器械要坚固，安装得当，并注意检查维修，防止生锈及连接处脱落。器械放置应保持一定的距离，避免练习时发生冲撞而受伤。在使用组合运动器材练习时，练习前一定要检查

器械是否安装牢固，环顾四周是否发现有脱落的螺丝帽或螺丝钉，一旦发现有问题，要及时报告器械管理员或老师，避免出现事故。

（二）运动性病症预防

1. 运动中的腹痛

腹痛是锻炼中一种常见的症状。

运动性腹痛往往与下列因素有关：缺乏锻炼或训练水平低；准备活动不充分；身体情况不佳、劳累、精神紧张；运动时呼吸节奏不好，速度突然加得过快，运动前食量过多或饥饿状态下参加剧烈训练和比赛等。

运动中的腹痛常有以下表现。

（1）产生肝区疼痛。疼痛的性质多为钝痛、胀痛和牵扯性疼痛。

（2）锻炼时多感到季肋部和下胸部锐痛，与呼吸活动有关，患者往往不敢做深呼吸。

（3）多种原因导致的胃肠痉挛，疼痛部位多在脐周围。

（4）由于锻炼时牵扯和震动到腹内疾病病变部位而产生疼痛，其疼痛部位多与病变部位一致。

（5）右肺下叶肺炎、胸膜炎、肾结石以及腹肌损伤等均会引起锻炼时腹痛。

预防运动中的腹痛，要注意以下几点。

（1）在锻炼或比赛时，要调整好动作与呼吸节奏，合理地分配运动速度。

（2）锻炼前要做好充分的准备活动。冬天参加长跑时，不要在未做好充分准备时就脱掉外套。

（3）在剧烈运动前既不要吃得过饱，也不要大量饮水，特别是不要吃冷饮。不要吃平时不习惯吃的食物。不要在饥饿状态下参加训练和比赛。餐后要过一个半小时才能参加运动。

2. 肌肉痉挛

肌肉痉挛俗称抽筋，是肌肉发生不自主的强直收缩所显示出的一种现象。锻炼中最易发生痉挛的肌肉是小腿腓肠肌，其次是足底的屈拇肌和屈趾肌。在游泳运动中发生肌肉痉挛的人较多。

肌肉痉挛常有以下表现。

（1）发病部位的肌肉剧烈挛缩发硬，疼痛难忍。

（2）痉挛肌肉所涉及的关节伸屈功能有一定的障碍，发生肌肉痉挛的运动员不能坚持参加运动和比赛。

（3）肌肉痉挛发作常可持续数分钟。

预防肌肉痉挛，要注意以下几点。

（1）加强体育锻炼，提高身体的耐寒力和耐久力。

（2）锻炼前必须认真做好准备活动，对容易发生痉挛的肌肉可事先做适当按摩。

（3）冬季锻炼要注意保暖。夏季运动时，尤其是进行剧烈运动或长时间运动时，要注意电解质的补充和维生素 B_1 的摄入。

（4）疲劳和饥饿时不宜进行剧烈运动。

（5）游泳下水前要用冷水冲淋全身，使身体对寒冷有所适应；水温太低时，游泳时间不宜过长。在运动中要学会放松肌肉，在降体重和控制体重时要讲究科学性。

3. 运动性中暑

运动性中暑是指肌肉运动产生的热超过身体散发的热而造成的人体过热状态。运动性中暑的发生比较突然，主要症状是身体高热、中枢神经系统功能障碍，头晕、无力、恶心、身体虚脱。对于中暑的一般处理方法是将患者移至阴凉通风处，脱去过多的衣物，喝凉盐水或含盐饮料，口服藿香正气水。

运动性中暑常有以下表现。

（1）运动性中暑多见于年轻的锻炼者。运动性中暑与一般中暑不同，它以骤然发生居多，主要有高热、中枢神经系统功能障碍和皮肤发热、干燥、呈粉红色。

（2）少数人有数分钟至数小时的先兆症状，这些先兆症状为头晕、无力、恶心、定向力障碍等。

（3）严重的运动性中暑可并发中枢神经系统、心血管系统、呼吸系统及泌尿系统功能紊乱和损伤，导致严重后果。

预防运动性中暑，要注意以下几点。

（1）夏天炎热季节要安排好训练时间，避免在一天中气温最高的时间段进行。热天运动时，宜穿浅色衣服，戴遮阳帽。保证充足的睡眠，并加强常规医务监督。

（2）安排好炎热天气锻炼时的营养和饮水补给，注意补充蛋白质，额外增加维生素B_1、维生素B_2、维生素C和淡盐水的摄入量。

（3）对不耐热的个体，要加强预防措施。

4. 运动性脱水

运动性脱水又称运动性失水，实际上是指运动时体液的丢失。

运动性脱水常有以下表现。

（1）轻度脱水可影响运动能力。

（2）中度脱水时表现为烦躁不安、精神不集中、软弱无力、声音嘶哑、皮肤黏膜干燥、尿量减少、心率一般增快。

（3）重度脱水则皮肤弹性降低，除有体力及智力减退外，还可出现神经精神症状，严重者神志不清以致昏迷。

（4）脱水早期出现口渴、尿少；脱水越重则口渴越严重，尿越少则尿钠越高；中度以上脱水者，常有面部潮红现象，易发生脱水热。神经精神症状以幻觉、躁狂、谵妄较为突出。

预防运动性脱水，要注意以下几点。

（1）要保持锻炼者的水平衡。补充要采取少量多次原则。

（2）在大量出汗情况下所用的运动饮料应以水为主。可适当采用糖-电解质饮料，以加速血容量恢复。

（3）补液切忌过度集中。若一次大量补液，虽可抑制渴感，但会增加排尿、出汗，反而加快电解质丢失；增加心、肾负担；使胃扩张，胃液冲淡，呼吸功能下降。

运动中补水，应注意：

（1）锻炼中或锻炼后，每次饮水量应根据排汗量的多少来调整，遵循少量多次的原则。

（2）补水的水温以15摄氏度左右为宜，不宜喝冰冻饮料。

（3）大量出汗后的补水可以考虑在水中加点盐、糖，以补充体内盐分和能量的损失。

（4）锻炼开始前10～15分钟可饮100～300毫升水，以增加体内水分的临时储备。

四、制订锻炼计划

制订锻炼计划是为了保证锻炼更有科学性和规划性，克服锻炼的盲目性和随意性，做到有步骤、有系统地锻炼。此外，按计划锻炼也是对自身的一种约束，可以督促自己坚持锻炼，不断提高锻炼的质量和水平，达到预期的目的。制订锻炼计划应以个人的身体情况、能力强弱、年龄性别、运动强度、场地器械以及锻炼目的等为依据，充分做好各项准备工作。

（一）锻炼计划要有目的性

在准备参加锻炼之前，要有一个大致的规划和设想，明确锻炼的目标和基本要求。例如，有人把锻炼作为闲暇娱乐的一种方式，活动一下筋骨，调整一下心理状态；有人则是为了矫正身体某部位微小的畸形；有人健身是为了达到塑形的目的；有人想达到某种体格锻炼标准；有人是为了减肥；有人想做一名健美运动员，参加健美表演和比赛，等等。目的不同，锻炼计划也各不相同。

（二）锻炼计划要符合自身情况

在制订锻炼计划时要充分考虑自身的情况。主要包括身体健康状况、身体素质水平、体形、身高、骨骼的粗细、体重与胖瘦、个性特点与毅力、工作性质和空余时间、生活水平与兴趣爱好等。要注意全面分析自己参加锻炼的可行性，使制订的计划更符合个人实际情况。例如，那些身材高大又喜欢对抗性运动的人可以选择篮球、足球等对抗性强的运动项目进行锻炼；而那些不喜欢激烈身体对抗的人则可以选择健美操、太极拳、瑜伽等项目进行锻炼。锻炼计划应科学、有效，避免发生运动伤害。

（三）制订好每次锻炼的计划

制订每次锻炼计划是实施锻炼最基本、最重要的一个环节，其内容如下。

（1）每次锻炼的任务及要求。

（2）每次锻炼涉及的身体部位及采用的方法、器械及动作。

（3）每次单一部位锻炼的时间和运动负荷的安排。

（4）每个单个动作或组合动作的次数、组数、强度和频率。

五、消除运动性疲劳的途径和方法

疲劳是一种疲乏无力的不适感觉，表现为工作能力及身体机能暂时降低的现象。

（一）消除运动性疲劳的途径

（1）用各种方法使肌肉放松，改善肌肉血液循环，加速代谢产物排出及营养物质的补充。例如，采用整理活动、水浴、自我按摩等方法尽快使机体消除疲劳。

（2）通过调节神经系统的机能状态来消除疲劳。例如，采用睡眠、气功、心理恢复、放松练习、音乐疗法等方法加快机体恢复正常状态。

（3）通过补充机体在运动中大量失去的物质，促进疲劳的消除。例如，补充营养物质等来调节身体。

（二）消除运动性疲劳的方法

（1）整理活动是消除疲劳、促进体力恢复的好方法。大学生在参加完剧烈运动后必须进行整理活动，使自身的心血管系统、呼吸系统仍保持在较高水平的运作中，有利于偿还运动时所欠的氧债（氧债顾名思义就是，在运动中的超量透支所造成的氧亏，氧亏需要在恢复期来偿还）。整理活动使肌肉放松，可避免由于局部循环障碍而影响代谢过程。整理活动应包括慢跑、呼吸体操及各肌群的伸展练习。运动后做伸展练习可消除肌肉痉挛，改善肌肉血液循环，减轻肌肉酸痛和僵硬程度，消除局部疲劳，对预防运动损伤发生也有良好的作用。

（2）睡眠是消除疲劳、恢复体力的好方式。睡眠可使大脑的神经兴奋程度降低，体内分解代谢也处于最低水平，而合成代谢水平则相对较高，有利于体内能量的蓄积。大学生要保证正常的睡眠时间，特别是在运动过后要延长睡眠时间，如果可能，建议中午安排适当的午睡时间。

（3）温水淋浴是简单易行的消除疲劳的方法。温水浴可促进全身的血液循环，调节血流，加强新陈代谢，有利于机体内营养物质的运输和疲劳物质的排除。水温为42 ± 2摄氏度为宜，时间为10 ～ 15分钟，勿超过20分钟。

（4）按摩是消除疲劳的重要手段。自我按摩是大学生最易实行的消除疲劳手段。可以采用坐位或站立位，先按摩胸部，继而按摩背部，再转向按摩颈后，至背部靠近脊柱处可半握拳，以掌指关节的突起部按摩腰部，最后做颈部、腰部的屈（正、侧）、伸、旋转等活动。

上肢自手、腕部开始，依次按摩前臂、肘部、上臂、肩部，先按摩屈侧，再按摩伸侧。各关节在擦摩、揉捏之后做主动活动。一侧按摩后，再进行另一侧。

下肢自脚趾、脚底、脚背开始，依次按摩小腿后面、小腿前面。摩擦膝关节后进行大腿的按摩，先从前面开始，然后按摩内侧面、后面，接着按摩臀部。下肢按摩也是两侧交替。最后，按摩腹部。全身自我按摩时间一次为15 ～ 20分钟。

（5）日光浴可促进血液循环，加速疲劳的消除及机能的恢复，同时具有治疗损伤的作用。但要注意避免在较强的日光下进行长时间的日光浴。

（6）增加营养物质的摄取量。由于运动中各种营养物质消耗增加，运动后及时补充营养物质有助于消除疲劳，恢复体力。糖、维生素C、维生素B、水等，均应得到足够的补充。

（7）心理恢复是通过调节大脑皮层的机能达到消除运动疲劳的目的。气功、冥想、放松练习等都属于此类。

健康管理

健康管理是以预防和控制疾病的发生与发展，降低医疗费用，提高生命质量为目的，针对个体及群体进行健康教育，增强自我健康管理意识，提高自我健康管理水平，并对其与生活方式相关的健康危险因素，通过健康信息采集、健康监测、健康评估、个性化健康管理方案、健康干预等手段持续加以改善的过程和方法。要坚持预防为主，加强重大慢性病健康管理，提高基层防病治病和健康管理能力。

健康管理是对个人或人群的健康危险因素进行全面管理的过程，其宗旨是调动个人、集体和社会的积极性，有效地利用有限的资源来达到最好的健康效果。健康风险评估是健康管理的关键，是慢性病预防的第一步。通过所收集的大量的个人健康信息，分析生活方式、环境、遗传等危险因素与健康状态之间的量化关系，预测个人在一定时间内发生某种特定疾病或因为某种特定疾病导致死亡的可能性，并据此提供有针对性的控制与干预，能够帮助我们用最小的成本达到最好的健康效果。

健康管理就是运用信息和医疗技术，在健康保健、医疗的科学基础上，建立的一套完善、周密和个性化的服务程序，其目的在于通过维护健康、促进健康等方式帮助健康人群及亚健康人群建立有序、健康的生活方式，降低风险，远离疾病；而一旦个体出现临床症状，则通过安排就医服务使其尽快地恢复健康。

健康管理的内容包括如下三个方面。

（1）个人健康信息管理。以多种形式收集和管理将用于健康及疾病危险性评价和跟踪、健康行为指导的个人健康信息。

（2）个人健康与慢性病危险性评价。

（3）个人健康计划及改善的指导。宏观的健康管理是指全社会从注重疾病诊治转到对生命全过程的健康监测、疾病控制和预防的过程。个人健康管理包括对重患者、高危险人群、慢性病、一般疾病以及健康人群的管理。

一、科学饮食和适量运动

（一）科学饮食与健康

1. 饮食与肥胖

肥胖的基本原因是从饮食中摄入的热能超过身体消耗的热能。此外，饮食习惯和膳食组成对身体脂肪的消长也有影响。控制饮食是控制肥胖最有效和最安全的方法，总的原则如下。

（1）控制总热量摄入。按照我国人民膳食结构的特点，最简单易行的方法是禁食甜食和适当减少主食。但要注意的是减轻体重必须缓慢而有计划地进行，不可操之过急，否则会损害身体健康。以每周减轻体重不超过1 kg为宜，并注意维持能量平衡，避免体重反弹。

（2）控制脂肪摄入量。每日除烹调用油外，应尽量减少油腻食品，少进食动物油，每日脂肪摄入量应占总热量的25%以下。

（3）膳食纤维要提高。控制热量期间要多进食低热量、体积大的蔬菜、水果。这些食物由于含纤维素多，可增加饱腹感，减少脂肪和胆固醇的吸收，同时又可以提供丰富的维生素和无机盐，使人体营养更加均衡。

2. 饮食与心血管疾病

心血管疾病的病因很复杂，但均与饮食有着密切关系。因此，合理的饮食可以避免某些心血管疾病的发生和减轻心血管疾病的病情。

（1）控制热量。膳食总热量不宜过高，以维持正常体重为宜。超过正常体重者应减少每日进食总热量。

（2）控制脂肪。脂肪应控制在总热量的25%以下，且以植物脂肪为主。避免食用过多的动物性脂肪和含饱和脂肪酸的植物油，如猪油、奶油。

（3）提倡戒烟、限酒、适量饮茶。吸烟的高血压患者发生脑血管疾病的危险比不吸烟者高4倍。过量饮酒可导致血压升高。茶叶中富含多种维生素和微量元素及茶碱等物质，有利尿降压的作用，可以适量饮用，通常以清淡的绿茶为宜。

（二）适量运动与健康

1. 体育运动与肥胖

研究表明，增加体育活动和适当限制饮食相结合是减肥的最好途径。因为，通过增加体育活动来控制能量平衡，减少的是人体的脂肪。而仅靠减少饮食量则只会减少体重。此外，体育运动不仅能增加机体能量消耗，还可以增强心血管系统和呼吸系统的功能，增强肌肉代谢能力，有利于促进人体健康。

2. 体育运动与心血管疾病

长期有规律的有氧健身锻炼能改善和增强心血管机能，延缓和推迟心血管结构和机能的老化，提高脂质的代谢速度，预防心血管疾病的发生。如果心血管系统已经发生病理性变化后才进行健身锻炼，那么运动的项目和强度都会受到很大限制。所以，应尽早养成坚持锻炼的好习惯，做到“未雨绸缪”，不要等到心血管系统出现问题之后才重视体育锻炼。

3. 体育运动与骨质疏松

适宜的体育运动搭配合理的膳食结构能够有效地提高骨密度。骨骼中矿物质含量与体脂百分比呈明显负相关关系，与瘦体重和最大肌力呈正相关关系。因此，健骨锻炼应增加力量练习内容，以增强肌肉力量，并注意保持较高的瘦体重，降低体脂百分比。跑步、散步、自行车、跳绳等运动，都有利于预防骨质疏松。

《看一看》

骨质疏松的运动疗法

通过运动来提高骨密度，应从儿童时期就培养运动习惯，保证在35～40岁时能达到最大骨密度的标准，这对预防骨质疏松的发生十分重要。制定运动强度时要参考对象的年龄、身体状况及运动经验，每天20～30分钟，每周3～5天即可。运动项目应加入自身负重的有氧运动（如散步、慢跑、跳绳）、肌力训练（如举哑铃）及伸展（静止）训练进行合理组合，以综合训练为佳。

二、生活节奏和社会适应

（一）生活节奏与健康

当代社会生活节奏越来越快，这种快节奏的生活方式提高了生活的效率，为社会创造出更多的物质财富和精神财富。然而，这种快节奏也会直接影响身体的健康状况，如果不能掌握好快慢有致、张弛有度的生活节奏，则会对身体健康造成损害。因此，在日常生活和工作中为了保持合适的生活节奏，应当注意以下几点。

（1）合理地安排作息时间。严格执行自己制定的作息制度，保证充足的休息时间，使生活、学习、工作都能规律地进行。

（2）放慢一下工作速度。如果你被紧张的工作压得喘不过气来，最好立即把工作节奏放慢一点，休息一下，这样既能保证你的身体健康，还能提高效率。

（3）面对压力要有心理准备。要充分认识到现代社会的高效率必然带来高竞争性和高挑战性，对于由此产生的某些负面影响要有足够心理准备，免得临时惊慌失措，加重心理压力。同时心态要保持正常、乐观，不要为逆境心事重重。

（4）注意培养良好的心态。加强心理修养，养成自己进行心理分析的习惯。在遇到自己无法解决的心理问题时，可以考虑寻求心理医生的帮助。

（5）丰富个人业余生活，发展个人爱好。生活情趣往往让人心情舒畅，绘画、书法、下棋、运动、娱乐等能给人增添许多生活乐趣，调节生活节奏，使人从单调紧张的氛围中摆脱出来，走向欢快和轻松。

（6）正确地评价自己。永远保持一颗平常心，不要与自己过不去，切勿把目标定得高不可攀。凡事须量力而行，随时调整目标未必是弱者的表现。

（二）社会适应与健康

社会适应是健康的重要标准之一，是指个体与他人及社会环境良好互动，具有良好的人际关系和实现社会角色的能力，是个体在与他人和社会交往过程中心理承受能力以及心理自我调节能力的综合。社会适应能力良好的个体在交往中有较强的自信心和安全感，能与他人友好相处，心情舒畅，少生烦恼，知道如何结交朋友、维持友谊，知道如何帮助他人和向他人求助，能聆听他人意见、表达自己的思想，能以负责任的态度行事，并在社会中找到适合自己的位置。

良好的社会适应能力，是个体在社会环境中保持健康心理状态从而健康生活的基础条件。而体育运动在提高社会适应能力方面具有独特作用。因为，在体育运动过程中所有人都在一定的规则制约下，展开公平、公正、公开的激烈竞赛，有利于促进人与人之间的和谐交往，协调人际关系，培养良好的社会公德，增强社会责任感和主人翁意识。

三、制订个人健康管理方案

（一）健康管理的适用人群

个人健康管理是根据个人生活习惯、个人病史、个人健康体检等方面的数据分析个人的健康状况，并根据分析结果采用不同的应对措施。

1. 健康人群

这个群体已认识到健康的重要性，但由于健康知识不足，希望得到科学的、专业的、系统的、个性化的健康教育与指导，并拟通过定期健康评估，保持健康危险处于低风险水平，尽享健康人生。

2. 亚健康人群

具有四肢无力、心力交瘁、睡眠不好等症状的人群，由于承受着社会竞争及家庭负担的压力，自我明白处于亚健康状态但不知道如何改善，希望采取措施提高工作效率和整体健康水平。

《看一看》

什么是亚健康

亚健康是一种临界状态，处于亚健康状态的人，虽然没有明确的疾病，却出现精神活力和适应能力下降的情况，如果这种状态不能得到及时的纠正，非常容易引起身心疾病。亚健康是指非病也非健康的状态，这是一类次等健康状态，是介乎健康与疾病之间的状态。世界卫生组织将机体无器质性病变，但是有一些功能改变的状态称为“亚健康”状态。

3. 疾病人群

这是在治疗的同时希望积极参与自身健康改善的群体。他们需要在临床治疗的过程中全面改善生活环境，改正不健康行为，从而监控危险因素，降低风险水平，延缓疾病的进程，提高生命质量。

（二）健康管理计划的制订步骤

个人健康管理方案的制订应从以下四个方面入手。

第一步，进行健康体检和生活习惯调查。通过健康体检可以发现目前已经出现的健康问题或潜在的健康风险，为健康管理方案的制订提供依据。健康体检也是整个健康管理的起点。除了健康体检还要对生活习惯进行调查，从而为健康问题的影响因素分析提供参考。

第二步，进行健康评估和风险分析。分析一下患各种疾病的风险有多大。导致患某种疾病的因素有哪些，哪些是可控制的，哪些是不可控制的。

第三步，制订健康管理计划。对那些可控制的风险因素可通过饮食调节、增加运动等方式来控制，使其逆转，让健康状况不至于进一步恶化，而是逐步改善。

第四步，按照健康管理计划进行干预。由于健康管理的本质是科普教育、检查监督，而不是强制。因此，干预计划的实施需要被干预者的主动配合和积极行动。可以制作一张健康管理卡，要求被干预者每天按照卡片上的要求完成相应的干预计划。除了被干预者自我监督外，家人、医生等还可以通过定时的电话询问及健康检查进行监督，督促其执行健康管理计划。

这四个环节完成之后，可继续执行这个闭环，一圈又一圈地周而复始，从而逐步改变不良的生活习惯，使你的生活质量越来越高。

思考题

1. 健康的含义及其标准是什么?
2. 体育锻炼对人体健康有哪些促进作用?
3. 如何制订适合自己的体育锻炼计划?
4. 健康管理的主要内容有哪些?
5. 科学饮食与肥胖之间有着怎样的关系?
6. 运动中常见病症的处理方法是什么?
7. 如何制订适合自己的健康管理计划?

第二章 CHAPTER 2

体能训练

导言

大学体育中的体能训练是学生身心健康发展和综合素质提升的重要组成部分，其重要性不仅体现在生理层面，更延伸至心理、社交及长远发展等多个维度，是连接身心健康、个人成长与社会需求的重要纽带。它不仅能让学生拥有更健康的身体，更能塑造积极的心态、协作的能力和终身受益的生活习惯，为成为“全面发展的人”奠定坚实基础。

学习目标

- 掌握体能训练的概念、原理、方法。
- 培养基础体能训练实践能力。
- 树立终身体能锻炼意识。

体能基础理论

体能是指通过力量、速度、耐力、协调、柔韧、灵敏等运动素质表现出来的人体基本的运动能力，是运动员竞技能力的重要构成因素。体能水平的高低与人体的形态学特征以及人体的机能特征有着密切的关系。人体的形态学特征是其体能的质构性基础，人体的机能特征是其体能的生物功能性基础。

体能训练是指通过科学的训练方法和合理的训练计划，提高人体各方面的体能水平，包括力量、速度、耐力、柔韧性和协调性等。

一、体能训练的基本原理

（一）超负荷原理

体能训练中必须向身体施加超过其正常承受负荷水平的刺激，才能产生适应性的改变，以提高体能水平。训练计划中应设定适当的负荷，以确保达到训练的效果。

（二）适应性原理

人体在运动训练等重复刺激下会产生一系列生理和心理的适应性变化，以应对运动训练的挑战。训练计划应定期改变，以避免适应一定训练刺激后训练效果停滞。

（三）个体差异原理

每个人的体能状态和体能训练效果的获得性存在差异，训练计划需要根据个体的特点进行个性化调整，实现最佳效果。

（四）持续性原理

体能训练需要长期、持续的坚持，只有坚持不懈地进行训练，才能达到持久的效果。

二、体适能测量与评价

（一）体适能的定义

体适能是指人体在不过度疲劳的精神状态下，能够以最大限度的活力愉快地从事各类休闲活动，并且能够及时应对不可预测的紧急状况及从事日常工作和学习的能力。体适能包括健康体适能和竞技体适能两类，其中竞技体适能主要包括速度、反应、灵敏性、平衡和协调能力。体适能测评非常重要，它可以作为身体活动健康促进效果评价的重要指标，作为疾病发病风险和死亡风险的重要预测因子。

（二）健康体适能

健康体适能是与健康有密切关系的体适能，主要由身体成分、柔韧性、肌肉力量、肌肉耐力、心肺耐力等五大要素构成。

1. 身体成分

身体成分是指身体脂肪、骨骼肌、骨成分和另外组织分别占体重的百分比。身体脂肪量常用于判定身体成分的健康状态。

人体脂肪量的变化由来自食物的能量摄入和基础代谢、食物的特殊动力效应以及身体活动引起的能量消耗之间的平衡决定。生物电阻抗法（BIA）是常用的测量方法，利用机体的非脂肪组织比脂肪组织更容易导电的原理，通过电学方法测定人体水分，进而计算出蛋白质和无机物的量，即去脂肪质量，然后根据总重量差额计算身体脂肪量。体脂率是指人体内脂肪量在人体总体重中所占的比例，其反映人体内脂肪含量的多少，是身体成分评测的重要指标。体脂率的正常范围：男性为15%～18%；女性为20%～25%。此外，身体质量指数（BMI）是一个广泛使用的评价体重是否合理的指标，计算公式为：身体质量（kg）÷身高^2（m^2）。BMI的正常范围在18.5～23.9 kg/m^2，24.0～27.9 kg/m^2为超重，28.0 kg/m^2及以上为肥胖。

2. 柔韧性

柔韧性是指人体各关节在被动和主动活动期间的活动幅度。柔韧性主要由关节的结构、关节周围组织的体积和髋关节的肌肉、肌腱、韧带及皮肤的伸展性决定。坐位体前屈是常用的柔韧性测评方法。

3. 肌肉力量与肌肉耐力

肌肉力量和肌肉耐力是健康体适能的重要因素。肌肉力量是指肌肉对抗某种阻力单次收缩产生力量的能力。最大握力测试可测量前臂肌肉力量，是常用的可靠且简单的肌肉力量测试方法。肌肉耐力是指肌肉持续发力做功的能力，常用动作持续时间或反复次数进行评价，如，仰卧起坐和俯卧撑就是以此进行评价。

4. 心肺耐力

心肺耐力是指人体长时间进行有氧工作的能力，持续进行身体活动中循环和呼吸系统供应机体所需氧气以及肌肉组织利用氧气的能力。最大摄氧量是测评心肺耐力的常用指标。因心肺耐力是疾病和死亡风险预测的重要指标，2016年美国心脏协会（AHA）建议将心肺耐力与体温、脉搏、呼吸、血压一起，作为生命的五大临床生命体征。

体能训练方法

依据不同，体能训练方法的分类也不同。依据不同训练目的，可分为以下六种：① 力量训练。通过负荷训练提高肌肉力量。可以采用负重训练、自重训练、弹力带训练等方式，逐渐增加负荷和训练强度。② 速度训练。通过提高肌肉的收缩速度及改善神经—肌肉协调性来提高速度。可以采用短跑、爆发力训练、跳跃训练等方法进行速度训练。③ 耐力训练。通过长时间持续的训练，增强肌肉耐力和心肺功能。可以采用长跑、循环训练、间歇训练等方式提高身体的耐力水平。④ 柔韧性训练。通过各种拉伸动作，改善关节的活动范围和肌肉的伸展能力。可以采用静态拉伸、动态拉伸、瑜伽等方法提高柔韧性。⑤ 协调性训练。通过各种协调动作练习，可提高身体各部分之间的协调性。可以采用敏捷梯协调训练、反向完成动作练习等方式提高协调性。⑥ 全面综合训练。结合以上各种方法，制订全面的训练计划，综合提高各项体能能力。体能训练的方法还有很多，具体采用哪种方法，应根据个人的需求和目标来确定。同时，训练计划应有强度递增的趋势，逐步提高训练量和负荷，以避免运动伤害和过度训练。此外，合理的营养摄入和充足的休息也是体能训练不可忽视的因素，只有综合考虑这些方面，才能取得最佳的训练效果。

一、核心区训练法

人体核心区是指人体的躯干部分。核心区训练是围绕着增强人体躯干部位力量、速度、灵活性而采取的训练措施。

核心区训练最初是为专业运动员提高竞技水平而设计的训练方法。后来人们发现，这种训练方法和训练效果适合所有人群，且无性别要求。核心区训练的目的不是让身体看起来更有形（虽然训练也能达到这个效果），而是使身体功能更强大、更有力、更精准、更快速、更健康。

（一）核心区训练的内容

核心区训练包括以下7个训练模块。

（1）准备活动：是取代传统牵拉的一种积极的热身方法。

（2）防御训练：为保护机体不受伤害而采用的一种非常积极主动、预防损伤的练习方法。

（3）瑞士球训练：增加髋、躯干和肩部力量及稳定性的练习方法。

（4）弹性训练：一种增加弹性力量的练习方法。

（5）力量训练：一种以爆发力、稳定性和灵活性训练为基础的阻力练习方法。

（6）快速力量训练：可以在短时间内快速集聚力量的练习方法。

（7）恢复训练：低强度、快速恢复的练习方法。

（二）几种徒手训练方法

1. 髋部扭转

（1）训练目标：通过分离双髋和双肩的动作，建立躯干的灵活性，增强躯干力量。

（2）动作方法：仰卧，双臂置于体侧。双腿弯曲，膝盖向右侧旋转，碰到地面后，再向左侧旋转。如要加大难度可用直腿做同样的练习，如图2-1所示。

图2-1　髋部扭转

（3）动作要点：收腹，保持肩部、躯干不离开地面。

2. 燕式平衡

（1）训练目标：增加大腿后群肌肉的柔韧性及平衡能力，并增加核心区域的动态稳定性。

（2）动作方法：两臂侧平举，体前屈；以右腿为支撑腿，左侧臀肌收缩，左腿向后向上抬起，使整个身体形成一条直线，停留一段时间后换另一条腿练习，如图2-2所示。

（3）动作要点：身体和左腿尽量保持在一条直线上。

图2-2　燕式平衡

3. 侧弓步

（1）训练目标：拉伸腹部和髋部肌群，提高核心区力量。

（2）动作方法：站立，上体保持正直；左脚贴近地面，慢慢向左跨出一大步，脚尖向前；右腿弯曲，随着左腿跨出的幅度增大而加大下蹲的幅度，保持一段时间，如图2-3所示。两腿交换训练。

（3）动作要点：根据自己腿部的力量选择跨出腿的幅度。

图 2-3　侧弓步

4. 臀桥

（1）训练目标：拉伸臀部肌群，增加臀部肌群的力量。

（2）动作方法：仰卧，屈膝90度并拢，双脚支撑地面；臀部向上顶起，呈屈腿斜卧姿势，根据个人情况保持一定时间。还可做屈膝单腿起、直腿单腿起和弓腿单腿上起等动作，如图2-4所示。

（3）动作要点：臀部收缩，身体保持平直。

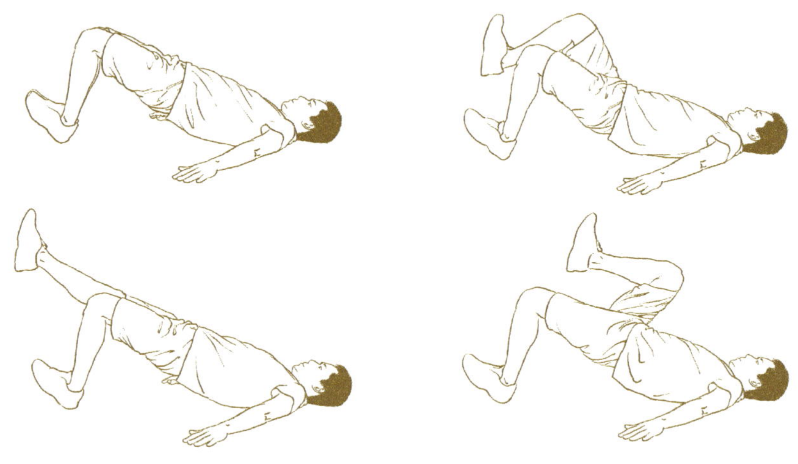

图 2-4　臀桥

5. 侧卧内收与外展

（1）训练目标：拉伸并稳固髋部肌群。

（2）动作方法：左侧卧，头枕在手臂上，双腿伸直。脚尖指向前方。控制右侧腿抬至最高点，然后再控制右腿还原。也可以改为屈腿做。两腿交换，如图2-5所示。

（3）动作要点：用臀部和大腿的力量控制腿的运动速度。

6. 四点支撑外旋

（1）训练目标：增强脊柱周围的力量和髋关节的灵活性、稳定性及力量。

（2）动作方法：收腹，四点支撑。左膝支撑，右膝向胸部方向抬起后，沿髋关节外展，旋转一圈后，回到起点，如图2-6所示。两腿交换，重复练习。

（3）动作要点：练习时要保证髋关节的稳定性。

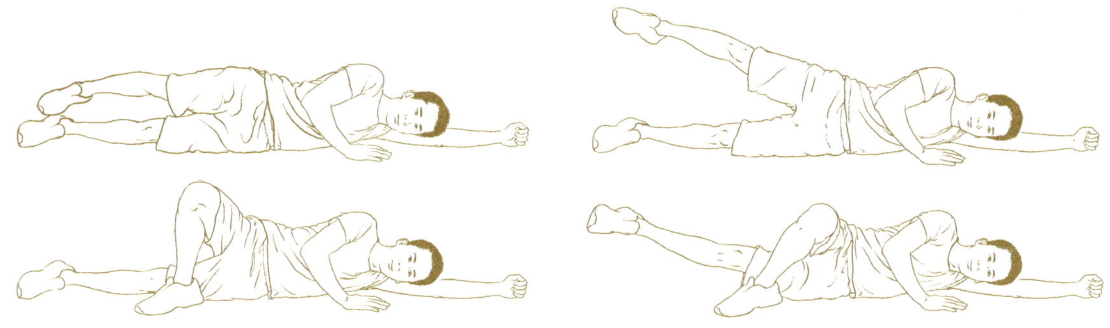

图2-5 侧卧内收与外展

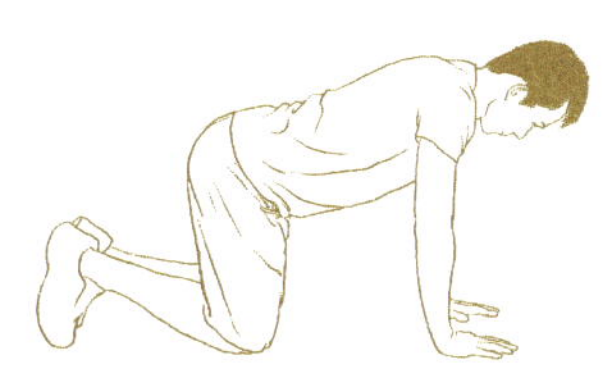
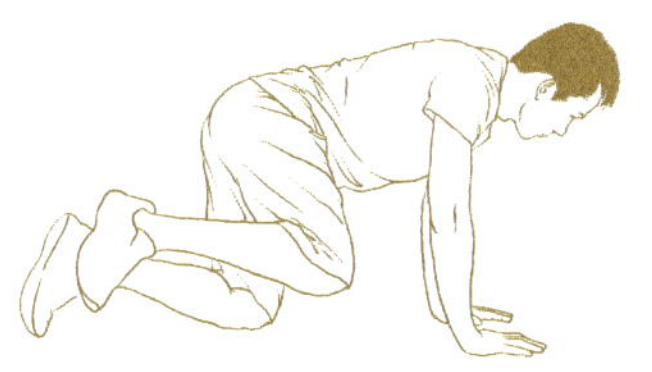
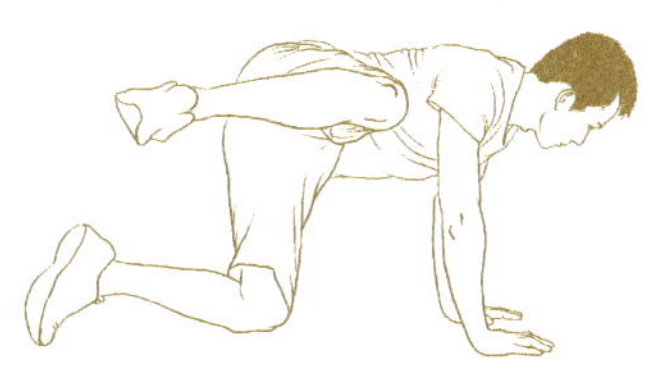

图2-6 四点支撑外旋

7. 平板撑

（1）训练目标：增加支柱（肩关节、核心区、髋关节）稳定性和力量。

（2）动作方法：俯卧，前臂屈置于地面，成屈曲90度。抬起头，使全身保持在一个平面上，如图2-7所示。还可以做单足撑、单手撑、一侧两点撑等。

（3）动作要点：身体要保持在一个平面上。

图2-7 平板撑

8. 侧桥

（1）训练目标：增加肩关节、核心区、髋关节的稳定性和力量。

（2）动作方法：侧卧，前臂撑在地面上，身体在一条直线上；髋关节发力向上顶髋，使髋关节离开地面，让全身保持成一条直线。在保证原姿势不变的情况下，也可做上腿向上抬起、下腿屈膝抬起等动作，如图2-8所示。

（3）动作要点：挺髋，做动作时要保持动作的稳定性。

图2-8 侧桥

二、其他体能训练基础动作

（一）走、跑、跳、投

1. 健身走

（1）快速走。

练习方法：快速走时，两眼平视前方，上体立直，挺腰收腹，两肩放松，大步前进，双臂自然摆动。步速控制在120～140步/分钟，每次锻炼的时间至少在20分钟。

健身效果：快速走可以消耗人体较多热量，从而减轻体重、降低血脂。同时还可以提高心肺功能。

（2）倒退走。

练习方法：倒退走时膝关节略微弯曲，两臂微屈于体侧，前后摆动。步速控制在70步/分钟左右，步行速度不宜过快，以免造成腰背部肌肉过度紧张和疲劳。

健身效果：倒退走可以增强腰背部肌肉力量，平衡身体的用力部位，提高人体的协调性，并促进血液循环。

（3）变速走。

练习方法：以快速走1～3分钟，然后慢速走1～3分钟为一组合，每次锻炼重复多次，锻炼30～60分钟。

健身效果：可以提高心肺适能，增加下肢肌肉适能，降低体重和包括内脏脂肪在内的体脂率。改善血糖调控。

（4）健身走与职业健康。

对于以脑力劳动为主的从业人员（如银行从业者、出纳、公务员、文秘）来说，由于每天静坐办公时间比较长，往往缺乏运动，容易出现体力下降、体重增加、心血管疾病发病率升高等健康问题。健身走作为一种简便易行的锻炼方式，可以使以上从业人员充分利用有限的时间和空间进行锻炼，从而提高从业人员的健康水平。而导游、餐饮服务、空乘、地质调查等职业的从业人员经常要长时间地站立和行走，因此在高职学习阶段就进行健身走的锻炼，可以为以后的职业发展打下良好的身体基础。

2. 健身跑

（1）慢速跑。

练习方法：慢速跑时，身体正直，稍前倾，双眼平视，两肩放松，两手半握拳，前臂弯曲，前后摆动。跑步时，步幅小，弹性好，有节奏，上下肢协调配合。练习时，全身达到发热程度，心率达到85次/分钟以上，每周练习4～5次，每次20～25分钟。

健身效果：长距离的慢跑可以有效发展有氧代谢能力、耐力，提高人的抗疲劳能力，改善呼吸系统和心血管系统的功能，还可以促进骨骼的生长发育，使人保持良好身材。

（2）变速跑。

练习方法：慢速跑与冲刺跑交替进行，冲刺跑时步幅增大，步频加快，摆臂幅度加大，脚前掌着地，步伐轻快有弹性。根据自身能力的不同可选择100米快跑加100米慢跑、100米快跑加200米慢跑、200米快跑加200米慢跑等不同的组合方式。

健身效果：在发展有氧耐力的同时还可以有效发展无氧代谢能力、速度、力量、反应等身体素质，改善神经系统功能。

（3）健身跑与职业健康。

经常进行健身跑的锻炼可以有效发展人体的快速移动能力，提高速度、耐力、灵敏等身体素质，并增强心肺功能。同时，还可以培养练习者坚忍不拔、吃苦耐劳的意志品质。对于那些需要长时间身体活动和充沛体能的工作（如保安、警察、环卫、勘探），健身跑锻炼可以为相关从业人员奠定良好的体能基础。而对于那些长时间坐着工作的人（如驾驶员、程序员、设计人员）来说，健身跑也可以提供有效的身体锻炼，降低肥胖、心血管疾病等慢性非传染性疾病的发病风险。

《看一看》

过犹不及的长跑

研究表明选择长跑作为唯一的锻炼方法并不是最佳的。

近年来风靡全球的跑步热，让许多人把完成马拉松列入自己的健身计划。然而一项针对3 800余名平均每周跑约32千米的中年跑步者的最新调查显示，如果每周跑步时间超过2.5小时，跑步者的寿命反而会因此缩短，与不从事任何运动的人的死亡率持平。

高强度的跑步训练会抵消跑步在控制体重、降血压和胆固醇等方面的益处，给心脏带来额外的负担。因此，体育锻炼是要因人而异的，选择更适合自己的锻炼方式，科学地进行体育锻炼才是确保健康的必由之路。

3. 健身跳

（1）原地纵跳。

练习方法：原地站好，屈膝摆臂向上跳起，第一次腾空时双腿并拢伸直；第二次腾空时双腿并拢大腿收到胸前；第三次腾空时双腿和手臂做后摆展体动作。三个动作为一组，可根据个人能力进行不同组数的练习。

健身效果：通过不同形式的原地纵跳组合练习，可以发展腿部及腰腹部肌肉的力量，提高弹跳能力。

（2）立卧撑跳。

练习方法：从俯撑姿势开始，两腿屈膝收至腹下，两腿并拢成蹲撑，随后尽力向上跳起，待双脚落地后还原成俯撑姿势，根据个人能力可多次重复。

健身效果：立卧撑跳可以发展腰腹肌肉力量和下肢的弹跳能力，同时由于其动作简单，运动强度大，健体效果好，故很适用于青少年的减肥训练。

（3）健身跳与职业健康。

经常进行健身跳的锻炼可以提高下肢的肌肉力量和弹性，增强骨骼抗压缩、抗拉伸和抗扭转的能力。同时，还可以提高练习者的身体姿态控制能力。对于从事驾驶、高空作业、搬运等职业的人员来说，健身跳可以培养他们的身体空间位置感以及自信、果断的意志品质。而对于那些主要从事脑力劳动的人员来说，健身跳也是一项锻炼下肢力量、增强骨骼强度的有效练习方式。

4. 健身投

（1）沙包掷准。

练习方法：在场地上画一条投掷线，距线前10米处并排放5个玻璃瓶，间隔2米。练习者手持沙包站在投掷线后，尝试用沙包将前面的瓶子击倒，争取在有限的次数内击倒尽可能多的瓶子。可以多个人一起进行比赛。

健身效果：沙包掷准可以发展练习者的上肢力量、上下肢协调运动的能力，提高视觉判断的准确性、发力的准确性。

（2）原地正面双手头上抛球。

练习方法：两脚前后站立，双手握持实心球于头上方，后腿弯曲，躯干后仰，随后后腿快速蹬伸，躯干前摆，带动手臂用力将球向前上方抛出。

健身效果：该练习可以发展腰腹和上肢肌肉力量，提高肌肉爆发力和上下肢协调用力的能力。

（3）健身投与职业健康。

经常进行投掷项目的锻炼，可以有效提高练习者的上肢肌肉力量和肌肉收缩速度，并能有效增强握力，提高用力的精确度，从而使练习者可以较为轻松顺利地完成日常生活中的拉、拿、抬、搬、拧等动作。同时，健身投还能够提高练习者的自制能力、专注能力、自我调节能力和抗干扰能力，为从事机械维修、烹饪、汽车制造、电路维修、建筑、焊接等职业打下良好的身体和心理素质基础。

（二）爬、推、拉、握、支撑、悬垂

1. 爬

（1）爬对健康的影响。

爬是一种以爬行为主要运动方式的体育运动，它可以增强身体肌肉力量、提高柔韧性和协调性，同时也是一种很好的有氧运动，可以提高我们的有氧能力。

① 提升全身肌肉力量。

在进行爬行项目训练时，需要调动全身各个肌群，可以使全身的肌肉得到锻炼；爬行时心脏与大脑处于同一水平位置，静脉血回流速度加快，有利于肌肉中代谢废物的排出，增加肌肉中的氧气与营养物质的供给，增强肌肉的力量与耐力，从而提升运动表现。

② 增强内脏器官功能。

爬行中主要采用腹式呼吸，促使内脏器官（如肠胃）进行有规律的蠕动，从而有效增强消化功能，提升人体对营养物质的吸收效率。腹式呼吸更有利于气体交换，提升肺活量水平，改善呼吸功能。

③ 强化脊柱功能。

爬行时，脊柱能够得到扭转、拉长，能够有效提升脊柱的伸展性。

（2）常见的爬行动作。

① 华佗五禽戏之“虎戏”。

华佗五禽戏中的虎戏是通过模仿老虎爬行，达到养生保健、祛病延年的目的。其动作规范为：自然站式，俯身，两手按地，用力使身躯前耸并配合吸气，在前耸至极后稍停；然后，身躯后缩并呼气；如此3次。继而两手按先左后右的顺序向前挪移，同时两脚向后退移，以极力拉伸腰身；接着抬头面朝天，再低头向前平视；最后，如虎爬行般前爬7步，后退7步。

②“蜘蛛爬墙”。

蜘蛛爬墙是一种通过在墙壁上爬行来锻炼身体的运动方式，可以提升上肢和核心肌群的力量，增强身体的协调性和稳定性。“蜘蛛爬墙”也有助于改善姿势和提升身体控制能力。初学者可以选择较低的墙壁进行练习，并逐渐增加难度。

2. 推

（1）推对健康的影响。

推是上肢活动的主要动作形式，是上肢各环节伸肌克服阻力，以及各关节由屈曲状态变为伸展状态的动作过程。推类运动可以增加健身者以及运动员的肌肉力量、肌肉耐力、运动控制和协调能力。

（2）常见的推动作。

① 俯卧撑。

长期坚持做俯卧撑可以锻炼到胸部、肩部、手臂与腹部肌肉，增加肌肉力量与耐力，提高身体免疫力。肌肉对骨骼的刺激，可以促进青少年骨骼发育与预防中老年骨质疏松。同时，还可以促进血液循环，增强心肺功能，塑造良好的形体，促进肌肉与筋膜中胶原蛋白纤维的合成，有助于延缓衰老。

俯卧撑动作规范为：双臂伸直、分开，与肩同宽，双手撑地（垫），手指向前，躯干、两腿伸直，从肩膀到脚踝成一条直线，屈臂使身体平直下降直至肩与肘处在同一水平面上，然后将身体平直撑起。

② 平板杠铃卧推。

平板卧推是锻炼胸肌的一种主要动作。卧推是一个复合动作，涉及肩、肘等多个关节的动作。卧推主要锻炼前上肢带的肌肉、肱三头肌、前臂肌肉、上背部肌肉和背阔肌。

进行卧推动作时，将杠铃放在卧推架上，眼睛位于杠铃的正下方。双脚踩实地面，并找一个舒适的间距。小腿垂直于地面。上背部平贴卧推凳，下背部处于伸展状态，臀部紧贴卧推凳。杠铃杆放在手掌根部。挺胸，沉肩，收缩肩胛骨。起杠：向上推起杠铃杆，锁定（伸直）肘部。下放：深吸一口气，将杠铃杆下放到两乳头连线处，下降幅度刚好触胸即可。上推：将杠铃杆推回至起始位置。

3. 拉

（1）拉对健康的影响。

拉是上肢屈肌克服阻力及各关节由伸展转变为屈曲状态的动作过程。在人体运动中，动作形式表现为将器械拉近人体或将人体拉近握点。进行拉类运动可以增强肌肉力量，主要包括背部肌肉、肩部肌肉、胸肌、上臂肌肉等。同时，拉类运动能很好地锻炼身体的协调性，提高核心力量，促进各肌群的协同发力。此外，拉类运动还可以提高心肺功能、减脂增肌、改善脊柱健康以及促进骨骼发育和健康。

（2）常见的拉动作。

① 引体向上。

引体向上指依靠自身力量克服自身体重向上做功的练习。主要测试上肢肌肉力量的发展水平。进行引体向上练习时，两手用宽握距（略宽于肩）正握单杠，两脚离地，两臂自然下垂伸直。用背阔肌的收缩力量将身体往上拉起，当下巴超过单杠时稍作停顿，静止一秒钟，然后逐渐放松背阔肌，让身体徐徐下降，直到回复完全下垂。

② 高位下拉。

高位下拉不仅可以有针对性地训练和强化背阔肌，还能在一定程度上刺激背部的斜方肌、菱形肌和大臂肱二头肌等，对整体上肢形态、力量提升也有积极的意义。

在进行高位下拉时，选择长横杆，坐在高位下拉器械下，掌心朝前、握住横杆。手臂伸直，手握横杆，身体往后倾斜30度左右，挺胸，手肘朝下。肩胛骨收紧下沉，上臂往下拉，使横杆向下，几乎碰到上胸时停止。上身在整个过程中尽量保持稳定，在最低点集中注意力进行最大限度的收缩。停顿一秒后，慢慢地将横杆往上放。

③ 坐姿划船。

坐姿划船是上体多关节锻炼的基本动作，健身人群和运动员均可用这个动作来增强肩带后侧、背部和肘屈肌的肌力。进行坐姿划船训练时，选择坐位，双脚踩踏板，先从一个上半身稍微前屈的姿态下抓住把手，再向后拉，后拉的同时做到挺胸拱腰并收紧肩胛骨。

4. 握

（1）握对健康的影响。

握主要依靠前臂和手部力量来完成。增强握力可以提高日常生活能力，例如，拿举东西、移动重物。增强握力还有助于降低慢性非传染性疾病发生风险和死亡风险，有效预防肌少症和骨质疏松等。

（2）常见的握类运动。

① 握力圈、握力器。

握力圈、握力器都是轻巧便捷的训练握力的工具。握力圈、握力器练习可以增强手臂力量，提高手指关节的灵活度，增强手指的力量和控制力。

② 拧毛巾。

拧毛巾是既经济又简易的握力训练，适合各类人群，在家足不出户就可以进行握力练习和前臂力量练习。

③ 捏网球。

用尽可能大的力量，攥握网球5～10秒钟，然后松开休息5秒钟；重复练习。

④ 负重绕腕。

可以双手持小哑铃或矿泉水，在上下举的过程中旋转手腕，锻炼前臂、手部肌肉的力量和协调能力。

5. 支撑

（1）支撑对健康的影响。

支撑是一种全身性的运动，它不仅可以锻炼背部、上臂和肩部肌肉，还可以加强核心肌群的力量。支撑类动作训练，可以有效地锻炼腹肌、腰肌和臀部肌肉，提高身体的稳定性和平衡力。久坐和不正确的姿势是导致腰背疼痛和姿势问题的主要原因。练习支撑类运动，可以增强核心力量，改善身体姿势，减轻腰背疼痛。此外，进行支撑类练习还可以提高稳定性和平衡能力，进而改善日常生活的运动能力。

（2）常见的支撑动作。

① 直臂支撑。

俯身支撑在瑜伽垫上，双臂在肩部正下方伸直，手肘微屈，双腿向后并拢伸直。保持身体稳定，背部挺直，全身绷紧，身体从头到脚呈一条直线。保持动作，保持自然呼吸，不要憋气。

② 上斜式平板支撑。

俯身，双臂屈肘支撑在凳子表面，双腿并拢向后伸直，双脚脚尖踩地。背部挺直，核心收紧，身体从头到脚呈一条直线。保持身体稳定，不要晃动，保持自然呼吸。

③ 下斜式平板支撑。

俯身，双臂伸直支撑在瑜伽垫上，手肘微屈，双腿向后并拢伸直，双脚支撑在瑜伽球上。保持身体稳定，不要晃动，背部挺直，核心收紧，使身体从头到脚呈一条直线。保持动作，保持自然呼吸，如果使用瑜伽球有困难，可以将双脚置于固定物体上来完成动作。

④ 平板支撑。

俯身支撑在瑜伽垫上，双臂位于肩部正下方，屈肘支撑身体，双腿向后并拢伸直，双脚脚尖踩地。保持身体稳定，不要晃动，背部挺直，核心收紧，绷紧整个身体。保持动作，保持均匀呼吸。

⑤ 侧支撑。

侧撑在瑜伽垫上，下侧手臂屈肘支撑身体，上侧手叉腰，双腿并拢伸直，下侧脚支撑身体。保持身体稳定，使整个身体从侧面看呈一条直线，保持核心收紧。绷紧全身并保持动作，保持自然呼吸。

⑥ 反向支撑。

仰卧后撑，双臂位于身体后下方支撑在瑜伽垫上，手肘微屈，双腿向前并拢伸直。臀部收紧发力向上抬起，使身体从头到脚呈一条直线。保持身体稳定，不要晃动，核心收紧，绷紧整个身体，保持动作，保持自然呼吸。

以上每个动作坚持30～45秒，动作间休息30秒左右，每次进行2～3组，每周3～4次。

6. 悬垂

（1）悬垂对健康的影响。

悬垂是指人体肩轴低于器械轴并对握点产生拉力的一种静止动作。悬垂运动对增强肌肉力量、提高协调能力和反应能力，均有很好的作用。同时，常进行悬垂练习能使肩关节有一定的时间处于外展并旋转至最大活动位置，肩关节囊及周围肌腱、韧带等得以充分伸展，这对于预防肩关节炎具有重要意义。此外，经常进行悬垂运动可预防椎间盘退行性病变或减缓其退变进程。

（2）常见的悬垂动作。

在动作开始前完成充分的热身，之后双手紧握单杠，使身体悬空下垂，下垂时以脚尖能离开地面10厘米左右最佳，然后做静止引体向上动作，直到感到肌肉酸痛停止。

职业体能和运动心智能

一、职业体能训练

按照不同职业的工作特点，可以将职业按体姿的不同划分为：以坐姿为主的职业和以站姿为主的职业；按体力要求不同可划分为：以轻体力劳动为主的职业、中等体力劳动为主的职业和重体力劳动为主的职业；其他的还有久视类、久躺类、久步类、灵巧类等。不同类型的职业，其从业人员可以选择不同种类的身体活动和运动项目进行锻炼，以促进健康。

（一）以坐姿为主的职业

这类职业以公务员、办公室职员、银行前台工作人员、软件开发人员等为代表。他们以脑力劳动为主，长时间伏案工作，容易出现血液循环不畅，体力下降，腰背痛等症状，发生颈椎病、腰痛病和坐骨神经痛等“职业病”。久坐行为与代谢综合征、2型糖尿病、心血管疾病、癌症等疾病的发病以及全因死亡风险的增加密切相关。这类人员需要有意识地增加日常身体活动。比如上下班途中可少乘一站，走一站路的距离；选择走到同事办公室与同事当面进行交流来取代线上对话；低楼层选择爬楼梯以取代坐电梯；去使用距离较远的洗手间；接电话时可以边踱步边通话等。应在工作中尽量减少连续久坐时间，即使是从事不需要离开座位的工作，每隔30～60分钟也要起来活动一下，以降低久坐带来的健康危害。此外，在闲暇时间里还可以有针对性地选择羽毛球、网球、乒乓球等隔网球类项目，健美操、健身走和慢跑等锻炼手段，并经常进行颈部旋转运动、手臂旋转运动、扩胸运动、体侧运动、伸展运动、俯卧撑等综合性练习，必要时可做些力量练习。

（二）以站姿为主的职业

这类职业以教师、警察、销售员、服务员等为代表。他们以轻体力劳动为主，长时间从事该类职业易患静脉曲张、关节炎、腰肌劳损、腰椎间盘突出等职业病。这类人员可以有针对性地选择保健按摩、体能训练、慢跑、登山等锻炼手段，并经常进行伸展运动、前屈运动、抱膝运动，以及长跑、仰卧起坐、站立提踵等综合性练习方法。

（三）以重体力为主的职业

这类职业以建筑工人、钢铁工人、搬运工人等为代表。工作时需要饱满的精神、稳定的情绪，较强的应变能力，以及较好的适应能力和抗疲劳能力。这类人员在闲暇时间里可以有针对性地选择游泳、网球、踏板操、定向越野等有氧运动锻炼项目，并适度进行下肢抗阻力量运动锻炼以及柔韧拉伸。

（四）以中等体力劳动为主的职业

这类职业以医护人员、机械修理人员、司机、船员、流水线装配工人及手工制造业人员等为代表。他们在工作时需要较长时间集中注意力，具有高强度、长时间工作的特点，容易引发全身性的疲劳，出现烦躁、精神衰弱、注意力不集中等表现。这类人员在闲暇时间里可以有针对性地选择篮球、乒乓球、羽毛球、健美操、武术等锻炼项目，并经常进行哑铃练习、肋木练习、举重、运动灵活性练习、越野跑、定速跑、各种跳跃练习等综合性练习。

（五）久视类职业

这类职业以分析检验技术、医学检验技术、数字图文信息处理技术、广播影视节目制作和网络舆情处理等为代表。他们长期过度用眼，容易患近视等眼部疾病。这类人员可以有针对性地进行视力调整训练，辅以腰部力量训练，肩部力量训练和颈部力量训练等。

（六）久躬类职业

这类职业以茶叶生产与加工技术，烟草栽培与加工技术，护理，针灸推拿，医学美容技术等为代表。该职业涉及的工作一般需长期躬身完成，会导致腰肌劳损和上肢肌肉酸痛等问题。这一类职业人员可以有针对性地进行腰部力量训练和核心力量训练等，并且强化上肢力量。

（七）久步类职业

这类职业以野生动植物资源保护与利用、地质调查与矿产勘查、生态地质调查、导游、安全技术与管理等为代表。此类人员长期在户外活动，久之就会导致腿部肌肉劳损等。这一类职业人员可以有针对性地进行腿部力量训练、走路姿势训练和快步走训练。

（八）灵巧类职业

这类职业以医护人员、机械修理人员以及手工制造业人员等为代表。他们在工作时需要较长时间集中注意力，具有高强度、长时间工作的能力，容易引发全身性的疲劳。

这类人员可以有针对性地选择篮球、乒乓球、羽毛球、健美操、武术等锻炼项目，并经常进行哑铃练习、肋木练习、举重、运动灵活性练习、注意力集中练习等综合性练习。

二、运动心智能训练

运动心智能是指通过体育活动得到锻炼并体现在各种身体活动中的正确心理认知和良好行动能力，运动心智能对于学生从事未来岗位的劳动具有重要意义。在职场中，需要具备一系列的关键技能，包括沟通能力、合作能力和专业技能等，还应具有细心、果敢等品质，这些能力都可以通过体育活动得到锻炼。

（一）沟通能力

沟通能力是指与他人沟通有效信息的能力。沟通能力包含着表达能力、倾听能力等。沟通能力可以通过后天的学习、实践和训练得到提升。

有助于提高沟通能力的训练方法有三个："驿站传书""黑夜协作盲人方阵""极速60秒"。

1. 驿站传书

（1）项目流程。

每一支队伍坐成一列，所有人都不再发出任何声音，然后主持人将一组信息交到最后一名队员的手中，要求队员在规定的时间内将这组数字传递到第一位队员处，第一位队员将自己得到的信息写到前面的白板上，以准确和迅速为获胜依据。

（2）项目规则。

① 得分规则：在准确的前提下以名次记分，按照先后顺序依次得分为4、3、2、1分（四支队伍的情况）；如果传输结果错误，记零分；后两轮得分加倍。每轮数字信息难度逐渐加大，由最简单的两位数到分数、对数、开方、小数等。每组信息不同，最好是相同数字，但是顺序要重新排列；最后一轮时各组信息相同。

② 比赛规则：

椅子不动，人不能离开椅子；

头不能向后转；

在整个过程中不能发出任何声音；

不能使用现代化工具；

不允许使用和传递任何工具；

所有人不可以从椅子上转身或起身，同时椅子不可移动；

后面队员的手不能超过前面队员的纵截面；

每轮结束后都可能增加规则。

2. 黑夜协作盲人方阵

（1）项目流程。

所有人蒙上双眼，最好相互间手牵手，围圈行走，最后来到活动场地。在此过程中任何人不能偷看。告知所有人附近有一捆绳子，须队员共同合作，把绳子用尽，使之成为一个最大的正方形。

（2）项目规则。

在整个活动中，任何人不得摘去眼罩，戴上眼罩后应将双手放置身前，不得背手行走，严禁蹲坐在地上；等确认完成后，将绳踩在脚下，并通知拓展教师，得到准许后才可以按照拓展教师的要求摘下眼罩。

（3）注意事项。

① 活动场地尽量安排在宽敞、平坦的户外；在室内进行时必须保证有足够宽敞的空间。如果地面不够平整，要提前告诉队员，并让队员提前体验一下地面的情况。

② 关于道具绳。所用绳索一定要足够粗，不然在蒙眼睛的状况下不容易操作。绳子需要三条，分别有不同的长度（但一定要计算周长，正方形的每条边至少要四个人来算，绳子总长在18～25米最佳）。准备好绳子后在绳子上打上一些大小不一的结，或将绳子结成若干个环，这样可以为项目增加一些难度（要达到四边形的最大化必须要解开这些结或环）。

③ 项目正式开始后拓展教师不得回答任何关于项目的提问。

④ 盲阵也可以作为团队竞争的拓展项目，除了正方形，也可以做三角形、组合图形等图形。

3. 极速60秒

（1）项目流程。

① 团队所有成员参与，每个团队有3轮机会。

② 每轮的时间为60秒。

③ 团队成员需要选择一个代表在绳圈内完成1 ～ 30张卡片的确认。

④ 其他团队成员不可进入圈内、不得触碰卡片。

⑤ 卡片的确认须从小到大按1、2、3的顺序确认。

⑥ 若拓展教师确认卡片后说“错误”，请继续确认。

⑦ 卡片综合了英文、卡通、数字、单词、纪念日等元素。

⑧ 当听到拓展教师倒计时时，所有的参与者退出圈内。

（2）项目规则。

① 每轮每组只能由一名组员进入圈内，只有这名组员可以触碰卡片并将卡片按从1到30的次序逐一递交给组织人员，其他组员只能在圈外给予语言上的帮助，不能进圈，也不能触碰极速60秒卡片，如圈外组员碰触到极速60秒卡片，每碰一次将减去5秒时间，作为极速60秒游戏犯规的惩罚。

② 每轮比赛时间为60秒，每轮比赛有3次递交错误次序卡片的机会，当时间用完或者第四次递交次序错误的极速60秒卡片时，本轮比赛立即终止。全部组员5秒内撤离卡片区，每耽搁1秒，下轮比赛扣除5秒。

③ 每张极速60秒卡片以谐音、时间、象形、节日或常识性内容逐一表示1 ～ 30数字范围中的一个数字，具有唯一性。

④ 每轮比赛过后，所有极速60秒卡片都会返回圈内，到下一轮比赛时须重新开始，逐一递交卡片。

⑤ 所有组员不允许使用任何高技术产品（如手机、相机）进行拍摄或录像。

⑥ 由组织人员统一口令开始，每轮比赛间隔5 ～ 10分钟，作为团队讨论解决方案的时间，然后再继续下一轮极速60秒比赛。

⑦ 在60秒内将数字顺序交给组织人员，若确认无误则胜出。

（二）合作能力

合作能力是指工作、事业中所需要的协调、协作能力。团队协作能力，是指建立在团队基础上，发挥团队精神、互补互助以达到团队最大工作效率的能力，是组织和个人成功的重要因素之一。

下面介绍三个有助于提高合作能力的训练方法：“毕业墙”“移花接木”“同心协力”。

1. 毕业墙

（1）项目流程。

① 所有队员在40分钟内爬过高墙，不容许借助任何外力和工具，包括衣服、皮带等，必须沿墙的正面爬上去，有人没有爬上去即为失败。人数过多的时候，已爬上去的人沿梯子下来后必须站在指定位置。允许爬上去的队员原路返回。

② 所有人都要摘去身上的一切硬物，如手表、门卡、眼镜、钥匙、戒指、发卡，穿硬底鞋、胶钉底鞋者必须脱掉鞋子。

③ 如果采用搭人梯的方法，必须采用马步站桩式，不要将身体靠在墙上，注意腰部用力挺直，手臂弯曲推墙固定身体，以保持人梯牢固。要有人专门扶持人梯队员的腰，可以屈膝用腿支撑人梯队员的臀部，队员攀爬时不可踩人梯队员的头、颈椎、脊椎，只可以踩肩和大腿。

④ 让队员将衣服扎进腰带，拉人时不可以拉衣服，拉手时要手腕相扣成老虎扣，不可直接拉手或者手指，不可将被拉队员的胳膊搭在墙沿上，只能垂直上提，当肩部以上超过墙沿时可以靠在墙沿上，从侧面将腿上提以帮助自己爬上去。

⑤ 不得助跑起跳，上墙时不可采用蹬走上墙的动作。上去后翻越墙头时要稳妥。

⑥ 队员应该注意安全垫子的大小和硬度，注意垫上活动的安全，避免扭伤脚踝，人多的时候外围队员可以弓步站立，一脚站在垫子外面。

⑦ 攀爬中，若承受不住了要大声叫喊并坚持住，等待保护人员的迅速解救。所有队员必须参与保护，以弓步站立，双手举过头，肘略曲，掌心对着攀爬者，抬头密切关注攀爬者，随时准备接应和保护。

⑧ 如果攀爬者或者人梯跌落，保护人员在保护自己的同时掌心要对着攀爬者或者人梯，并将其按在墙上，切忌按头。当攀爬者在较高的地方倒落或者滑落的时候，保护人员应上前托住。当攀爬者从高空向外摔出时，保护人员应迅速顺势接住，并将其轻放在垫子上。

⑨ 大声讲解，细致强调，鼓励队员参加。解决问题的办法由队员自己想，不用给安全操作规则外的任何建议。若队员讨论时间过长还没有决策和执行，可以提醒时间，一般要留2/3的时间用于执行。

⑩ 如果队员尝试多次没有成功，应予以鼓励，适当的时候应提示技巧。记录开始攀爬的时间和结束时间及尝试次数。

⑪ 最后一个人尝试各种方法攀爬的时候都会遇到困难，当队员要放弃的时候，应该予以提示。比如说：你们确定要放弃？放弃是不是很可惜？是不是方法不好？要不要换人试试？若提示后还找不到办法，可以把方法告诉其中一个人，然后队员自己沟通，最后一个人上跳的时候可以抓腰带以适当缓冲。

⑫ 毕业墙高于4.1米或者队员确实上不去的时候可以给备用绳套并提供使用方法或者其他帮助。

（2）注意事项。

① 检查海绵垫是否完好无损，上面是否有硬物，检查墙头是否松动。带领队员充分热身。

② 不断强调对攀爬者、搭人梯者、墙上提拉者、外围保护者的安全要求，做到安全事故防患于未然。

③ 监督墙上队员的安全，不准骑跨或者站立在墙头，注意墙后平台的范围，平台上不得超过30人。因为左侧有安全人员保护，所以拓展教师的站位应该保证其能控制住后面及右侧。

④ 地面队员少于3人时，拓展教师应该站在人梯后较近的位置并适当辅以力量。重点关注前3名和最后3名队员的攀爬过程，其余队员的攀爬过程可以提拉与托举并用，人梯不用过高。

⑤ 在搭救最后一名队员时对下挂队员的安全要不断强调、监控，并要求队员讲出他们的安全措施。拓展教师对此进行判断，可以否决或者补充要求。

⑥ 最后一名队员离地，脚上举或者做其他动作时，拓展教师应站在队员侧后方，一方面避免头朝下坠落，另一方面避免脸或者头磕在墙上，如队员坠落，要顺势帮助调整姿势接住

或者揽到垫子中间，队员必须休息一会儿再次尝试。

⑦ 有安全隐患时应果断鸣哨或者叫停。女队员若未经特殊训练一般不做中间连接。提醒队员在被队友往上提拉时不要用脚蹬墙，以免磕伤腿及面部。

⑧ 拓展教师不可参与项目，如充当倒挂者或者最后一人。如队员因身体原因不适合参加，可以不参加或者沿梯子上去。

⑨ 当队员要搭两组人梯的时候应制止，当被拉队员出现困难而滞留空中或者下滑时，应果断提示队员再搭上一层人梯，或者提示中间队员向一侧抬腿，然后上面队员立即抱腿。最后一人上去的时候，无论采用什么方法都要听一听中间队员的感受，中间队员认为不行应立即停止，不可长时间尝试。

⑩ 采用倒挂前要向队员问清方法和安全措施，面向墙壁倒挂时要提醒队员，腰部以下不得伸出墙外，有专人拉他的双腿，注意监控。面向外倒挂时要提示队员动作，如将小腿压在墙头，膝关节内侧卡在外沿，大腿压在墙面上，腿下不得有右手臂，后倒动作要慢，压腿的队员不得去拉最后一名被救者。

⑪ 活动中不得逗乐玩笑，不得在墙面后的平台蹦跳打闹，完成后要注意边角处所站队员的安全。

2. 移花接木

（1）项目准备。

① 道具：报纸、乒乓球。

② 场地：无风的户外场所。

（2）项目要求。

班内成员分2～3队，给每人发一张报纸，按规定要求将报纸进行折叠，然后一次性运送乒乓球到指定距离后的一次性水杯里。看哪队最先完成。

（3）项目规则

① 在运送小球的过程中，只能前进，不能后退。

② 在运送小球的过程中，身体和手掌的任何部位都不能接触小球，否则须返回起点。

③ 在小球没有离开报纸前，双脚不能移动。

④ 不能刻意使报纸变形，以免影响小球的移动。

⑤ 如果乒乓球中途掉落或没有被放到杯子里，将从起点重新开始。

⑥ 在跑动的过程中严禁慌张碰撞，以免致人跌倒。

3. 同心协力

（1）项目准备。

选择晴天、空旷场地。

（2）项目流程。

① 首先将所有队员分成几个小队，要求每队的人员在3人以上。

② 每队先派出2名队员，让他们背靠背坐在地上。

③ 两名队员双臂相互交叉，合力使双方同时站起。

④ 依次类推，每队每成功一次就增加一人。如果挑战失败须重新挑战一次，直到成功才可再加一人。

⑤ 最后选择有挑战性的人物进行挑战。

⑥ 拓展教师在旁边做裁判，选出人数最多且用时最少的一队为优胜者。

（三）细心

工作细心是职业生涯中非常重要的一个方面，它有助于提高工作的准确性和完美性，从而赢得同事和客户的信赖并确保个人的职业发展。下面介绍三个有助于提高细心、细致方面的能力的训练方法："穿越电网""信任之旅""珠行千里"。

1. 穿越电网

（1）项目要求。

在全体队员面前悬挂一张"电网"，网上的洞口大小不一，要求队员在40分钟内，从网的一边依次通过到达另一边。在此过程中，队员的任何部位都不允许碰网，否则洞口将被封闭，每个洞口只能通过一人。

（2）项目规则。

① 所有队员从网的一边穿过到另一边。每个网眼只能通过一个人，通过后封闭网眼，两边的队员不得从网外来回换边。

② 过网的唯一通道是未封闭的网眼，任何人的任何部位都不得触网，触网部位所在的网眼将被封闭，正在通过的队员退回重新选择网眼通过。

③ 身体触网均视为违规，头发和衣服也不能触网。

④ 活动过程中出现危险或者拓展教师叫停时活动停止。

⑤ 开始项目前确认参加人数和队员的体形，根据实际情况检查并封闭多余的网眼，网眼数量是参加人数的110%～120%。

⑥ 准备好封眼的小挂件，最好是夹子的小铃铛或者模拟蜘蛛，将其放在固定位置备用，如果地上尘土过多可以在对面适当放一块垫子或者帆布。

⑦ 开始后对触网情况严格监督，以提高队员的严肃性和警惕性，后期强调动作规范的同时可以适当放松要求。尽量近距离监督和观察每个队员。

⑧ 第一个队员穿越后，拓展教师应该赞美、鼓励，表扬完成难度最大的队员，使得队员士气高昂。封网时态度要严肃，动作要轻便，切忌手碰网眼边框。

⑨ 注意保护队员，坚决制止违反安全规则的动作，留意每个队员的表现，包括语言、动作、行为、表现、时间、结果等。抬女队员通过时避免队员面部朝下，可以提前提示女队员扎好头发、脱下外套等。

（3）注意事项。

① 检查场地是否有坚硬物，确定网绳与立柱的牢靠性。要求队员把身上的硬质物品放在安全的地方。

② 队员被托起后任何时候都不得将其抛起或者松手，放下时先放脚，待其站稳后所有保护队员才能松手。

③ 对贸然尝试、触摸电网、蹿跃等动作做出相应的惩罚，如封网或戴上眼罩。

④ 拓展教师往高位站，保持在人少的一边。

⑤ 设置网眼时，三角形网眼不得超过总网眼数的1/3，以适当降低对队员的心理冲击力。

⑥ 重点关注第一位和最后一位通过的队员，第一位要严格，最后一位可以适当放松。

⑦ 如有体重过重、体形过大的队员，在腰高的部位适当调整，选择相对容易的网眼。

2. 信任之旅

（1）项目准备。

较大的场地、各种障碍物（软绵垫缠绕尖锐的）、眼罩、一次性水杯、水和计时器。

（2）项目流程。

① 五人一组站成一列，各组的障碍物相同（允许障碍物的顺序不同），每组两个眼罩。

② 每组参与者按照规定路线进行，后面的组员做前面组员（“盲人”）的指挥者，指挥者只能站在原地进行言语指挥，在前进之前“盲人”要原地转两圈。

③ 到达目的地之后原指挥者成为“盲人”，后面的组员做指挥者，依次进行，最后一名由第一名指挥。

④ 每组派一名监督员到其他组，记录违规现象（如转圈不够、取下眼罩、水杯里的水泼出一半以上、未按规定路线行走等）。

⑤ 用时最少组为优胜组。

（3）注意事项。

① 组织者要注意维持好现场秩序，保障参与者的安全。

② 活动开始前一定要将所有道具按照活动的标准搭建。

思考题

1. 体能训练的原理是什么？
2. 核心区训练方法有哪些？
3. 典型职业的体育干预措施有哪些？
4. 运动心智能训练有什么重要意义？

第三章 CHAPTER 3

体育精神与体育美学

导言

体育精神就是健康向上的精神，体育精神是由体育运动孕育出来的意识形态，它超出了体育运动本身，内化为人类心中的一种信念和追求。而体育运动的价值决定了体育的审美价值。在比赛中，运动员的身体美、精神美、意志品质美、心灵美等都是体育美的构成部分。

学习目标

- 了解培养体育精神的重要意义。
- 掌握体育运动的欣赏特点。
- 培养中华体育精神。

体育精神概述

体育精神是指体育运动中所蕴含的对人的发展具有启迪和影响作用的有价值的思想、作风和意识。体育精神对体育实践活动起着导向作用，并决定着体育文化模式的选择。体育精神作为一种具有能动作用的意识，是体育行为的动力源泉，是一种心理资源。作为一种规范力量，它又具体表现为体育面貌、体育风范、体育心态、体育期望等。

一、培育体育精神的意义

（一）振奋民族精神，增强民族自尊

体育运动所具有的社会性，使体育成为国家对外最强有力和最直接的宣传工具之一。当今世界，想要保持国家强盛、民族振兴，必然要以民族精神的发扬为前提，而体育则成为振奋民族精神的重要途径。一场重大国际比赛中的胜负，往往也能像巨石击水一样，在国民心中产生巨大的波澜，使整个民族、国家沸腾起来，使民族精神得到升华，爱国激情得到张扬，民众之心连成一体，为国家的腾飞、民族的振兴提供难以估量的精神力量。

（二）丰富精神文化生活，提高生活质量

体育运动不仅对增强体质、提高机体活动能力和发掘人的潜力有极为明显的作用，而且对调节人的心理、满足人的精神需求、使人保持健康的精神状态和提高人们的生活质量有着极为明显的作用。体育运动可以使人们从紧张的工作状态中解脱出来，既缓解了紧张的状态，又提高了工作的效率。另外，体育运动具有的娱乐性还可以使运动者和欣赏者心情愉悦，获得美的享受。

（三）协调人际关系，缓和社会矛盾

体育运动是人类进步的结果和文明的象征，随着社会的发展，体育运动越来越成为人类进步的前提条件和基本内容。体育竞赛也是一个相互学习和交流的绝佳机会，可以创造相互理解和联系的条件。积极开展体育运动对减少社会犯罪、协调人际关系、缓解社会矛盾、树立社会公德有积极作用。

（四）增进国家关系，创造和谐环境

体育运动的国际化使体育成为国家之间重要的交往手段。通过体育比赛，国家之间相互学习和交流，能增强国家、民族间的相互理解和联系，协调国际关系，缓和冲突，促进文化交流，加深不同国家、民族人民间的相互了解，增进各国人民之间的友谊，减少和消除隔阂，对维护世界和平、创造有利于人类共同发展的和谐国际环境有着十分重要的作用。

《看一看》

2022年北京冬季奥运会吉祥物

2019年9月17日，2022年北京冬季奥运会吉祥物冰墩墩和雪容融正式对外公布。

冰墩墩体现了熊猫形象与冰晶外壳的结合，憨态可掬。熊猫头部装饰彩色光环，其灵感源自北京冬奥会的国家速滑馆“冰丝带”，流动的彩色线条象征着冰雪运动的赛道和5G高科技。雪容融的灵感来源则是灯笼，主色调为红色，辅以金色纹样的点缀。雪容融的整体造型融入了长城、剪纸、京鸽、天坛元素，表示欢迎世界各地的运动员来到中国参加体育盛会。

二、中华体育精神

2013年8月31日，习近平总书记在会见全国体育先进单位和先进个人代表等时强调：“广大体育工作者在长期实践中总结出的‘为国争光、无私奉献、科学求实、遵纪守法、团结协作、顽强拼搏’为主要内容的中华体育精神来之不易，弥足珍贵，要继承创新、发扬光大。希望全国体育工作者保持优良传统，在新的起点上实现体育事业新发展新进步，在推动我国由体育大国向体育强国迈进的征程中再创佳绩、再立新功。”“为国争光，无私奉献，科学求实，遵纪守法，团结协作，顽强拼搏”，这24个字为主要内容的中华体育精神熔铸成中华体育精神的精髓。我国体育健儿在奥运赛场上的出色表现，生动诠释了奥林匹克精神和中华体育精神，为祖国争光，为民族争气，为奥运增辉，为人生添彩，激发了全国人民的爱国热情和全世界中华儿女的民族自豪感，增强了中华民族的凝聚力、向心力、自信心，是中国精神的重要体现。体育强则国家强，国家强则体育强。发展体育事业不仅是实现中国梦的重要内容，还能为中华民族伟大复兴提供凝心聚气的强大精神力量。我们要弘扬中华体育精神，弘扬体育道德风尚，推动群众体育、竞技体育、体育产业协调发展，加快建设体育强国。

改革开放以来，中国以火箭一般的速度迅速崛起，成为世界第二大经济体，重新焕发出大国的风采。同样，除了经济领域，中国体育也迅速崛起，还曾在2008年北京奥运会上勇夺金牌榜第一，充分体现了中华体育精神深远的文化内涵。体育承载着国家强盛、民族振兴的梦想。2016年8月25日，习近平总书记在会见第31届奥运会中国体育代表团时指出：“体育是社会发展和人类进步的重要标志，是综合国力和国家软实力的重要体现。‘发展体育运动，增强人民体质’是我国体育工作的根本任务。希望同志们继续弘扬奥林匹克精神和中华体育精神，进一步提升我国竞技体育综合实力，把竞技体育搞得更好、更快、更高、更强，提高在重大国际赛事中为国争光能力，有力带动群众体育发展。”习近平总书记高度概括了中华体育精神的内涵。

中华体育精神是在赛场上心无旁骛，是用奋力拼搏捍卫国家荣誉，是用过硬的专业能力迎难而上，是用团结协作再创新的辉煌……一代代体育健儿正在用行动向世界表现着中华体育精神。

中华体育精神是中华民族在体育实践活动中形成的宝贵精神财富，是中国体育的精髓和灵魂，体现着社会主义核心价值观。中华体育精神体现着人们的价值追求，可以帮助人们树立正确的世界观、人生观、价值观，对于提高民族自信心、增强民族凝聚力、振奋民族精神发挥着重要作用。

中华体育精神是中华民族精神和体育精神共同作用的结晶，是中华民族精神在体育方面的展现和浓缩，是中国人民在体育实践活动中形成的以爱国奉献、拼搏自强、公平竞争、团结协作、健康快乐为主要内容的思想观念和价值观念。

中华体育精神继承了我国传统体育文化的优点，具有丰富的文化内涵，体现着中华民族在体育运动方面的价值理想和价值追求。

中华体育精神体现了自尊、自信、快乐、开朗的人文精神，体现了活力、优美、健康、快乐的运动价值。

中华体育精神蕴含的求实创新的公平竞争精神，体现了体育竞赛对公开、公平、公正的竞争环境，以及自由、平等、规范的目标价值的追求。

中华体育精神倡导信任宽容、协作互助的团队精神，既注重个体的独特价值，又追求团队成员之间的相互团结与密切合作。

中华体育精神经过历史的积淀及当今的发展，形成了三大价值，这就是“卓越、友谊、尊重”。卓越，意为无论在运动场上，还是在日常的学习和工作中，都要全力以赴，在不断进取中，充分享受身心和谐的健康状态；友谊，意为通过公平的比赛和竞争，相互了解，激发潜能，从而通过体育成为朋友；尊重，是体育的品格，也是做人的品格，在运动中体现为尊重自己、尊重他人、尊重规章制度、尊重体育运动、尊重环境。习近平总书记曾说，“体育运动在中国是一项神圣的事业”。这就要求我们发扬中国的体育精神，展现大国风范。

体育美学概述

体育运动不只是人躯体的运动，也是人的力量、意志的体现。体育的审美价值可以归纳为以下三个方面。

（1）体育的审美价值在于它是对人自身本质力量的自我观照。体育美的创造过程，满足了创造者的自我欣赏需求，凝结着创造主体的自我欣赏价值，而体育美的创造结果则满足了群体生活的高层次需求和个体自我实现的需求。因此，体育的审美价值首先在于它是人对自身本质力量的自我观照，具有创造主体的自我欣赏价值。

（2）体育的审美价值主要表现在体育美的社会属性上。体育运动的不断发展和兴旺发达，关键在于它从社会的角度上，满足了人们的群体和个体自我创造的某种需要。体育的审美价值还在于它具有社会价值，是社会群体的特定需要，也是社会群体的创造。

（3）体育的审美价值又有它的特殊性。它既是人体自然实体的表现和规定，又是人们社会生活中不可缺少的基本内容。创造体育美的运动主体，不仅有自我欣赏价值和社会价值，其本身也具有美的个体特殊性。

一、竞技体育的审美特点

（一）观赏性

竞技体育最大的特点就是具有较高的观赏性，观赏的过程就是一个审美的过程。运动员在赛场上拼搏的过程，也是一种表演，是各类高难度技术的表演、身体健美的表演、展示力量的表演、战术演练的表演、意志品质的表演。这些精彩的表演给观众带来较强的感官刺激，其欣赏性超过人类许多其他活动。

（二）平等性

竞技体育比赛都在一定的规则约束下进行，比赛双方处于完全平等的地位，每个运动员都有同样的机会展现自己的才能，大家都有均等的机会去创造优异成绩。来自不同国家和地区的运动员，不论种族，不论肤色，都可以在同一块比赛场地上进行公平竞赛。感受公平竞争的体育精神也是培养观众平等意识的绝佳途径。

（三）丰富性

竞技体育不但在竞赛中充分表现出人体美和技战术美，而且在其他方面也颇具审美价值。如雄伟的大型竞技场馆、新颖的建筑造型、优美的场馆环境、各种体育造型的雕塑、运动员们各具特色的服装，以及选手们在赛场上表现出的高尚道德、亲密友情、优美动作和顽强意志等，这些都是极其丰富多彩的审美内容，使人们不但受到审美教育，还陶冶了情操，振奋了精神。

二、体育欣赏的主要内容

（一）欣赏运动的技战术

技术和战术是体育竞赛项目的核心，也是体育欣赏的主要内容。在欣赏比赛时，只有了解了该项目的基本技战术有哪些，选择技战术的原则是什么，哪些技战术是当今最流行和最有效的，才能对比赛有较好的理解，否则只能是看看热闹。另外，在欣赏过程中，还要善于分析不同运动员间技战术水平的差距，善于评价运动员的技战术特点。

（二）欣赏运动员的身体素质

身体素质是运动员充分发挥技战术水平的重要基础。在体育比赛中，观众们欣赏运动员们出色的身体素质，看他们如何将自身的速度、力量、耐力、柔韧、灵敏等素质发挥到极限，去创造一个又一个的好成绩。这一过程，可以反映出运动员平时的训练水平和艰苦磨炼的经历。运动员身体素质和运动技术的良好体现，赏心悦目、令人向往。

（三）欣赏运动员的心理素质

心理素质的好坏是决定运动员在赛场上比赛成绩的重要因素。比赛的水平、层次越高，对抗越激烈，对运动员心理素质的要求也越高。运动员在比赛中心理素质的良好表现，往往给观赏者带来启示和教育。例如运动员高度的时空感，观察力，判断力，注意力，抗干扰能力，镇静、沉着、稳定的情绪，坚韧不拔、机智果敢、团结协作和顽强拼搏的精神，往往引导比赛进入高潮，扣人心弦，也把观赏者带入忘我的境地。

（四）欣赏裁判员的执法艺术

在一场紧张激烈的比赛中，裁判员的一举一动往往牵动着观众的心。比赛中裁判员公正准确、严肃认真的作风和大方、潇洒、风度翩翩的精神风貌，可以把比赛推向新的高潮，还能激发观众的正义感、责任感及严守道德准则的欲望。

三、体育欣赏的基本方法

（一）充分了解体育比赛的特点

观众必须了解体育比赛的特点，才能真正体会到其中的乐趣。例如，有些运动具有强烈的对抗性，如篮球、足球等，竞赛场面往往十分激烈，火花四溅。有些运动具有高度的艺术性，如体育舞蹈、花样滑冰等，比赛时需要运动员优美地完成动作，并具有独特的技术风格。有些运动具有严格的统一性，如跳水、体操等，比赛时需要运动员按照统一的技术规格高质量地完成动作。还有一些运动具有丰富多样性，例如很多民族传统体育运动，它们具有不同的民族风格、技术特点。

（二）充分掌握比赛规则

比赛规则是为各类比赛制定的统一行为规范和准则。在欣赏体育比赛时，只有预先掌握该项目的比赛规则，了解在该项目中裁判员的职责、运动员的行为准则、比赛的组织方法、成绩的评定及场地的规格和规定等，才能更加深入地欣赏体育比赛。正所谓“外行看热闹，内行看门道”，只有掌握了比赛规则，才能成为欣赏体育竞赛的行家。

（三）了解项目的技战术特点和发展趋势

任何一项体育运动都有自己完整的技战术体系，并且不断地发展和演变，有规律地形成、发展。只有在欣赏体育比赛时对该项目的技战术特点和发展趋势做到心中有数，才能正确评价赛场上的比赛形势，对比赛中的技术、战术运用是否合理，以及在比赛关键时刻应该布置怎样的技战术做出自己的判断。将自己的判断和场上教练员的战术布置进行对照，也是欣赏体育比赛的一大乐趣。

（四）加强个人观赛修养

观赛修养是一个人在欣赏比赛时自身道德修养、文化修养、艺术修养、情感修养和伦理修养等的集中体现。例如，在观赏田径比赛时，不仅要对第一名予以祝贺，更要对坚持完成比赛的每一名运动员献上掌声。在观看足球比赛时，要通过合理的方式为自己支持的球队加油，不可以侮辱对方球员和球迷。在比赛结束后，要有序退场，带走现场的垃圾，并控制好自己的情绪，避免做出过激行为。做一名高素质的体育比赛欣赏者，不仅是体育比赛顺利进行的保证，也是健康观赛、文明观赛的需要。

思考题

1. 中华体育精神的文化内涵有哪些?
2. 竞技体育的审美特点是什么?
3. 体育欣赏的基本方法是什么?

第四章 CHAPTER 4

操舞类运动

导言

操舞类运动是融合体操、舞蹈与音乐的综合性体能训练形式，以身体律动为核心，兼具健身性与观赏性。其涵盖类型丰富，包括健美操、爵士舞、啦啦操、瑜伽操等，既包含高强度的活力动作，也有舒缓的拉伸序列。这类运动通过连贯的肢体摆动、节奏变换和力量控制，能全面提升心肺耐力、肢体协调性与柔韧性，同时强化核心肌群力量。音乐的融入不仅增强训练趣味性，还能缓解压力、提升情绪调节能力。

学习目标

- 掌握一项体操的健身方法。
- 掌握健美操的基本动作。
- 了解体育舞蹈的分类。

体 操

一、体操概述

（一）体操的起源与发展

体操是通过徒手、持轻器械或在器械上完成不同类型与难度的单个动作、组合动作或成套动作，充分表现人体控制能力，具有一定艺术要求的体育运动项目。体操一词源于古希腊语“Gymnós”，意为裸体，相传古希腊人在进行锻炼时都赤裸着身体。古希腊人将锻炼、运动竞技及游戏中的一切身体活动，如走、跑、跳、投掷、攀登、骑马、舞蹈、军事训练等统称为体操。

近代体操起源于18世纪的欧洲。当时欧洲先后出现了德国、瑞典、丹麦等国的体操流派，它们不仅推动了体操运动的进一步发展，也为现代体操的形成奠定了基础。1896年，在欧洲体操联合会的基础上，国际体操联合会成立了。同年，在希腊举行的第1届现代奥运会上，出现了最早的体操比赛。早期的奥运会体操比赛还未形成固定内容，现行的竞技体操比赛项目为男子六项，女子四项，分别在1936年和1952年奥运会上才确定下来。

拓展阅读

奥运会中的体操项目

现在奥运会上的竞技体操比赛，除了团体和个人全能，男子体操比赛共有六个项目——自由体操、鞍马、吊环、跳马、双杠和单杠；女子则共有四个项目——跳马、高低杠、平衡木和自由体操。

（二）体操的锻炼价值

1. 全面增强身体素质

体操运动对身体的锻炼较为全面。体操运动的内容丰富、项目众多，锻炼的作用各有侧重。例如，通过技巧练习可以有效提高身体的柔韧性和灵敏性；通过双杠和单杠练习可以有效增强上肢力量和前庭感觉；通过韵律体操练习可以舒展身体、活动关节，促进全身血液循环，消除身体疲劳，同时还能增强人体的协调性。

2. 显著改善身体机能

体操练习对人体机能的改善首先表现在提高人体前庭器官的稳定性上。前庭器官是人体的位觉与平衡器官，其作用是感受人体空间位置的变化，对维持人体的平衡有重要作用。体操运动中包含多种转体、滚翻、倒立、回环等动作，长期进行体操练习可以对前庭器官产生良好的刺激，增强人体前庭功能。另外，体操中的一些动作需要具有较高的准确性和协调性，长期进行体操锻炼可以增强神经系统的调节机能和肌肉运动的协调性。

3. 有效磨砺意志品质

许多体操项目需要借助器械进行练习，如单杠、双杠等，在练习时练习者首先要克服对陌生器械的恐惧。体操动作中包含许多日常生活中不常见的身体位置，如倒立、回环等，在练习时练习者要克服对陌生身体位置的恐惧。学习体操的过程也是一个不断克服恐惧、超越自我的过程，可以培养练习者勇敢、果断的意志品质，并树立战胜困难的信心。另外，体操练习，特别是体操队列练习，需要练习者们协调一致、整齐划一地完成动作，这样的练习可以有效培养练习者的组织纪律性和集体意识。

《 看一看 》

体操练习对人体平衡能力的影响

体操练习能够增强人的本体感觉功能和前庭功能。体操是一种全身性的整体活动，尤其是要左、右同时进行协调动作，要求动作对称、保持平衡，这样就有利于大脑左右半球的协调与平衡，这种健身方式注重身体重心的转换、身体旋转和对姿势的控制，所以能对人体平衡起到良好的促进作用。

二、体操的健身方法

（一）技巧练习

1. 鱼跃前滚翻

（1）动作方法：半蹲，重心前移，两臂前摆，使身体向前方跃起腾空。在空中保持手前伸、含胸、两腿伸直的姿势。当双手着垫时，有控制地屈臂、含胸、低头，完成前滚翻的后半部分动作，如图4-1所示。

图4-1 鱼跃前滚翻

（2）保护帮助：保护者站立于练习者侧方，当练习者跃起腾空时，顺势托其大腿前送。

2. 直腿后滚翻

（1）动作方法：直立，上体前屈，重心后移，两手后伸在腿外侧撑地，臀部着垫时上体后倒，收腹、举腿、翻臀，同时两手迅速翻掌撑于肩上，当滚至颈部位置着垫时，两手用力推垫，翻转过头，经屈体立撑成站立姿势，如图4-2所示。

图4-2 直腿后滚翻

（2）保护帮助：保护者站在练习者侧后方，推其臀部，助其翻转。

3. 肩肘倒立

（1）动作方法：由直角坐开始，上体后倒，同时收腹举腿，向后滚动，两手压地。接着在向上伸髋的同时，屈肘内夹，双手虎口向上撑于腰背部两侧，使身体成为肘、头和双肩支撑的倒立姿势，如图4-3所示。

（2）保护帮助：保护者站在练习者的侧方，双手握住练习者的腿上提。必要时可用膝盖顶其臀部，使其身体充分伸直。

图4-3 肩肘倒立　　图4-4 单肩后滚翻成单膝跪撑

4. 单肩后滚翻成单膝跪撑

（1）动作方法：向后滚动，头经单肩向后滚翻，两手及时在肩后撑地，屈膝跪撑，另一腿后举，两臂撑直成单膝跪撑，如图4-4所示。

（2）保护帮助：保护者站在练习者侧方，当练习者双腿摆过头顶点后，扶住练习者的腿并向后上方牵拉，助其完成跪撑动作。

（二）支撑跳跃

1. 跳箱分腿腾越

（1）动作方法：助跑，双脚积极踏跳，起跳后两手支撑，提臀，两腿伸直向两侧分开，使身体向前上方腾跃过器械，然后两腿向前制动，挺身，两臂斜上举，接着并腿，前脚掌落地缓冲、站稳，如图4-5所示。

图4-5　跳箱分腿腾越

（2）保护帮助：保护者站在跳箱的正前方，当练习者撑跳箱时，两手顶起其肩并顺势握其大臂上提，同时后退，帮助其完成腾越动作。

2. 纵马分腿腾越

（1）动作方法：有节奏地加速助跑，积极有力地踏跳，领臂含胸，稍屈髋向前上方腾起，两臂主动前伸撑马，提臀、分腿，迅速顶肩推手，随即下压制动，推离纵马后两臂上摆带动起肩、抬头、挺身，并腿前伸落地，如图4-6所示。

图4-6　纵马分腿腾越

（2）保护帮助：帮助者站在纵马的正前方，当练习者推撑纵马时上步伸臂，用双手顶住其两肩，并顺势握住练习者上臂稍上抬，随之后退，帮助练习者完成腾越动作，并平稳落地。

《看一看》

体操运动中的物理知识

在完成需要腾空的体操动作时，有两个主要的力学原理是不能违反的。第一个是起跳时产生的角动量在空中保持不变，空中动作只受一个外力的影响，即重力。第二个是任何一个肌肉力及其产生的关节力对于系统来说都是内力，它们遵守作用与反作用定律，因此整个身体的角动量没有变化。转体动作的主要技术特点是合理控制身体姿势，减小转动半径以减小转动惯量，增加角速度，这有利于人体的旋转。

（三）体操健身方法

1. 增强灵敏素质的练习方法

（1）连续腿摆动：一腿进行有节奏的前后摆动，另一腿协调配合，如图4-7所示。

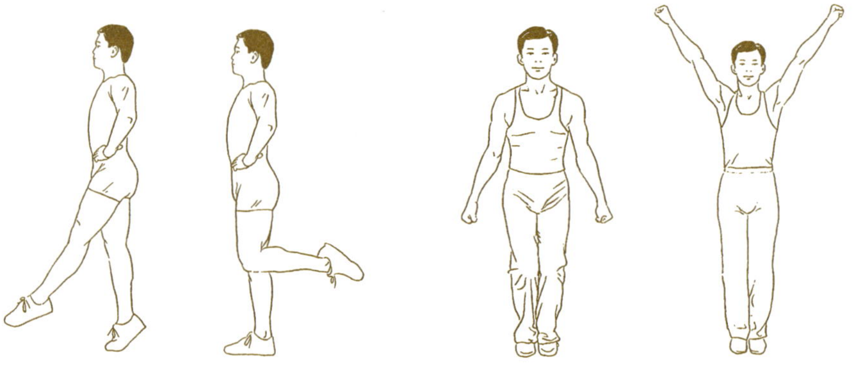

图4-7　连续腿摆动　　图4-8　并腿节奏跳

（2）并腿节奏跳：两腿并拢进行有节奏的弹跳练习，可以配合手臂的协调摆动，如图4-8所示。

2. 增强力量素质的练习方法

（1）引体向上：在单杠上进行，由悬垂开始屈臂引体向上，如图4-9所示。

（2）仰卧两头起：仰卧，两腿、上体同时向上抬起，如图4-10所示。

（3）俯卧两头翘：俯卧，两腿、上体同时向上翘起，如图4-11所示。

3. 增强柔韧素质的练习方法

（1）跪立腰伸展，如图4-12所示。

（2）后躺压腿，如图4-13所示。

（3）坐位体前屈，如图4-14所示。

图4-9　引体向上

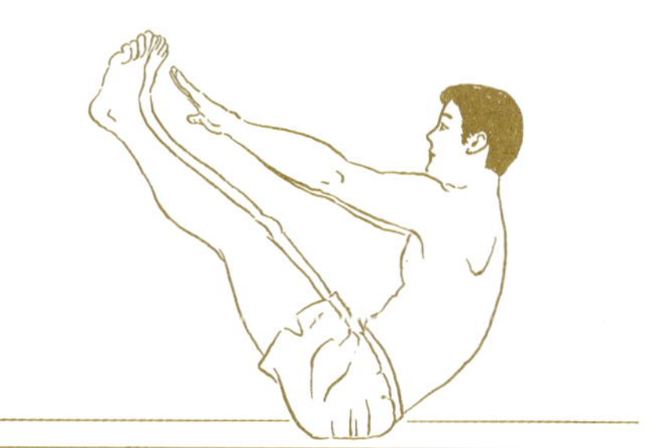

图4-10 仰卧两头起

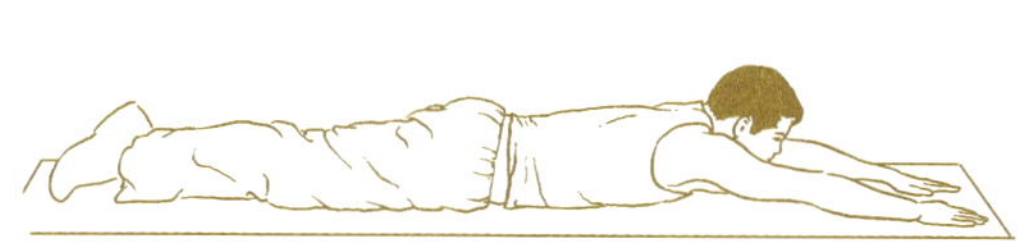
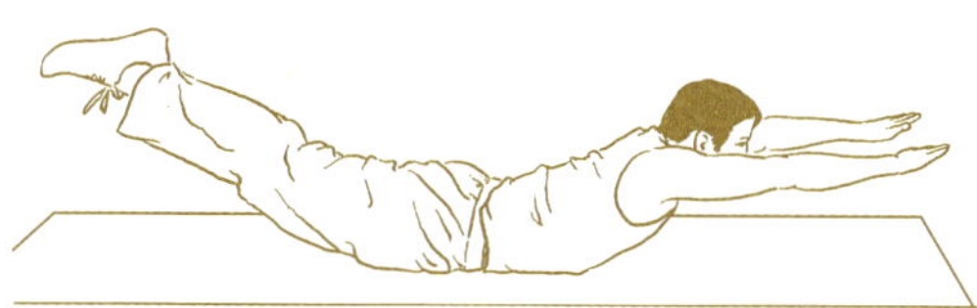

图4-11 俯卧两头翘

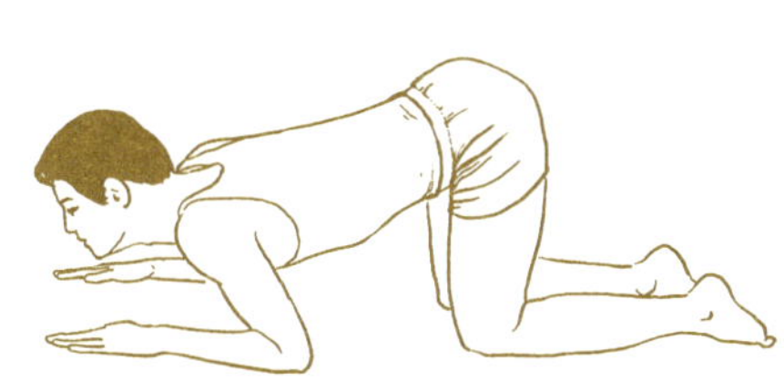
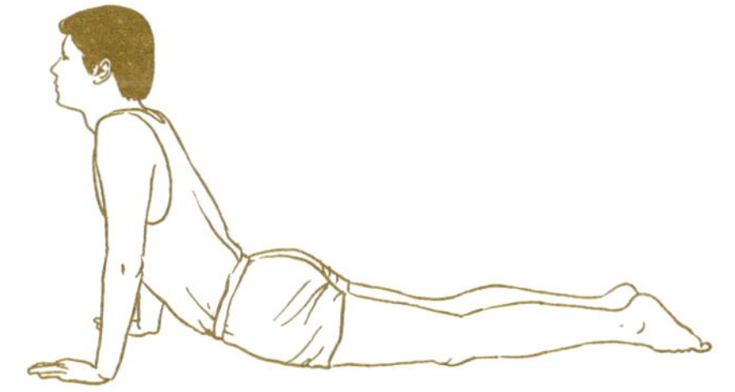

图4-12 跪立腰伸展

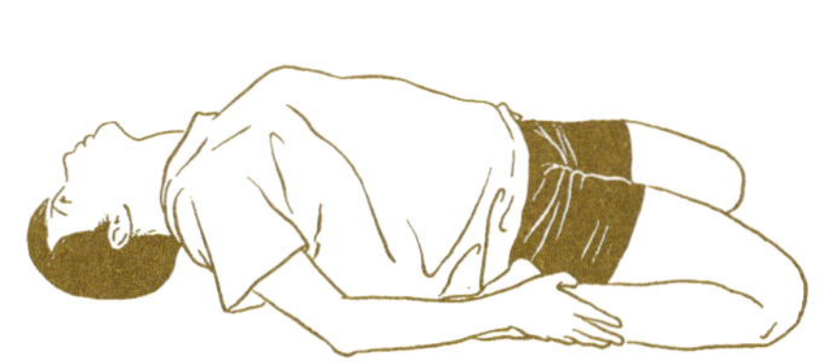

图4-13 后躺压腿

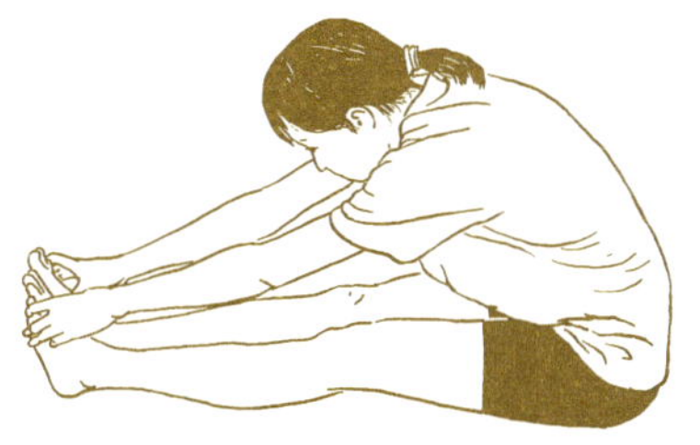

图4-14 坐位体前屈

（4）纵劈腿，如图4-15所示。

图4-15 纵劈腿

《看一看》

食用西式快餐或增大患心血管病风险

西式快餐或许会给东方人带来意想不到的健康威胁。美国一所大学和新加坡大学合作，对6万多名新加坡华裔的健康状况进行了10余年的跟踪调查，研究结果表明：虽然调查对象中较为年轻的人群总体受教育水平较高、收入较高、较多地从事健身运动、较少吸烟，但这些人由于更多食用汉堡、薯条等西式快餐，与保持传统东方饮食习惯的人相比，死于心血管病的风险反而要高出许多。

研究人员发现：每周吃4次以上西式快餐的人，死于心血管病的风险可能增加80%。

健美操

一、健美操概述

健美操是一项以有氧运动为基础，以健、力、美为特征，融体操、舞蹈为一体的身体练习。它既是一项竞技运动项目，又是一种强身健体、陶冶情操的大众健身方式，对人的身心健康、形体健美、身体素质提高等都具有良好的促进作用。

健美操起源于1968年，最早出现在美国太空署，是医学博士库伯为太空人所设计的体能训练内容，后来加入音乐、器械等，逐渐形成具有独特体系的运动。健美操成为一项独立的体育运动始于20世纪70年代末，其标志就是“简·方达健美操”的出现。简·方达根据自己的健身经验和体会，编写出版了《简·方达健美术》一书，引起了世界的轰动。她在书中写道：“健美操可以改变你的形体，燃烧身体多余的脂肪，并且在你从未想到的部位增强肌肉张力，它使你在身体上和心理上感觉更加良好。”她的这一成功经验和现身说法，对健美操运动在全世界的开展起到了积极的推动作用，从而在全球范围内兴起了健美操锻炼的高潮。

健美操运动于20世纪80年代初传入我国。为了推动健美操在我国的开展，北京体育大学率先成立了健美操研究组，在全国范围内培养了大批的健美操骨干。1988年在北京成立了中国健美操协会筹委会，1992年中国健美操协会正式成立，使我国健美操运动进入了一个有组织、有领导的发展阶段。1992年我国正式使用第一部健美操比赛规则，1994年开始举行一年一度的全国健美操锦标赛。1998年起中国健美操协会先后制定了《全国健美操指导员专业等级实施办法（试行）》《全国健美操大众锻炼标准实施办法》和《健美操等级运动员规定动作》等文件。这些举措对我国健美操运动的普及具有重大意义，推动了我国健美操运动的快速发展。

二、健美操的基本动作

（一）身体姿态

身体姿态是指头、上肢、躯干、下肢等身体各部分在动作过程中的外在表现。健美操运动要求练习者具有较强的身体控制能力。良好的身体姿态是健美操运动的基本要求，是表现健美操运动“健、力、美”的关键，对提高动作质量效果和艺术表现力都具有重要的意义。

健美操运动的身体姿态是根据现代人的人体与行为美的标准而形成的，与人们日常生活中良好姿态的要求是基本一致的。在非特殊条件下，健美操运动中应保持自然挺拔，头部稍稍昂起，颈部伸直，挺胸收腹，腰背挺立，整个脊柱正直，头、颈、躯干和腿保持在一条垂直线上，四肢根据具体的动作要求，要在准确的位置上。长期的健美操练习有益于肌肉、骨骼、关节的匀称与和谐，有利于改善不良的身体姿态，形成优美的体态，给人以朝气蓬勃、健康向上的美感。

（二）上肢动作

1. 手型

健美操运动的手型有很多种，它们是从爵士舞、芭蕾舞、西班牙舞、迪斯科、武术等的手型中吸收和发展而来的。丰富多彩的手型变化不仅可以使手臂动作生动活泼，表现出美感，更有助于加强动作的力度。常用的健美操手型有以下几种。

（1）并掌：大拇指指关节弯曲内扣，其余四指并拢伸直。

（2）开掌：五指用力分开并伸直。

（3）实心拳：四指卷握，大拇指末关节压住食指、中指第二关节。

（4）空心拳：四指卷握，大拇指末关节压住食指、中指末关节，拳成空心状。

（5）西班牙舞手型：五指分开，小指内旋，拇指稍内收。

（6）剑指：无名指、小指半屈，拇指压在这两指上，中指、食指并拢伸直。

（7）响指：无名指、小指屈握，拇指与中指、食指用力摩擦打响。

（8）V字手型：拇指与小指、无名指相叠，食指与中指伸直并尽力分开。

2. 手臂动作

（1）摆动：屈肘前后摆动，可以同时或依次摆动。

（2）屈伸：如胸前平屈、胸前竖屈、肩上屈、肩侧屈、腰侧屈。

（3）举：如前举、上举、前上举、下举、前下举、侧举、侧上举、侧下举。

（4）振：如上举后振、下举后振、侧举后振。

（5）绕、绕环：两臂或单臂向内、外、前、后绕或绕环。

（三）下肢动作

1. 无冲击力步伐动作

无冲击力步伐动作是指两脚始终接触地面的动作，主要包括并腿、分腿两类。并腿类动作指两脚始终接触地面，并且两脚始终并拢的动作，如弹动、提踵等；分腿类指两腿分开，膝关节有弹性地屈伸的动作，如半蹲、弓步等。

（1）弹动：膝关节有弹性地屈伸。

（2）提踵：脚跟向上提起，腰腹收紧，然后还原。

（3）半蹲：两腿有控制地屈伸。屈膝半蹲时膝盖要对准脚尖，臀部向后下方向，上体保持直立。

（4）弓步：两脚前后平行站立，重心在两腿之间，前腿膝关节不能超过脚尖。

2. 低冲击力步伐动作

低冲击力步伐动作是指做动作时一脚着地，另一脚离地的动作，主要包括踏步类、点地类、迈步类和抬腿类四类。踏步类动作是指两脚依次抬起，下落时膝、踝关节有弹性地缓冲的动作，如踏步、一字步、V字步、曼步；点地类动作是指两腿有弹性地屈伸，点地时，一腿屈膝，另一腿伸直的动作，如脚尖点地、脚跟点地；迈步类动作是指一条腿迈出一步，重心移到这条腿上，另一条腿用脚跟、脚尖点地或吸腿、屈膝等，再向另一个方向迈步的动作，如交叉步、并步、迈步移重心等；抬腿类动作是指一腿站立，另一腿抬起的动作，如摆腿、弹踢等。

（1）踏步：两脚原地依次抬起，再依次落地，踝、膝、髋关节依次有弹性地缓冲。

（2）一字步：两脚依次向前迈一步，再依次向后退一步。

（3）V字步：两脚依次向前侧方迈步成半蹲，再依次退回原位。

（4）曼步： 脚向前迈出，屈膝，重心随之前移，另一脚原地踏步，或一脚向后迈步，重心后移，另一脚原地踏步。

（5）交叉步：一脚向侧迈步，另一脚在其后交叉，随之再向侧迈一步，另一脚并拢，屈膝，点地。

（6）屈腿：随着重心的移动两腿依次向后有弹性地屈伸。

（7）迈步移重心：两腿屈膝移重心，两脚依次点地。

3. 高冲击力步伐动作

高冲击力步伐动作是指两脚都离地的动作，也就是平常所说的跑跳类动作，主要包括单脚起跳类、两脚起跳类、迈步起跳类和跑步类四类。单脚起跳类动作是指先抬起一腿，另一腿跳起的动作，如吸腿跳、弹踢腿跳、摆腿跳等；两脚起跳类动作是指两脚同时起跳，两脚同时落地的动作，如开合跳、弓步跳等；迈步起跳类动作是指一脚迈出一步，另一脚以并腿或吸腿、后屈腿方式跳起后落地的动作，如并步跳、迈步后屈腿跳、迈步吸腿跳等；跑步类动作是指两脚腾空后依次落地缓冲的动作，如后踢腿跳、小马跳等。

（1）吸腿跳：一腿屈膝向上抬起，另一脚离开地面向上跳起。

（2）开合跳：两脚并拢同时起跳，开脚落地，然后再跳，成并脚落地。

（3）弓步跳：并腿向上跳起，成前后分腿落地姿势，接着再向上跳起，成并腿落地。

（4）后踢腿跳：两脚依次离地后，一脚落地缓冲，另一腿小腿折叠后屈。

（5）弹踢腿跳：两脚同时起跳，一脚落地，另一腿小腿后屈，接着小腿前踢伸直。

三、健美操的基本套路和音乐选择

（一）基本套路及要求

2009年，国家体育总局体操运动管理中心制定了第三套《全国健美操大众锻炼标准》，其规定动作是采用较为广泛的健美操锻炼动作。规定动作一共包括六套不同等级的健美操套路，适合不同水平的练习者进行学习。其中，一级为入门级别，面向健美操初学者；二级、三级为初级，面向有意参加健美操锻炼者；四级、五级为中级，面向健美操爱好者；六级为高级，面向有意于健美操深造及准备进入竞技健美操训练者。

1. 一级练习要求

（1）学习以步伐为主的最基本动作，以单一的原地动作为主。

（2）进行低强度的有氧训练。

（3）素质训练以辅助支撑的俯卧撑、低强度的仰卧起坐和低负重的力量练习为主。

（4）学习和了解健美操的常识。

2. 二级、三级练习要求

（1）掌握基本动作。

（2）学习健美操的典型动作。

（3）以下肢简单动作配合上肢简单动作为主。

（4）保持中低强度有氧训练。

（5）素质训练以上肢、腰、腹、臀部的力量训练、弓步及各部位拉伸练习为主。

3. 四级、五级练习要求

（1）掌握健美操的典型动作。

（2）学习健美操的复合动作、简单的步伐变换技术及跳跃技术。

（3）提高身体的协调性。

（4）加大运动负荷，保持中等强度的有氧训练。

（5）素质训练以塑造形体为主，增加柔韧性练习。

4. 六级练习要求

（1）掌握复合动作的变化规律，巩固已掌握的步伐变换技术及跳跃技术。

（2）提高动作的表现力。

（3）加大运动负荷，以中等强度的有氧训练为主，达到减脂的目的。

（4）提高肌肉力量水平，并进一步塑造其形态，加大动作的空间位移，展现良好的协调性。

（二）音乐选择

音乐是健美操运动的灵魂，健美操只有与音乐的内在形象达到高度统一时才能完美、准确地表现出动作的刚劲、连接的巧妙、起伏的柔美，以及动作套路的艺术性和创造性。在进行健美操音乐的选择时要注意以下几个方面。

1. 音乐风格与动作风格一致

健美操的特点和风格是通过与同风格音乐的配合表现出来的，因此音乐的旋律、风格与动作的性质、节奏、风格，以及练习者的情感表现必须融为一体。例如，一套节奏轻快、刚劲有力的健美操应选择节奏比较强烈、狂放直率的音乐；而一套节奏稍慢、动作优美、以舞蹈为主基调的健美操应选择优美动听、速度适中的音乐；技巧变化较多、难度较大的健美操应选择节奏分明、速度稍慢的音乐。

2. 音乐节奏与动作节奏相协调

健美操节奏的编排要以音乐的节奏为依据，并与之有机地结合起来，进而突出健美操运动所独有的动感风格，也能更好地体现健美操项目的节奏美这一美学特征。音乐节奏的快慢直接影响练习者动作速度的快慢。音乐节奏过快会使练习者难以在规定的音乐节拍中高质量地完成动作，从而破坏了动作节奏与音乐节奏的协调性；而采用慢节奏音乐，会使练习者的动作没有力度、拖泥带水、毫无激情、缺乏感染力，达不到练习效果。因此，在音乐节奏的编排中，可以使用慢节奏音乐作为动作开始与结束时的音乐，再用快节奏音乐的速度与力度衬托主体动作。只有这样才能使音乐节奏与动作节奏相得益彰。

3. 音乐选择与个人爱好相结合

健美操音乐要符合练习者的特点和音乐感悟。每位练习者的身体条件、性格、表现力及音乐的天赋各不相同，因此在音乐的选择上也要有所区别。应以充分发挥个人特长为原则，选择适合个人特点、富有表现力的音乐。例如，个性开朗、体态健美、富有表现力的练习者可以选择节奏比较快，并富有感情色彩的乐曲。此外，健美操音乐还要符合练习者的音乐欣赏水平。应根据练习者的实际情况，在不影响动作质量的前提下，先选一些熟悉的、节奏旋律比较规整单一的音乐。随着练习者对音乐理解的加深，乐曲的难度可以不断提高，相应地增加一些不同节拍、旋律和内容的复杂音乐。

《《 看一看 》》

健美操初学者如何选择音乐

健身健美操的速度一般为16～22拍/10秒，竞技健美操在26～30拍/10秒，所以音乐的节奏可以控制练习速度。初学者所选择的音乐速度不宜过快，音乐长度也要适中，保持在5分钟左右，如果需要加长练习时间，可以将音乐重复播放。练习时动作要与音乐合拍，保证节奏、速度、长度、重拍与情感的一致性。

体育舞蹈

一、体育舞蹈的起源

体育舞蹈是国际性的社交舞蹈，又称国际标准交谊舞（简称交谊舞）。它最早起源于欧洲，在古老民间舞蹈的基础上发展演变而成。自16世纪起，交谊舞已在欧洲各国成为一种普遍的社交活动，故有“世界语言”之称。到20世纪20年代以后，交际舞在世界各地风行起来，所以又被称为“国际舞”。1768年，法国巴黎开办了第一家面向社会的交谊舞舞厅，从此交谊舞更加迅速地流传到世界各国。后来，英国组织了皇家舞蹈教师学会，对交谊舞的某些舞种进行了整理，逐步对华尔兹、狐步、探戈、伦巴、脚踏巴等舞种进行了提炼、规范，从而产生了国际标准交谊舞，其因具有体育性、健身性、竞技性而被称为“体育舞蹈”，且仍在普及和发展，并风靡全球。20世纪初，交谊舞传入我国，20世纪30年代后在我国逐渐流行开来。新中国成立初期，党和政府机关及部队的人员等周末都要学跳交谊舞，以此丰富生活，拉近关系，还能锻炼身体。

我国于1991年成立了中国体育舞蹈运动协会，使体育舞蹈有了规范性的发展。群众性的交谊舞活动在我国蓬勃开展起来，且在舞种与跳法上逐步趋向统一，而并不是停留在20世纪30年代时那种舞种杂乱、步法简单的二步一并的水平，在理论和实践上都有了飞跃性的发展和提高。特别是在国家体育总局社会体育指导中心2008年举办的研讨会上，专家们对全国各地交谊舞的常见舞种及适应大赛的舞种进行了集中统一，设立了单独的全国交谊舞大赛赛制，编发了比赛规程。更让人欣慰的是，通过全国交谊舞大赛，各省、区、市交谊舞选手各显其能。评委们按照交谊舞评判规则进行评分，充分调动了广大交谊舞选手的积极性。

目前，全国交谊舞活动发展不平衡，部分地区的人们对交谊舞的舞种、节奏，尤其是舞步节奏、基本步法、舞姿姿态、表现感觉、舞曲选择等不十分清楚，所跳的组合套跳动作与交谊舞舞种的风格特点不相适应。但交谊舞整体上发展势头良好，正受到越来越多的人的喜爱。

二、体育舞蹈的分类

（一）现代舞

现代舞的特点是由贴身握抱的姿势开始，沿着舞程线逆时针方向绕场行进，步法规范严谨，上体和胯部保持相对稳定挺拔的姿势，并完成各种前进、后退、横移、旋转、造型等舞步动作，具有端庄典雅的绅士风度。其曲调大多抒情优美，旋律感强，服饰雍容华贵，一般男着燕尾服，女着过膝蓬松长裙。

1. 华尔兹舞

华尔兹舞又称慢华尔兹、圆舞，是体育舞蹈中历史最悠久的舞蹈之一，起源于西欧。其舞曲旋律优美抒情，舞者在起伏倾斜中旋转，并配有优美的造型，在音乐中表现飘逸、潇洒、典雅的舞蹈风格。升降、反身、摆荡、倾斜技术是华尔兹的必要技术。华尔兹是维也纳华尔兹（快华尔兹）的变化舞种。

华尔兹舞的音乐节拍是3/4拍，速度为每分钟28～30小节。每小节3拍为一组舞步，重拍在音乐的第一拍上。

华尔兹舞的基本步形有左脚并换步、右脚并换步、左转步、右转步、右旋转、拂步、侧行追步等。

2. 探戈舞

探戈舞是现代舞中较为特殊的舞蹈，是现代舞中唯一一种带有拉丁特色的舞蹈，起源于非洲的民间舞蹈——探戈诺舞。16世纪后期，探戈诺舞和拉美风格舞蹈结合，形成了现在的墨西哥探戈和阿根廷探戈。探戈舞独特的节奏刚劲有力，尽显深沉、豪放、洒脱的舞蹈风格。

探戈舞的音乐节拍是2/4拍，速度为每分钟30～34小节，基本节奏为慢慢快快或慢快快慢，一个慢拍等于1拍，一个快拍等于1/2拍。

探戈舞的基本步形有常步、直行侧步、分式左转步、右摇转步、直行连步、左扭转步、并式滑行步等。

3. 狐步舞

狐步舞起源于20世纪的美国，由美国人福克斯创造。它轻快活泼，富于动感和表现力，舞步轻柔、圆滑、流畅，流动性较强。

狐步舞的音乐节拍是4/4拍，重拍为第一拍和第三拍（第一拍强烈些）。速度为每分钟28～30小节，动作节奏为慢慢快快，一个慢拍等于2拍，一个快拍等于1拍。

狐步舞的基本步形有羽毛步、左转步、三步、右转步、换向步等。

4. 快步舞

快步舞起源于美国，早期舞步吸收了狐步动作，后又引入芭蕾舞动作，使快步舞更加轻快灵巧。现在体育舞蹈中的快步舞是“英国式”的快步舞。它最大的特点是在快速的舞步中伴以快速的身体运动，在音乐中轻松弹跳，舞蹈洒脱自由，热情奔放，富有动感和表现力。

快步舞的音乐节拍是4/4拍，重拍为第一拍和第三拍（第一拍强烈些）。速度为每分钟50～52小节，动作节奏为慢慢快快慢，一个慢拍等于2拍，一个快拍等于1拍。

5. 维也纳华尔兹舞

维也纳华尔兹舞又称快华尔兹舞，起源于奥地利。它的音乐旋律活泼欢快，动作轻快流畅，舞步旋转性较强。它的舞步在现代舞中是最简单的，但其旋转性强，必须在快速旋转中完成各种动作技巧，因此有一定的难度。

维也纳华尔兹舞的音乐节拍为3/4拍，每分钟56～60小节。第一拍为重拍，第二、三拍为弱拍，6拍完成一组动作，前3拍注重发力，后3拍较为舒缓。

（二）拉丁舞

拉丁舞除斗牛舞外，都源于美洲和非洲。与现代舞不同的是，拉丁舞的舞伴之间可贴身，可分离，各自在固定范围内辐射式地变换方向、角度展现舞姿。其步法灵活多变，通过对身体摆动的不同技术要求，完成各种舞步，表现各种风格，舞姿妩媚潇洒、婀娜多姿，风格生动活泼、热情奔放。曲调缠绵浪漫、活泼热烈，节奏感强。着装浪漫洒脱，男着上短下长的服装，女着紧身短裙，显露女性的曲线美。

1. 伦巴舞

伦巴舞起源于古巴，其音乐缠绵浪漫，舞蹈风格柔媚、抒情，是表现爱情的舞蹈。它的舞曲具有独特鲜明的节奏，配上拉丁美洲的打击乐器，给人一种轻松甜美之感，舞蹈充满浪漫情调，有“拉丁舞之魂”的美誉。

伦巴舞的音乐节拍是4/4拍，速度为每分钟27～29小节。伦巴是4拍走3步的舞蹈，要“先出胯，后出步”，节拍是“2、3、4、1”，第二拍和第三拍各走一步，第四拍和第一拍共走一步。

伦巴舞的基本步形有库可拉恰、扇开步、阿列曼娜、曲棍步、定点转、纽约步、手接手、右陀螺转步、闭式扭胯转步、开式扭胯转步、右分展步、左分展步、螺旋步等。

2. 恰恰舞

恰恰舞起源于古巴，节奏欢快，有诙谐、花哨的风格，所以备受欢迎，是拉丁舞中最流行的舞蹈之一。其在动作上一反男子领舞的习惯，男女动作不求统一整齐，且多半是男子随后。

恰恰舞的音乐节拍是4/4拍，速度为每分钟30～32小节，4拍跳5步，包括3个慢步和2个快步。慢步占1拍，快步占1/2拍。

恰恰舞的基本步形有追步、锁步、扇开步、阿列曼娜、曲棍步、定点转、手接手、纽约步、右陀螺转步、闭式扭胯转步、开式扭胯转步、右分展步、左分展步、交叉基本步、古巴断步等。

3. 桑巴舞

桑巴舞起源于巴西，它的风格特点是动作粗犷，起伏强烈，舞步奔放、敏捷，富有强烈的感染力，在拉丁舞中属于行进性的舞蹈。

桑巴舞的音乐节拍是2/4拍，速度为每分钟40～56小节。

4. 斗牛舞

斗牛舞起源于西班牙，是模仿西班牙斗牛士动作，用西班牙风格的进行曲伴舞的一种拉丁舞。

斗牛舞的音乐为旋律高昂雄壮、鲜明有力的西班牙进行曲。节奏为2/4拍，每分钟60～62小节。1拍1步，8拍一循环，特点是舞步流动性大，沿着舞程线绕场行进。舞姿挺拔，无胯部动作及过分的膝盖屈伸，用踝关节和脚掌平踏地面完成舞步，动静鲜明，力度感强，发力迅速，收步敏捷顿挫。

5. 牛仔舞

牛仔舞起源于美国，音乐欢快跳跃，舞步活泼矫健，风格热烈诙谐、轻捷灵巧。牛仔舞的舞步都是由追步形成的，舞姿较松弛和自由，所有的舞步都用脚掌来跳，舞步较小，步与步之间往往由踝膝关节的弹动来连接。牛仔舞的舞步是6拍跳8步。

牛仔舞的音乐节拍为4/4拍，速度为每分钟40～46小节。

牛仔舞的基本步形有追步、原地基本步、并退基本步、连接步、右到左换位、左到右换位、背后换手、侧行走步、美式旋转等。

三、体育舞蹈初级阶段基本技术

（一）现代舞初级（以华尔兹为例）

1. 音乐

音乐节拍是3/4拍，速度为每分钟28～30小节。每小节3拍为一组舞步，重拍在音乐的第一拍上。

2. 基本站姿

（1）男士垂直站立，收紧腰部。

（2）男士重心置于双足，稍向足掌的方向。

（3）男士头伸直，放松身体。

（4）男士膝部保持轻微放松。

（5）女士垂直站立，收紧腰部。

（6）女士上身和头部稍向左及后。

（7）女士膝部放松，重心保持在双足掌前。

3. 基本握姿

（1）男士与女士相对站立，同时女士在男士的右侧。

（2）男士向侧面伸张双臂，略低于肩膀，弯曲右手肘置于女士左肩胛骨下方。

（3）男士弯曲左手肘并握住女士右手，握持高度与眼睛差不多。

（4）男士左前臂至手微微向前，形成伸张而协调的线条。

（5）女士的左手置于男士的右手臂上，在男士肩膀之下。

（6）女士举起右手臂，将右手置于男士左手中。

4. 基本步伐

（1）前进方步、后退方步。

方步是由一个前进基本步和一个后退基本步在运动中构成的。由于约定俗成的男左女右起步习惯，进左退右和退左进右将造成完全不同的运动轨迹发展方向。为了加以区别，将进左退右的形式叫作前进方步，而将退左进右的方式叫作后退方步。以前进方步为例，前进方步共计六步。前进方步男进左，女退右，有侧身动作。男右脚刷过左脚旁，横移一步，向左倾斜，注意不可斜向直接跨出。女左脚刷过右脚旁，横移一步，向右倾斜，注意不可斜向后退。男女同时收脚并拢。留意倾斜和上升运动的保持，以及重心交替和下降的转化。随后，男退右，女进左，有侧身动作。男左脚刷过右脚旁，横移一步，向右倾斜，注意不可斜向直接后退。女右脚刷过左脚旁，横移一步，向左倾斜，注意不可斜向直接跨出。男女同时收脚并拢。注意倾斜和上升运动的保持以及重心交替和下降的转化。至此，就回到了最初的起步点，可以无限循环地练习下去。

（2）前进左转90°和后退左转90°。

根据四个90°相加等于360°的数学原理及方步的结构原理进行转身步的练习。这种方法可以使初练者比较快捷地建立起旋转的概念。在练习转身步时，应注意两个问题：一是第一步的移动脚必须保持正直；二是第二步的横移必须与第一步的运动方向成一直线。

练习转身步容易出现的毛病是一出脚就将左脚尖撇向左侧，形成一种横向出脚的习惯。表面上看起来无伤大雅，日后却会成为影响技艺提高的一种不可逾越的障碍。所以第一步必须和方步一样，无论进退都要保持脚形的正直，而且在重心转移完成后，必须将脚跟微微抬起，让重心落在脚掌上。这样，不仅在第二步刷过重心脚旁时能轻松地转动脚掌，完成90°转身，而且横移脚的横向移动也获得了可靠的保证，这时候，你会体会到，方步练习的苛刻要求并不是毫无道理的。

连续左转90°时，男进左，女退右，有侧身动作。在第一拍的后半拍，男左脚和女右脚开始左转；在第二拍开始时，男右脚和女左脚从刷式位置向外横移，并伴随着（男右女左）肩部引导下的男左倾斜和女右倾斜。双方收脚并拢，保持倾斜和上升。注意后半拍的重心交替和下降的转化。男退右，女进左，有侧身动作。在前一拍的后半拍就开始转动脚掌（男右女左），开始左转；在第二拍开始时，男左脚和女右脚从刷式位置上向外横移，并伴随着肩部引导的男右倾斜和女左倾斜。双方收脚并拢，保持倾斜和上升，注意后半拍的重心交替和下降的转化。

（3）后退右转90°和前进右转90°。

关于右转前是先前进还是先后退，没有统一规定，尤其是在自娱场合，更是随心所欲。这里主要是为了适应男左女右的起步习惯而作此安排。假如你喜欢先进右脚作前进右转步，不仅是可以的，而且标志着你已经突破了习惯的制约，开始进入自由运动的进步状态了。

因为右转身和左转身的要领皆同，故不再予以详解，请参照左转身舞步进行练习。为了使初练者不至于感到困难，下面提供连续右转90°的运动轨迹和运步程序。

第一拍　男退左，女进右；

第二拍　男横右，女横左；

第三拍　双方并脚；

第四拍　男进右，女退左；

第五拍　男横左，女横右；

第六拍　双方并脚。

5. 初级套路

（1）佛形步。佛形步动作要领，如表4-1所示。

表4-1　佛形步

性别	节拍	脚步动作	手臂动作
男	1	左脚前进一步	由闭式位到开式位的基本舞姿
	2	右脚横步稍前，身体左转45°	
	3	左脚在右脚后交叉，重心在左脚	
女	1	右脚后退一步	由闭式位到开式位的基本舞姿
	2	左脚斜后退，身体右转90°	
	3	右脚在左脚后交叉，重心在右脚	

（2）侧行追步。侧行追步动作要领，如表4-2所示。

表4-2　侧行追步

性别	节拍	脚步动作	手臂动作
男	1	右脚前进并交叉于反身动作位置	由开式位到交叉位的基本舞姿
	2	左脚横步稍前	

续 表

性别	节拍	脚步动作	手臂动作
男	&	右脚并左脚	由开式位到交叉位的基本舞姿
	3	左脚横步稍前	
女	1	左脚前进并交叉于反身动作位置，开始左转	由开式位到交叉位的基本舞姿
	2	右脚横步，同时身体左转45°	
	&	左脚并右脚	
	3	右脚后退一步，继续左转45°	

（3）踌躇换步。踌躇换步动作要领，如表4–3所示。

表 4–3 踌躇换步

性别	节拍	脚步动作	手臂动作
男	1	左脚后退一步，准备右转	闭式舞姿的基本握持
	2	右脚横步，同时右转135°	
	3	左脚靠近右脚，身体完成转动	
女	1	右脚后退一步，准备左转	闭式舞姿的基本握持
	2	左脚横步，同时左转135°	
	3	右脚靠近左脚，身体完成转动	

（4）右旋转步。右旋转步动作要领，如表4–4所示。

表 4–4 右旋转步

性别	节拍	脚步动作	手臂动作
男	1	右脚前进一步，开始右转	闭式舞姿的基本握持
	2	左脚经右脚旁横步，身体右转90°	
	3	右脚并于左脚，继续转45°，重心在右脚	
	4	左脚后退，右脚保持在反身动作位置，右转180°	
	5	右脚前进一步，继续右转	
	6	左脚横步稍后，右转135°，重心在左脚	

续 表

性别	节拍	脚步动作	手臂动作
女	1	左脚后退一步，开始右转	闭式舞姿的基本握持
	2	右脚经左脚横步，右转135°	
	3	左脚并于右脚，身体完成转动，重心在左脚	
	4	右脚前进，右转180°	
	5	左脚后退并稍向左侧，继续右转	
	6	右脚经左脚斜进，右转135°	

6. 范例

（1）范例一。

① 左脚并换步（1小节）。

② 右脚并换步（1小节）。

③ 左转步（2小节）。

④ 右转步、后退（2小节）。

⑤ 佛形步（1小节）。

⑥ 右转步加收步（2小节）。

⑦ 踌躇换步（1小节）。

（2）范例二。

① 左脚并换步（1小节）。

② 右转步（2小节）。

③ 右脚并换步（1小节）。

④ 左转步（2小节）。

⑤ 佛形步（1小节）。

⑥ 侧行追步（1小节）。

⑦ 右旋转（2小节）。

⑧ 左转步（2小节）。

（二）拉丁舞初级（以伦巴为例）

1. 音乐

音乐节拍是4/4拍，速度为每分钟27～29小节，伦巴是4拍走3步的舞蹈，要“先出胯，后出步”，节拍是“2、3、4、1”，第二拍和第三拍各走一步，第四拍和第一拍共走一步。

2. 基本站姿

（1）双脚并拢，脚后跟靠在一起，形成小八字形。

（2）身体伸直，头、肩、胯、脚四点一线。

（3）脖子伸直，头向上顶，有去顶天花板的感觉，双目平视。

（4）挺胸，肩膀张开下沉，使两块肩胛骨向后、向内闭合。

（5）配合肩胛骨的向后、向内闭合，提起身体中段，这将是做动作时发力的位置。让身体中段和两肩有对抗的力量。

（6）臀部收紧，大腿内侧夹紧。

（7）双膝绷直，腿部的肌肉都收紧。

3. 基本步伐

（1）左右基本步，如表4–5所示。

表 4–5　左右基本步

性　别	节　拍	脚　步　动　作	手　臂　动　作
男	2	左脚向前一步，重心前移，髋向左前摆	闭式舞姿的基本握持
	3	重心后移，髋向右后摆	
	4、1	左脚向侧一步	
	2	右脚向后一步，重心后移，髋向右后摆	
	3	重心前移	
	4、1	右脚向侧一步	
女	2	右脚向后一步，重心后移，髋向右后摆	闭式舞姿的基本握持
	3	重心前移	
	4、1	右脚向侧一步	
	2	左脚向前一步，重心前移，髋向左前摆	
	3	重心后移，髋向右后摆	
	4、1	左脚向侧一步	

（2）前后基本步，如表4–6所示。

表 4–6　前后基本步

性　别	节　拍	脚　步　动　作	手　臂　动　作
男	2	左脚向前一步，重心前移，髋向左前摆	单手相握的开式舞姿
	3	重心后移，髋向右后摆	
	4、1	左脚向后一步	
	2	右脚向后一步，重心后移，髋向右后摆	
	3	重心前移，髋向左前摆	
	4、1	右脚向侧一步	

续 表

性 别	节 拍	脚 步 动 作	手 臂 动 作
女	2	右脚向后一步，重心后移，髋向右后摆	单手相握的开式舞姿
	3	重心前移，髋向左前摆	
	4、1	右脚向前一步	
	2	左脚向前一步，重心前移，髋向左前摆	
	3	重心后移，髋向右后摆	
	4、1	左脚向后一步	

4. 初级套路

（1）扇形步，如表4-7所示。

表 4-7 扇形步

性 别	节 拍	脚 步 动 作	手 臂 动 作
男	2	左脚向前一步	闭式舞姿的基本握持
	3	重心后移	
	4、1	左脚向侧一步	
	2	右脚向后一步	左手下压至女士腹前，右臂侧举
	3	重心前移	
	4、1	右脚向侧一步，左转45°	成扇形位
女	2	右脚向后一步	闭式舞姿的基本握持
	3	重心前移	
	4、1	右脚向侧一步	
	2	右转90°，左脚向前一步	右手于腹前握男士左手，左臂前伸
	3	右脚向前一步	
	4、1	左转180°	成扇形位

（2）曲棍步，如表4-8所示。

表 4-8 曲棍步

性 别	节 拍	脚 步 动 作	手 臂 动 作
男	2	左脚向前一步	左手握女士右手
	3	重心后移	逐渐抬高左臂，掌心向下握女士右手
	4、1	左脚靠近右脚，后半拍时髋向左侧	

续 表

性别	节拍	脚步动作	手臂动作
男	2	右脚向后一步，右转45°	逐渐抬高左臂，掌心向下握女士右手
	3	重心前移	握女士右手于女士左肩侧
	4、1	右脚向前一步	引导女士左转，握女士左手
女	2	右脚靠近左脚，换重心	成扇形位
	3	左脚向前一步	逐渐抬高右臂，掌心向上
	4、1	右脚向前一步	
	2	左脚向前一步，左转45°	右臂绕至左肩，左臂内收
	3	右脚向前一步，后半拍时左转180°	臂下转
	4、1	左脚后退一步	右手握男士左手于男士腹前

（3）纽约步，如表4–9所示。

表 4–9　纽约步

性别	节拍	脚步动作	手臂动作
男	2	右转90°，左脚上前一步，重心前移至左脚，右脚后点，膝盖靠住	左臂前伸，右臂上举
	3	重心后移	
	4、1	左转90°，左脚向侧一步	双手相握
	2	左转90°，右脚向前一步，重心前移至右脚，左脚后点，膝盖靠住	右臂前伸，左臂上举
	3	重心后移	
	4、1	右转90°，右脚向侧一步	双手相握
女	2	左转90°，右脚上前一步，重心前移至右脚，左脚后点，膝盖靠住	右臂前伸，左臂上举
	3	重心后移	
	4、1	右转90°，右脚向侧一步	双手相握
	2	右转90°，左脚向前一步，重心前移至左脚，右脚后点，膝盖靠住	左臂前伸，右臂上举
	3	重心后移	
	4、1	左转90°，左脚向侧一步	双手相握

（4）定点转，如表4-10所示。

表4-10 定点转

性别	节拍	脚步动作	手臂动作
男	2	右转90°，左脚向前一步	左臂前伸，引导女士左转
	3	右转180°，右脚向前	
	4、1	右转90°，左脚向侧一步	双手相握
	2	左转90°，右脚向前一步	右臂前伸，引导女士右转
	3	左转180°，左脚向前	
	4、1	左转90°，右脚向侧一步	双手相握
女	2	左转90°，右脚向前一步	右臂前伸，准备右转
	3	左转180°，左脚向前	
	4、1	左转90°，右脚向侧一步	双手相握
	2	右转90°，左脚向前一步	左臂前伸，准备左转
	3	右转180°，右脚向前	
	4、1	右转90°，左脚向侧一步	双手相握

（5）手接手，如表4-11所示。

表4-11 手接手

性别	节拍	脚步动作	手臂动作
男	2	左脚向后一步，左转90°，重心移至左腿，髋向左后顶	右臂前伸，左臂侧举
	3	重心前移	
	4、1	右转90°，左脚向侧一步	双手相握
	2	右脚向后一步，右转90°，重心移至右腿，髋向右后顶	左臂前伸，右臂侧举
	3	重心前移	
	4、1	右转90°，右脚向侧一步	双手相握
女	2	右脚向后一步，右转90°，重心移至右腿，髋向右后顶	左臂前伸，右臂侧举
	3	重心前移	

续 表

性别	节拍	脚步动作	手臂动作
女	4、1	右转90°，右脚向侧一步	双手相握
	2	左脚向后一步，左转90°，重心移至左腿，髋向左后顶	右臂前伸，左臂侧举
	3	重心前移	
	4、1	右转90°，左脚向侧一步	双手相握

（6）臂下转，如表4-12所示。

表 4-12　臂下转

性别	节拍	脚步动作	手臂动作
男	2	左脚向后一步	右臂前伸，左臂侧举
	3	重心前移	
	4、1	左脚向侧一步	双手相握
	2	右脚向后一步	左臂前伸，右臂侧举
	3	重心前移	
	4、1	右脚向侧一步	双手相握
女	2	左转90°，右脚向后一步	左臂前伸，右臂侧举
	3	左转180°，左脚向前	右臂前伸与男士相握，左臂下压
	4、1	左转90°，右脚向侧一步	双手相握
	2	右转90°，左脚向后一步	右臂前伸，左臂侧举
	3	右转180°，右脚向前	
	4、1	右转90°，左脚向侧一步	双手相握

5. 范例

（1）范例一。

① 左右基本步（2小节）。

② 纽约步（2小节）。

③ 臂下左转（1小节）。

④ 定点左转（1小节）。

⑤ 前进基本步（2小节）。

⑥ 后退基本步（2小节）。

⑦ 左右基本步（2小节）。

⑧ 手接手（3小节）。

⑨ 定点左转（1小节）。

（2）范例二。

① 扇形步（2小节）。

② 曲棍步（2小节）。

③ 左右基本步（1小节）。

④ 臂下右转（1小节）。

⑤ 纽约步（2小节）。

⑥ 手接手（2小节）。

⑦ 定点转（2小节）。

四、体育舞蹈的评判

（一）基本规则

（1）评判工作自选手进入比赛位置时开始，当音乐停止时方告结束。在整个舞蹈表演过程中，裁判必须不断地给选手打分，并在必要时修正分数。

（2）如果音乐尚未结束而选手停止表演，则其该项舞蹈的分数列在最后一位。如果在决赛中发生这种情况，处理同上。

（3）裁判必须在规定时间内对选手的特定舞种的表演进行单独评判。考虑任何其他因素，诸如选手的名气、以往的表现或在其他舞种中的表现，都是不允许的。

（4）裁判无须向选手解释评分结果。在比赛过程中或两轮比赛之间，不允许裁判和任何人讨论参赛选手或他们的表现。

（5）对于所有舞种，选手的表演时值和基本节奏都是裁判打分的首要因素。因此，如果选手重复犯此类错误，那么其该项舞蹈的分数列在最后一位。

（二）评判内容

1. 时值和基本节奏

裁判必须确定选手是否按时值和基本节奏进行表演。时值是指每个舞步的时间正好与音乐合拍。基本节奏是指舞步在规定时间内完成并且保持舞步之间正确的时间关系。

当选手的时值和基本节奏错误时，其该项舞蹈的所得分数必须是最低的。这种错误不能通过其在步法技巧方面的良好表现来弥补。

2. 身体线条

身体线条是指两位选手作为一个整体，在运动中身体各部位构成的整体效果，应表现出优美的舞姿。

身体线条包括手臂线条、背部线条、肩部线条、胯部线条（骨盆姿势）、腿部线条、颈部和头部线条、左侧和右侧线条。

3. 整体动作

裁判必须确定选手是否正确掌握了该舞蹈的风格特点，并且评估选手的起伏、倾斜和平衡情况。在控制和平衡掌握良好的情况下，动作幅度越大，评分越高。

在拉丁舞中，必须评估每种舞蹈典型的胯部动作质量。

4. 节奏表现力

裁判必须评估选手的舞蹈节奏表现力。这揭示出选手对舞蹈节奏的感受、理解，适应能力和在舞蹈中对音乐的理解能力与表现能力。但若表演与节奏不合，也要按违反第一项处理。

5. 步法技巧

裁判必须评估选手是否正确表现舞步，如每一步足着点是脚掌、脚跟还是脚趾等，以及对脚步移动的控制和表达力。

思考题

1. 体操有哪些锻炼价值?
2. 后滚翻的技术要点是什么? 有哪些练习方法?
3. 健美操的基本手型和基本步伐有哪些?
4. 体育舞蹈的锻炼价值有哪些? 有哪些常见的舞种?

第五章 CHAPTER 5

大球类运动

导言

大球类运动是以体积较大的球类为核心载体的集体运动项目，常见项目包括足球、篮球、排球等。这类运动以团队配合为核心，要求参与者在快速移动、精准传球、攻防转换中展现综合体能，能全面提升心肺功能、肢体力量与协调性。同时，比赛中的战术沟通、角色分工，能强化团队协作意识、应变能力与竞争精神。

学习目标

- 了解大球类运动的比赛规则。
- 掌握大球类运动基础技能。
- 培养大球类运动中的团队素养。

足球运动

一、结缘足球运动

（一）源远流长的足球运动

1. 古代足球运动的起源

古代足球运动起源于中国，最初为一种名叫“蹴鞠”的游戏。商代就创造了足球舞，这是古代蹴鞠游戏的前身。到了战国时期，这种游戏演变为“蹴鞠”或“蹋鞠”，“蹴”和“蹋”都是踢的意思，“鞠”指的是球，球皮用皮革制成，球内填满毛发。之后，这种被称为“蹴鞠”的足球游戏历经千年不衰，在唐、宋、元、明时期，蹴鞠的竞技性得到了极大发展，个人足球表演也逐渐盛行起来。到了清代，中国传统运动形式日渐衰落，蹴鞠运动到了清代中叶基本消失，只在少数地方存在。

2004年7月15日，国际足联主席布拉特宣布：中国是足球的故乡，足球最早起源于山东省淄博市的临淄。“蹴鞠”也成为有史料记载以来最早的足球活动。

2. 现代足球运动的诞生

现代足球运动诞生于英国。1863年10月26日，剑桥大学、牛津大学和凯尔波里特专科学校与伦敦周围地区11个最主要的足球俱乐部和学校在伦敦举行会议，成立了第一个足球运动组织——英格兰足球协会。因此，这一天也被认为是现代足球运动的诞生日。

两个月后，英格兰足球协会制定出14条规则，成为现代足球运动历史上第一部较为统一的足球竞赛规则。1872年，英格兰足球协会开始举办足总杯，使现代足球运动在全国流行开来。

（二）足球运动发展的推动者

国际足球联合会简称国际足联，于1904年5月21日在法国巴黎的法国体育运动联合会总部正式成立，现总部设在瑞士苏黎世。到目前为止，国际足联的会员方已经从最初的7个国家，发展到现在的200多个国家和地区，成为世界第一大国际单项体育组织。国际足联的创立，标志着足球作为一项世界性的体育项目登上了国际体坛，在更为广泛的范围内使足球运动得到了开展。足球运动以其独特的魅力和广泛的群众基础，被誉为“世界第一大体育运动”。

《看一看》

中国与国际足联

中国早在1931年就加入了国际足联。中国足球协会（CFA）于1955年1月3日成立。总部设在北京，成为中国足球运动的主要管理机构。1958年，因反对国际足联接纳中国台湾为会员，我国退出了国际足联。1979年，中国又重新恢复了在国际足联中的合法席位。

（三）举世瞩目的足球赛事

1. 世界杯足球赛

世界杯足球赛是国际足联组织的规模最大、水平最高的足球比赛，由国际足联第三任主席法国人里梅创立。1930年在乌拉圭举办了第一届世界杯足球赛，以后每4年举行一届，其间由于第二次世界大战的原因停办多年，直到1950年才举办了第4届比赛。到2022年为止，共举办了22届世界杯比赛。

世界杯的奖杯由纯金打造，为了纪念里梅对足球运动的贡献，最初世界杯的奖杯被命名为“雷米特金杯”也称“黄金女神杯”，后因巴西队于1970年第9届世界杯时第三次夺取冠军而被永久占有。现今足球世界杯的奖杯为意大利人加扎尼加设计的“大力神杯”。国际足联规定新杯为流动奖品，不论哪个队获得多少冠军，也不能永久占有此杯。

《看一看》

世界杯夺冠最多的国家

巴西是目前（截至2024年）获得世界杯冠军次数最多的国家，分别在1958年瑞典世界杯、1962年智利世界杯、1970年墨西哥世界杯、1994年美国世界杯和2002年韩日世界杯五次捧杯。

其次是意大利和德国。意大利分别于1934年意大利世界杯、1938年法国世界杯、1982年西班牙世界杯和2006年德国世界杯四次夺冠。德国分别于1954年瑞士世界杯、1974年德国世界杯、1990年意大利世界杯、2014年巴西世界杯四次夺冠。

2. 奥运会足球赛

从1896年第一届现代奥运会到1908年第4届奥运会，足球都是表演项目。直到1912年第5届奥运会，足球才被列为正式比赛项目。从足球被正式列入奥运会比赛项目，运动员资格几经变化。最早规定，奥运会比赛队员必须为业余选手。现在参加奥运会比赛不再分职业和业余队员，允许每队中有3名超过23岁的队员。1996年第26届奥运会首次将女子足球列为正式比赛项目，中国女子足球队首次参赛，并获得亚军。

（四）女足世界杯

国际足联女足世界杯球赛被视为女子足球最高荣誉的赛事。在国际足联的倡导下，1988

年6月，在中国广东举办了有12个国家参加的国际女子足球邀请赛，为正式进行女足世界杯奠定了基础。1991年第一届女足世界杯在中国广东举行，此后每四年举行一届。在1999年第3届女足世界杯上，我国女子足球队在点球大战中惜败于美国队获得亚军。

二、感受足球魅力

（一）强健体魄助力健康成长

1. 提高心肺功能

心肺功能的好坏决定着在运动时人体的氧气供应量。因此，人体心肺功能的强弱，一方面是人体健康水平的重要标志，另一方面也是人体运动能力的重要基础。进行足球运动时，由于人体大部分时间处于跑动状态，因此需要更多的氧气供应。长时间的足球锻炼可以使心肌更加强壮，肺活量和肺泡弹性提高，对人体心肺功能的发展起到良好的促进作用。

2. 增强身体素质

人的身体素质包括：速度素质、耐力素质、力量素质、柔韧素质和灵敏素质。这些素质是人健康生活的基础，也是运动技能提高的保障。足球运动由于其练习场地大、活动范围广、参与人数多、对抗强度大、奔跑距离长、移动变化快等特点，可以对人的身体素质起到较为全面的锻炼作用。

3. 塑造健美体形

肥胖不仅影响青少年身体的形态美，同时也容易造成心理负担，威胁身体健康。长时间的足球运动可以使练习者的脂肪含量减少，肌肉体积增加，身体形态更趋合理。特别是，足球训练可以有效地改变青少年的身体形态，使体形更加健美，对预防肥胖有明显的作用。

（二）锤炼心理促进全面发展

1. 培养稳定情绪

青少年阶段是学生心理逐渐成熟的时期，也是心理变化最复杂的时期。在足球运动所营造的拼搏氛围中，通过和队友共同努力去争取胜利，一方面可以使学生体验到集体荣誉感、责任感、自尊感和友谊感等积极情感，另一方面还可以使学生通过身体运动释放压力，减少甚至消除由社会环境引起的不良情绪，能对学生的心理健康产生良好的短期效益和长期效益。

2. 磨砺顽强意志

足球运动的激烈对抗性，使得练习者经常需要通过顽强的意志才能战胜对手。这种需要勇猛顽强作风的比赛，非常有利于培养青少年勇猛、顽强的意志和精神。足球运动中经常要面对竞争、面对失败，经常要为达成目标而挑战各种艰难困苦。这种意志坚定、坚忍不拔的努力奋斗过程，有助于培养人的意志品质，为人生的奋斗打下坚实的基础。

3. 树立良好自信

足球运动为青少年自信心的建立提供了良好的平台。首先，足球运动是一项展现自我、挑战自我、超越自我的运动。在从事足球运动的过程中，学生要学习各种技能，迎接各种挑战，通过不断地进步取得胜利，学生会得到周围朋友、老师的认可和鼓励，从而增强自我价值感，对自己充满自信。其次，通过足球锻炼，学生的体质和体形可以得到明显改善，学生的身体自信水平进而得以提高，从而使学生对自己的运动能力更有信心。

4. 增强社会适应

足球运动处处体现着自由与平等，这种平等参与、公平竞争的价值观，将教会学生以平等和公正的态度去处理自己生活中的各种事务。在足球运动中担任前锋、后卫、门将等不同的角色，可以使学生体会到扮演好社会角色的重要性，学会扮演社会角色的方法，进而处理好个体与集体间的关系。同时，足球运动还为学生之间的交流提供了一个良好平台，经常从事足球运动，对提高学生的沟通能力和社交能力，建立良好的人际关系都有积极作用。

三、驰骋足球赛场

（一）熟悉球性

要想熟练掌握各种足球技术以及战术配合方法，首先必须熟悉球性和增强球感。熟悉球性可以用脚的各个部位做推、拉、拖、挑等增强球感的练习，也可以通过腿、身体、头等部位进行控球练习从而提高身体对球的感觉与把握，达到“人球合一”的境界。

熟悉球性的练习方法多种多样，经常用到的有脚底踩球、脚底拉球、侧身拉球等，如图5-1所示。另外，颠球练习也是一种增强球感的有效方法。常见的颠球练习方式有脚背正面颠球、大腿颠球、脚内侧颠球、脚背外侧颠球和头部颠球等，如图5-2所示。

图5-1　常见球性练习方法

图5-2　常见颠球练习方法

在进行颠球练习时，初学者可以先将球放在网袋中，用手抓住网袋上端进行练习。逐渐掌握球的运动规律后，可以尝试用手自抛自颠，先练习脚背颠球，熟悉一段球性后，再将大腿、脚内侧及头部颠球等多种方式结合使用，尽量保持球不落地。

（二）灵活多变的运球

足球运球

运球是指运动员在跑动过程中将球控制在身体周边的范围内，利用脚连续推拨球，从而实现带球前进、过人等目的的动作。常用的运球技术有脚背正面运球、脚背外侧运球、脚背内侧运球等。

1. 脚背正面运球

用脚背正面推拨球前进，速度快，但路线单一，多在前方距离较长的情况下使用，如图5-3所示。

图5-3　脚背正面运球

2. 脚背外侧运球

用脚背外侧推拨球前进，易于变化运球方向和发挥奔跑速度，还具有掩护球的作用，如图5-4所示。

图5-4　脚背外侧运球

3. 脚背内侧运球

用脚背内侧将球向前推拨前进，动作幅度大，控球稳，方向转换较容易。适用于掩护性运球和运球变向，如图5-5所示。

4. 运球注意事项

初学者刚开始练习运球时，速度可以稍慢一些，体会运球的部位和方法，待熟练以后逐渐加快运球速度或进行快慢结合的运球练习。同时，还可以通过调整运球场地大小、改变运球线路、增加运球限制等方法，提高运球能力。

图 5-5　脚背内侧运球

《 看一看 》

如何做到快速运球过人

1. 掌握好过人时机：在对方还未作出反应或已作出错误反应时完成运球过人动作。
2. 掌握好过人距离：运球者和防守者之间的距离一般控制在一大步左右。
3. 掌握好真假动作的衔接：假动作要做得“逼真”，而真动作要快速、突然。

（三）稳定流畅的接球

稳定的接球是顺利完成接下来传球、运球、过人和射门等技术动作的保证。根据接球部位的不同，常用的接球技术有脚内侧接球、脚底接球和胸部接球等。

足球接球

1. 脚内侧接球

脚内侧接球接触球面积大，接球平稳，便于改变方向和连接下一个动作，多用于停地滚球和空中球，如图 5-6、5-7 所示。

图 5-6　脚内侧接地滚球

2. 脚底接球

脚底接球接触球面积大，停球稳定性高。多用于停正面而来的地滚球和反弹球，如图 5-8 所示。

图 5-7 脚内侧接空中球

图 5-8 脚底接反弹球

3. 胸部接球

胸部接球面积大、有弹性、位置高，适用于停高球和平直球，如图5-9所示。

图 5-9 胸部接球

4. 接球注意事项

初学者在练习接球时，可以先进行原地接球练习，熟练掌握基本动作后，可进行前后移动的接球练习以及接球转身练习。在练习顺序的安排上，可以先接地滚球，再接高空球。接球的部位可以先脚后胸，再大腿、头部、腹部等。

（四）快速精准的踢球

踢球是足球技术中最重要的技术，主要用于传球和射门。按照踢球时脚接触球位置的不同，可以将踢球动作分为脚内侧踢球、脚背正面踢球、脚背内侧踢球、脚背外侧踢球、脚尖和脚跟踢球等多种方式。

1. 脚内侧踢球

以脚内侧将球踢出，触球面积较大，在踢球时可以更容易地控制球，是进行短距离精确传球和射门的理想方法，如图5-10所示。

图5-10 脚内侧踢球

脚内侧踢球

2. 脚背正面踢球

用脚的鞋带部位击球的后下部，踢球腿摆动幅度大，动作顺畅，便于发力。但出球路线和性能缺乏变化，适用于远距离传球和大力射门，如图5-11所示。

图5-11 脚背正面踢球

3. 脚背内侧踢球

以脚背内侧击球的后中下部，摆踢动作顺畅、幅度大，脚触球面积大，触球平稳有力，且性能和路线富于变化，在中远距离射门和传球时经常用到该项技术，如图5-12所示。

图5-12 脚背内侧踢球

脚背内侧踢球

4. 脚背外侧踢球

用脚背外侧击球的后中部，预摆动作小、出脚快，具有一定的隐蔽性，是一种实用性较强的技术手段，如图5-13所示。

5. 踢球注意事项

初学者刚开始练习踢球时，可以先进行原地无球模仿练习，然后踢固定球，体会踢球部位和击球部位的差别。开始时踢球速度可以慢一些，待技术熟练后，逐渐由原地踢球过渡到跑动踢球。可以先进行单个踢球动作的练习，然后结合接球、运球、过人等技术进行组合练习。

图 5-13 脚背外侧踢球

《看一看》

如何踢出弧线球

弧线球又称“香蕉球”，是指足球踢出后，球在空中向前并做弧线运行的踢球技术，是避开人墙直接射门得分的有效手段。踢球时，可用足背外侧或内侧削踢球的中部偏外侧面，使球产生强烈的旋转，从而向内或向外呈弧线飞行。著名球员大卫·贝克汉姆就是射“香蕉球”的好手。

（五）高举高打的头球

当今的足球比赛已经不仅仅是地面上的作战，要想赢得比赛胜利，“制空权”的争夺也显得尤为重要。“高举高打”成为许多球队的风格，头球技术也成为足球赛场上防守和进攻的重要手段。按照顶球部位的不同，可以将头球动作分为前额正面顶球和前额侧面顶球。

1. 前额正面顶球

用前额正面顶击球的后中部，触球部位平坦，动作发力顺畅，容易控制出球方向，准确性强，如图 5-14 所示。

图 5-14 前额正面顶球

2. 前额侧面顶球

用前额侧部将球击出，击球动作快，方向变换突然，动作难度较大。适用于应急时破坏球和门前头球攻门，如图 5-15 所示。

图 5-15 前额侧面顶球

3. 头球注意事项

初学者刚开始练习头球时，可以先做原地顶球练习，然后做跑动或跳起顶球练习。刚开始练习时速度可以慢一些，待技术熟练后，逐渐加快抛球的速度和完成动作的速度。注意在完成动作时判断要准，选位正确，不要闭眼更不要缩脖，击球时颈部适度用力。

（六）团队协作的战术练习

足球是一项团队运动，只有通过所有队员之间的相互协调、相互配合才能充分发挥球队的实力。而合理的战术运用更是球队取胜的关键。总的来说，足球战术可以分为进攻战术和防守战术两大部分，每部分战术又是由个人、局部和整体战术构成的。

1. 基本进攻战术

在基本进攻战术中，主要用到的个人战术有传球、射门、运球突破和跑位等。局部战术有传切配合、交叉掩护配合和二过一配合等。整体战术有边路进攻、中路进攻和快速反击等。下面以典型局部进攻战术为例进行介绍。

（1）传切配合。这是指控球队员向防守队员身后空隙传球时，另一同队队员超过防守队员，切入得球的行动。常用的传切配合方式有一传一切，如图 5-16 所示和长传转移切入，如图 5-17 所示。

图 5-16 一传一切

图 5-17 长传转移切入

（2）二过一配合。是指两个进攻队员在局部地区通过两次或两次以上的连续传球配合，实现越过对方一名防守球员的目标。常用的二过一配合方式有踢墙式二过一，如图5-18所示和回传反切二过一，如图5-19所示。

图5-18 踢墙式二过一

图5-19 回传反切二过一

2. 基本防守战术

在基本防守战术中，主要用到的个人战术有选位与盯人、断球、抢球等。局部战术有保护、补位和围抢等。整体战术有人盯人防守、区域盯人防守和混合防守等。以典型局部防守战术为例：

（1）保护配合。这是指当同伴防守对方控球队员时，自己通过选择有利的位置来保护同伴，防止其被突破，当防守队员断球后还可以就地发起进攻。根据对方控球队员的前进方向，保护配合主要有以下几种形式。

① 当控球队员被同伴逼向外线时，应撤到同伴的斜后方进行保护，如图5-20所示。

② 当控球队员向内线运球时，应选择侧后方的位置进行保护，如图5-21所示。

③ 当不能判断控球队员的运球方向时，应选择同防守队员成45°角的位置进行保护，如图5-22所示。

（2）补位配合。补位配合是指当同伴在防守中出现漏洞时，本方防守队员通过及时的跑位以弥补漏洞的相互协作的战术配合。常见的补位形式有补空位和邻近队员相互补位。

① 补空位。补空位是指在前卫或后卫队员插上进攻退守不及时的情况下，邻近同伴要暂时弥补他的空位，防止对方球员利用空当进行快速突破，如图5-23所示。

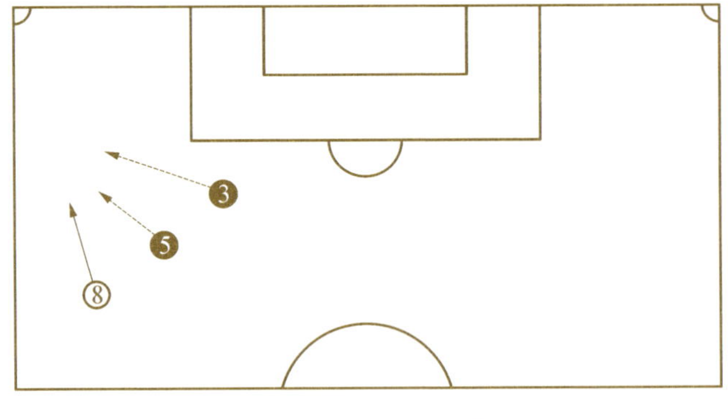

图5-20 保护配合①

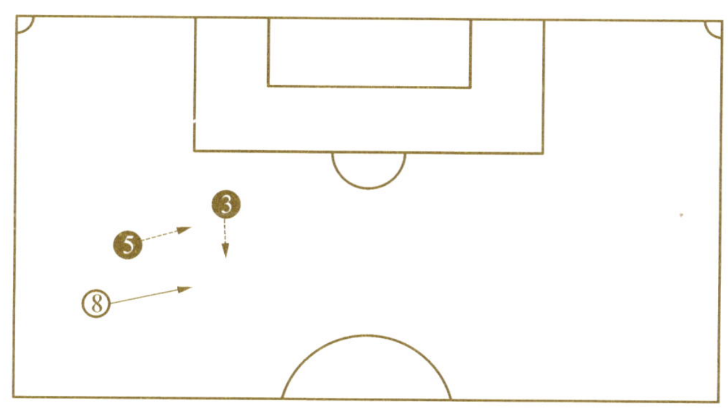

图 5-21 保护配合②

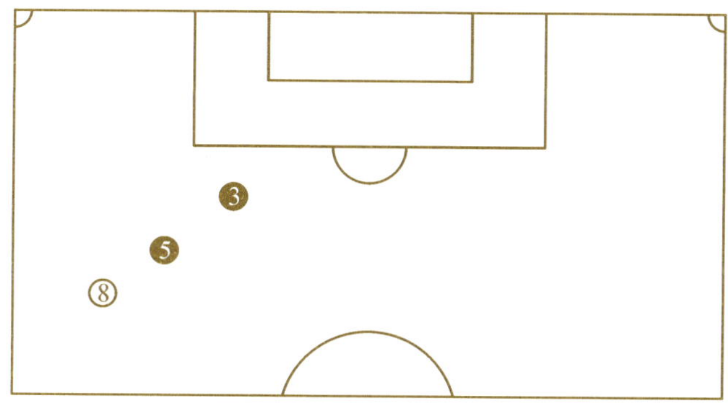

图 5-22 保护配合③

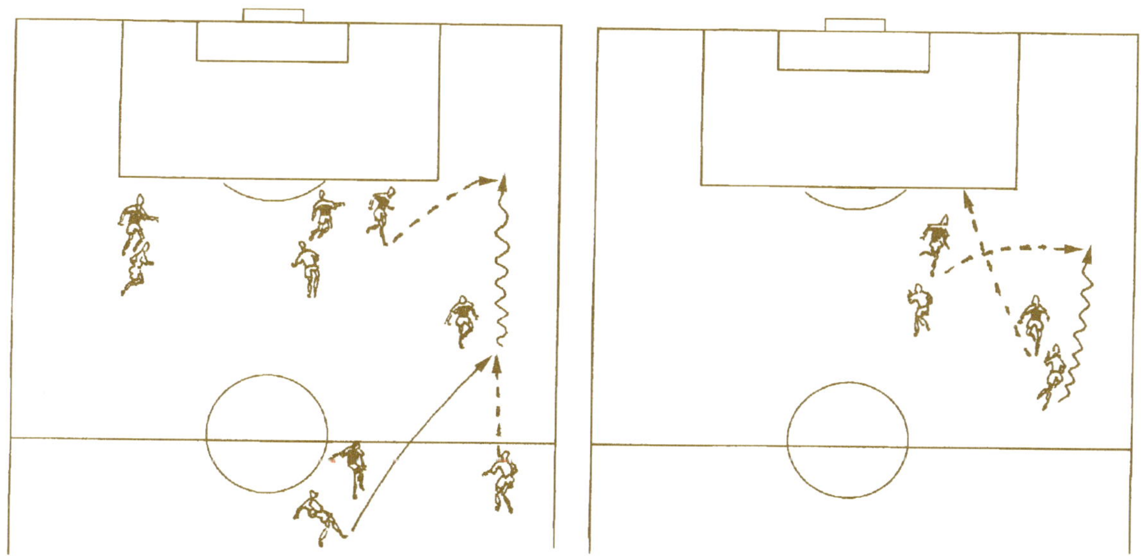

图 5-23 补空位　　图 5-24 邻近队员相互补位

② 邻近队员相互补位。相互补位是指当同伴被对方球员运球突破或对方球员快速插入同伴背后，同伴已来不及盯防时，邻近队员应及时后撤弥补同伴身后的空当。邻近队员的空当则由被突破的同伴进行补位，如图 5-24 所示。

《看一看》

如何选择足球战术

为了最大限度地发挥足球战术的威力，在选择战术时要注意以下几点。

1. 强调比赛的攻守平衡。
2. 追求攻防人数与质量的统一。
3. 合理控制比赛节奏。
4. 选择恰当的比赛阵形。
5. 战术执行要有灵活性。

四、欣赏足球比赛

（一）熟悉比赛规则

1. 球场

足球的比赛场地应为长方形，在长90～120 m，宽45～90 m范围内均可。国际比赛的长宽范围为长100～110 m，宽64～75 m。世界杯决赛阶段比赛场地长105 m，宽68 m，如图5–25所示。

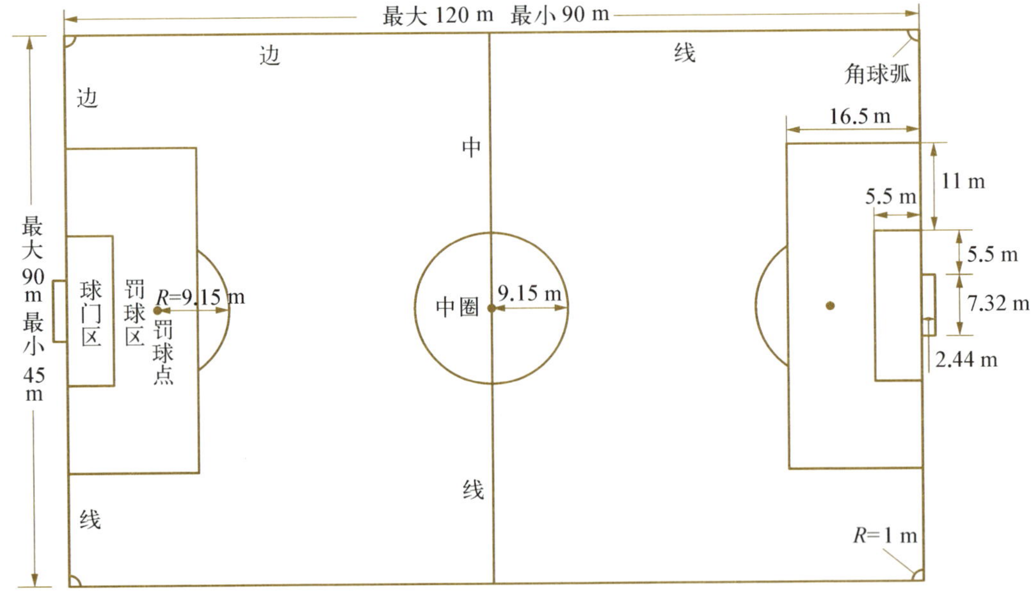

图5–25 足球场地示意图

场地各线宽度不超过12 cm。边线与球门线应包括在场地面积之内，其他各线宽度也应包括在该区域面积之内。

2. 边线

当球的整体从地面或空中全部越过边线时方可判为球出界，由非出界方发界外球。比赛中，除裁判员和助理裁判员外，任何人未经裁判员允许不得擅自出入此线。

3. 比赛用球

标准比赛用球应以皮革或其他合适的材料制成，一般由12块黑色正五边形面料与20块白色正六边形面料拼合而成。成人用足球的球体周长应在68 ～ 70 cm。

足球的质量，在比赛开始时，不得超过450 g，不得少于410 g。球的气压在0.6 ～ 1.1 atm*（世界杯赛一般采用0.9 atm）。

4. 队员人数

（1）每队应为7 ～ 11人，其中1人必须为守门员。

（2）正式比赛中可以提名7名替补队员，但最多可以替换3人，位置不限。被替换下场的队员不可以在本场比赛中重新参赛。

（3）替补队员上场时应提前通知裁判，在死球时先下后上进行替补，上场队员应从中线上场。

（4）点球决胜时，除守门员受伤可以由未使用过的替补队员替换外，剩余队员一律不得替换。

5. 常见犯规判罚

（1）越位。判罚越位必须同时具备4个条件。

① 进攻队员处于对方半场且角球更接近对方球门线的位置。

② 进攻队员处于球的前面。

③ 进攻队员与对方球门线之间，对方队员不足两人。

④ 处于越位位置的队员在同队队员踢或接触球的一瞬间，如果裁判员认为其干扰比赛、干扰对方队员或者其他裁判员认为利用越位位置获得利益的行为可判为越位犯规。

（2）直接任意球。如果裁判员认为队员有下列十种犯规中的任何一种，将判给对方踢直接任意球。

① 踢或企图踢对方队员。

② 绊摔或企图绊摔对方队员。

③ 跳向对方队员。

④ 冲撞对方队员。

⑤ 打或企图打对方队员。

⑥ 推对方队员。

⑦ 为了得到对球的控制而拦截对方队员时，于触球前触及对方队员。

⑧ 拉扯对方队员。

⑨ 向对方队员吐唾沫。

⑩ 故意手球（不包括守门员在本方罚球区内）。

（3）间接任意球。如果守门员在本方罚球区内有下列4种犯规中任何一种，将判罚给对方罚间接任意球。

① 拖延时间（持球超过6 s）。

② 在发球后未经其他队员触球，再次用手触球。

③ 用手触及同伴故意回传给他的球。

④ 用手触及同伴直接掷入界外的球。

另外如果其他队员有下列任何一种情况，也将判给对方间接任意球：

---

* 1 atm=1.013×10^5 Pa。

① 动作具有危险性。
② 阻挡对方队员。
③ 阻挡对方守门员从其手中发球。
④ 越位犯规。
⑤ 任何其他形式的犯规。

（二）常规比赛阵形

比赛阵形是指赛场上队员按照一定的位置排列、攻守力量搭配和职责分工所构成的场上站位。一般由后卫向前锋的顺序描述阵形，目前常用的阵形有“四四二”“一三三三”“三五二”和“五三二”阵形等。

1.“四四二”阵形

1966年，英格兰队首先运用“四四二”阵形，如图5-26所示夺得第8届世界杯冠军。1982年世界杯上，意大利队又对崇尚密集防守的“四四二”阵形进行了更具进攻意义的改造，使“四四二”阵形进攻威力倍增，并借此夺得第12届世界杯冠军。从此，“四四二”阵形风靡世界足坛，至今仍被许多球队采用。

2.“一三三三”阵形

在1974年第10届世界杯上，荷兰与联邦德国等首创了“一三三三”阵形，如图5-27所示，全攻全守型踢法从此进入了人们的视野。这种阵形要求运动员攻守兼备，对球员的个人能力和战术意识提出了更高的要求。

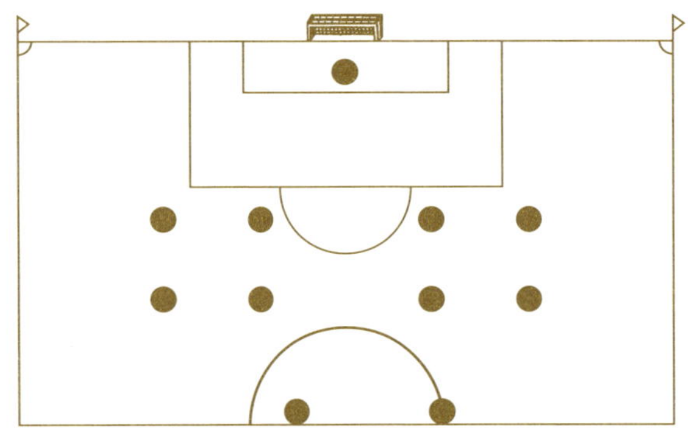

图5-26 “四四二”阵形

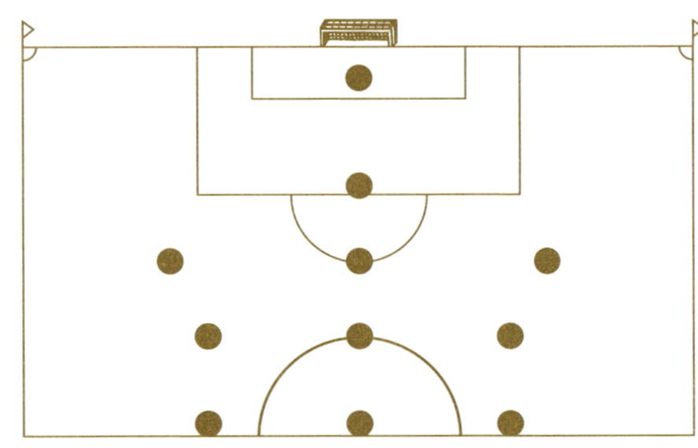

图5-27 “一三三三”阵形

3.“三五二”与“五三二”阵形

在20世纪80年代的欧锦赛和第13届世界杯上就出现了“三五二”阵形，如图5-28所示与“五三二”阵形，如图5-29所示，法国队、丹麦队等是采用这种阵形的代表。该阵形是根据场上攻守的需要，通过边后卫的前插与后撤，完成“三五二”与“五三二”阵形之间的转换，也是一种强调攻守平衡的阵形。

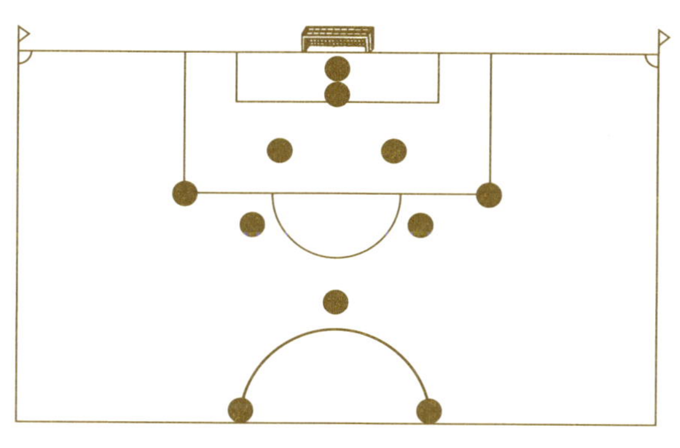

图5-28 “三五二”阵形

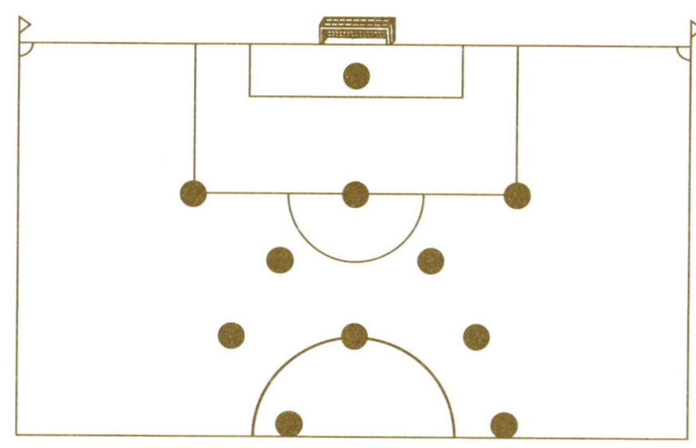
图5-29 “五三二”阵形

《看一看》

足球比赛阵形的命名原则

足球比赛的阵形一般按照从后卫向前锋的顺序命名，守门员的人数、职责固定，一般不予计算。例如，“四四二”阵形从后至前分为3条线，后卫线4名队员，前卫线4名队员，前锋线2名队员。

（三）文明观看比赛

为了充分享受足球比赛的乐趣，感受足球比赛的魅力，在现场观看足球比赛时应注意以下几个方面。

1. 赛前提早入场

足球比赛前的观众互动、现场表演已经成为足球比赛不可或缺的一部分，提早入场可以充分感受这种现场气氛。

2. 文明参与现场互动

球迷的支持是球队取胜的重要动力，在比赛现场通过文明、合理的方式为自己喜欢的球队加油助威是对场上球员的极大鼓励，也是表达自己情绪的重要方式。但是如果情绪的发泄超过了限度，就会造成很多不理智的行为，甚至产生“足球暴力”，影响足球运动的健康发展。

3. 不离不弃的观赛热情

足球比赛不仅考验着场上队员的体力和意志，而且考验着观众们的心理承受能力。足球比赛最大的魅力在于胜负的不确定性，不到最后一刻谁也不会放弃希望。观众作为场上的“第十二名队员”也应该和自己的球队战斗到最后一秒。不论球队胜利还是失败，都要始终支持自己喜欢的球队。

4. 理性面对胜负

足球比赛有胜有负，谁也不会成为足球场上的常胜将军。因此，当自己支持的球队胜利时，应该庆祝，但不能自大，甚至侮辱对方球员和球迷。而当自己支持的球队失败时，则应该冷静分析失败的原因，鼓励球队取得以后比赛的胜利。

5. 有秩序地退场

足球比赛结束后退场人数很多，这时一定要保持良好的退场秩序，避免因拥挤而发生不安全事件。同时应当带走现场的垃圾，保持看台的清洁。

篮球运动

一、走进篮球运动

（一）篮球运动的起源与发展

现代篮球运动是由美国马萨诸塞州斯普林菲尔德市基督教青年会培训学校体育教师詹姆斯·奈·史密斯于1891年发明的。由于当时美国冬天气候寒冷，为了找到一项既适合学生在室内开展，又不失趣味性的运动项目，史密斯受当地儿童从树上摘桃子然后投入桃筐的游戏启发，发明了一项投篮游戏。他把桃筐悬挂在室内两侧离地面约10英尺（3.05 m）的高墙上，以足球作为比赛工具向对方篮筐中抛投，以投中次数多少确定胜负。最初，篮筐底部是封闭的，直到1893年才以带网的铁篮圈代替竹筐。这就是现代篮球运动的雏形。

由于这项活动的游戏性和趣味性较强，又有很好的健身作用，很快就吸引了大量的体育爱好者。后经过竞赛规则的不断充实与完善，技术、战术的不断演进与发展，加上赛事和媒体的推广，篮球运动很快就成为一项风靡世界的体育运动。篮球运动于1895年由美国基督教青年会传入我国。1896年天津基督教青年会举行了我国第一次篮球游戏表演。中华人民共和国成立后，篮球运动的发展与普及更为迅速，如今已成为一项深受人民群众特别是青少年喜爱的体育运动。

（二）备受关注的篮球赛事

1. 奥运会篮球赛

1904年，在美国圣路易斯举行的第3届奥运会上，美国的两支球队首次将篮球进行了表演展示。1936年柏林奥运会上，男子篮球比赛第一次被列为奥运会比赛项目。女子篮球到1976年蒙特利尔奥运会上才被正式纳入。奥运会篮球比赛每4年举办一次，只设男女2个团体项目，各有金、银、铜3块奖牌。在过去的20届男子篮球和12届女子篮球奥运会比赛中，美国男篮获得了16次冠军（前苏联获得2次冠军，南斯拉夫和阿根廷各获得1次冠军）；美国女篮获得了9次冠军（前苏联获得2次冠军，独联体获得1次冠军）。中国女子篮球队曾于1992年巴塞罗那奥运会上获亚军。中国男篮的奥运最好成绩是1996年亚特兰大奥运会、2004年雅典奥运会和2008年北京奥运会的第8名。

2. 国际篮联篮球世界杯

国际篮联篮球世界杯（FIBA Basketball World Cup）简称“篮球世界杯”，是国际篮球联合会（简称“国际篮联”）主办的世界最高水平的国家队级篮球赛事，每四年举办一次。

篮球世界杯的前身是从1950年开始举办的世界男子篮球锦标赛。2012年1月28日国际篮球联合会宣布男篮世锦赛更名为篮球世界杯。2014年西班牙篮球世界杯是男篮世锦赛更名为“篮球世界杯”后举办的第一届国际篮联篮球世界杯。2015年8月7日，在日本东京举行的国际篮联最高议事机构中央局会议投票决定2019年篮球世界杯举办地，国际篮联主席穆拉特瑞宣布赛事在中国举办。2019年8月31日—9月15日，2019年国际篮联篮球世界杯的比赛分别在北京、广州、南京、上海、武汉、深圳、佛山、东莞八座城市进行。2023年8月25日至9月10日，2023年国际篮联篮球世界杯在印度尼西亚、日本以及菲律宾举行。

在过去的19届篮球世界杯（世锦赛）比赛中，男篮方面，美国获得5次冠军，南斯拉夫获得5次冠军，前苏联获得3次冠军，巴西、西班牙获得2次冠军，塞黑、德国、阿根廷各获得1次冠军。女篮方面，美国获得11次冠军，前苏联获得6次冠军，澳大利亚和巴西各获得1次冠军。我国男篮的世锦赛最好成绩是1994年加拿大世锦赛第8名，女篮最好成绩是1994年澳大利亚世锦赛亚军、2022年澳大利亚世界杯亚军。

《 看一看 》

国际篮球联合会

国际篮球联合会（FIBA）是一个国际性的篮球运动组织，由世界各国的篮球协会组成，于1932年成立，总部设于瑞士日内瓦，共有213个会员。负责制定国际篮球球例、制定篮球比赛用的篮球场和篮球规格、控制球员的调动和举办大型篮球比赛等。中国篮球协会于1936年加入国际篮联，1958年退出，1974年恢复在国际篮联的会员资格。

3. 中国男子篮球职业联赛

中国男子篮球职业联赛（China Basketball Association）简称中职篮（CBA），是由中国篮球协会主办的跨年度主客场制篮球联赛，是中国最高等级的篮球联赛。1995年，第1届CBA联赛开赛，共有12支队伍参赛。至2014年，参加CBA常规赛的球队已增加到20支。特别是近几年来，随着CBA外援引进力度的加大，马布里、麦蒂等NBA球星先后来华效力，大大提升了CBA联赛的精彩程度，使得CBA联赛得到了越来越多的关注，促进了球票发售、电视转播、球星包装等联赛相关产业的发展。

《 看一看 》

CBA之最

1. 总冠军次数最多的球队

广东宏远：截至2024—2025赛季，广东宏远共12次夺得CBA总冠军，是联赛中夺冠次数最多的球队。其王朝时期（如2003—2013年八冠、2019—2021年三连冠）培养了朱芳雨、王仕鹏等传奇球员。

2. 单场三分球命中数纪录

莱斯特·哈德森（辽宁本钢）：2018年1月15日，哈德森在对阵山东高速的比赛中投进14记三分球，创下CBA单场三分命中纪录。他职业生涯三分球总数超过2 000个，也是CBA历史三分王。

3. 最年轻球员登场纪录

郭艾伦：2009年，16岁的郭艾伦代表辽宁队登场，成为CBA历史上最年轻的登场球员之一（后被更年轻球员打破，但仍是“00前”最年轻代表）。他后来成长为国家队核心，印证了联赛对年轻球员的培养价值。

4. 中国女子篮球职业联赛

中国女子篮球职业联赛（Women's Chinese Basketball Association，WCBA），由中国篮球协会举办，创办于2002年。它是中国水平最高、最专业的女子篮球联赛之一。目前，中国女子篮球职业联赛共有21支球队参赛。常规赛阶段，球队分A、B两组，A组前12名（含递补），B组为其余9支球队。季后赛队伍扩至16支，共分五个阶段进行，总决赛采用五场三胜制。联赛允许各球队同时注册不超过3名外籍球员，执行四节七人次规则。中国女子篮球职业联赛不断发展壮大，已成为世界上规模最大的女子篮球职业联赛，为中国女篮培养了众多优秀人才。

二、篮球运动的健身价值

（一）篮球运动与身体健康

大学阶段是为将来的职业发展打基础的重要时期，良好的身体素质是健康、高效工作的基础。篮球运动活动量较大，经常打篮球能够有效改善心血管系统、呼吸系统、消化系统和神经系统的功能。此外，篮球场上经常需要运动员根据瞬息万变的情况快速作出反应，这就需要建立较快的神经—肌肉传导速度和良好的身体协调运动能力。另外，篮球运动对人的身体素质要求较为全面，经常练习打篮球可以使人的速度、力量、柔韧、耐力、灵敏等身体素质得到较好锻炼。同时，篮球运动消耗热量较多，可以起到控制体重、塑造健美体形的作用。

（二）篮球运动与心理健康

篮球运动为我们提供了缓解心理压力、消除心理疲劳的良好途径，通过打篮球可以让我们的不良情绪得以释放，从而使情绪保持在一个稳定的水平。同时，在篮球场上我们也经常会遭遇落后和困境，只有通过不断地拼搏才能获得胜利，经常打篮球可以帮助我们提升自我评价，增强自信心，培养顽强的意志品质和团结协作的精神。

（三）篮球运动与社会适应

社会适应能力的好坏，直接影响着我们未来的职业发展。篮球运动为人与人之间的交往提供了一个良好的平台，经常打篮球可以锻炼参与者尽快适应周围的各种人和各种变化，培养尽快被他人所理解和接受的能力。同时，篮球作为一项团体运动，需要队伍中的每个人各司其职、协调配合，这也培养了参与者的集体责任感和合作意识，为将来在工作岗位上处理好个人与集体的关系打下良好基础。因此，篮球运动已成为当前健身、娱乐、交友、丰富闲暇生活的重要手段。

三、如何打好篮球

（一）球性是打球的前提

篮球运动要求练习者对篮球具有良好的控制力，从而能够完成各种持球动作，达到灵活应对场上各种变化的境界。熟悉球性是掌握和提高篮球技战术的基础和有效的方法，通过各种姿势的拨球、运球、绕球、抛接球及篮球游戏等多种练习方式可以有效地培养练习者的球性。

1. 拨球练习

双手持球，肘关节微屈，用手腕和手指连续拨球，使球在两手之间快速移动。练习时两手之间要保持一定距离，拨球速度可根据练习水平的提高由快至慢，并不停地改变球和手臂的高度。

2. 绕球练习

两脚开立，双手持球于腹前，两手交替使球依次绕腰、绕头、绕腰、绕腿、绕踝，然后反向进行，连续反复练习。还可以进行双腿环绕交接球的练习，双手交替持球，使球在两腿间进行“8”字环绕，可进行正“8”字和反“8”字交替绕球练习。

3. 胯下运球练习

两腿成前后弓步姿势，双手交替拍球完成连续的胯下运球，可根据练习水平的提高逐渐加快运球速度。练习时注意保持上体正直，不要用眼睛看球。

（二）运球是突破的基础

篮球运球

运球是球员在比赛中持球移动的重要方法，是在赛场上完成快速突破，创造得分机会的重要手段，也是全队进攻战术顺利完成的基础。常见的运球方式有运球急停急起，体前变向换手运球和运球转身等。

1. 运球急停急起

要想摆脱对方的防守，就不能始终以一个速度运球，通过运球节奏的改变，可以拉开与防守人之间的距离，从而寻找突破的空间。在急停时要保持低重心，手拍球的前上方，使球停止前进。在急起时要用力蹬地，上体前倾，迅速起动，同时拍球的后上方，使人、球同步快速前进，如图5–30所示。

图5–30 运球急停急起

2. 体前变向换手运球

迅速改变运球的方向也是摆脱对方防守的有效方法。以右手运球为例，当前进路线被对手堵截时，可先向防守人左侧做变向运球假动作。当对手向左侧移动时，迅速改变运球方向，将球拍至身体左侧，同时降低重心，右腿向左前方跨出，转体探肩，左手运球，加速突破，如图5–31所示。

图 5-31　体前变向换手运球

小技巧

在进行运球练习时，应注意以下几个方面。

1. 不要低头运球，运球的同时抬头观察场上情况。
2. 两膝微屈，上体微含胸，运球时用身体护球。
3. 运球时不要过高，运球手要主动发力下压、上引。
4. 注意根据场上情况掌握好运球节奏。

（三）传接球是配合的纽带

传接球是运动员在球场上快速转移球的方法，及时、准确地传接球，是寻找进攻空间、密切队员联系的有效手段，同时也是全队整体技术、战术充分发挥的保证，是队员之间相互信任的表现。常见的传接球技术有双手胸前传球、单手肩上传球、双手接球、单手接球等。

1. 双手胸前传球

双手胸前传球是篮球比赛中最基本、最常用的一种传球方法，具有快速、准确、易控制，方便与其他动作相结合的优点。传球时要注意保持正确的持球姿势，做到“前后分脚、五指分开、手心空出、拇指八字、持于胸腹”。同时，还要注意传球时手臂前伸，食指、中指拨球，如图 5-32 所示。

图 5-32　双手胸前传球

2. 单手肩上传球

在篮球比赛中，我们常常看到运动员在抢到防守篮板球或者后场发底线球时，用单手将球快速扔到前场，创造快攻的机会。这里就用到了单手肩上传球技术，该技术具有用力大、速度快、距离远的特点。传球时要注意身体自上而下发力，蹬地、转肩、挥臂、扣腕、拨球动作要充分、连贯，如图5-33所示。

图5-33 单手肩上传球

3. 双手接球

有传球就会有接球，只有稳稳地接住队友传给自己的球，才能降低失误率，避免被对手断球，并快速完成接下来的传球、运球、突破、投篮等动作。在接球时一定要双眼注视来球，同时拇指张开、手呈球形、伸臂迎球、屈肘缓冲，握球于胸腹之间，如图5-34所示。

图5-34 双手接球

（四）投篮是得分的手段

投篮是篮球比赛中得分的唯一手段，是一切技术、战术运用的最终目的和全部攻守矛盾的焦点，是整个篮球技术体系的核心。在赛场上，外线精准的三分，内线大力的灌篮及最后一秒钟的绝杀，都会一次次点燃现场观众的激情。常见的投篮方式有原地单手肩上投篮、原地双手胸前投篮、行进间单手肩上低手投篮、行进间单手肩上高手投篮、跳起投篮等。

1. 原地单手肩上投篮

原地单手肩上投篮是最基础的投篮动作，具有出手点高、便于结合其他动作和不易防守的特点。多在罚球和防守人距离较远的情况下使用，是一种应用广泛的投篮方法。投篮时要注意上下肢协调用力，抬肘伸臂充分，手腕下压，中指、食指拨球，如图5–35所示。

图5–35 原地单手肩上投篮

2. 行进间单手肩上低手投篮

这种投篮技术俗称“三步上篮”，具有伸展距离远，动作速度快，出手平稳等优点，多在快攻和强行突破时使用。以右手投篮为例，在上篮时要注意在迈右腿的同时持球，避免造成走步。在腾空时左臂充分向篮筐上方伸展，并做好拨腕、拨指的动作，将球平稳地“放进篮筐”，如图5–36所示。

图5–36 行进间单手肩上低手投篮

3. 跳起投篮

跳投是现代篮球比赛中普遍运用的一种投篮方式，具有突然性强、出球点高和不易防守的优点。NBA（美国职业篮球联赛）著名球员“飞人”乔丹就用他标志性的后仰跳投技术多次绝杀对手。在跳投时要注意起跳、举球、出手动作协调一致，并在身体接近最高点时出手，如图5–37所示。

图5–37 跳起投篮

《看一看》

后仰跳投

后仰跳投是一个难度比较大的技术动作，后仰的目的是防止被盯防的人封盖，但起跳时机和后仰的角度需要相当的功底才能把握准确。最重要的是在滞空时的平衡和落地，稍有不慎就会坐倒，甚至扭到脚踝。这种投篮技术在对方防守球员较高或弹跳比自己要优秀时经常会采用。在NBA赛场上，乔丹、科比、诺维茨基等都是使用后仰跳投技术的典型人物。

（五）进攻是掌握主动的法宝

想要有效地完成进攻，就离不开队员之间的进攻战术配合。篮球是一项集体运动，个人的单打独斗必然无法保证球队的获胜，只有队员之间相互配合，才能充分发挥球队的实力。常见的进攻配合有很多，包括传切、突分、掩护和策应四大类型。这里对传切配合和挡拆配合进行简单介绍。

1. 一传一切配合

一传一切配合是传切配合的一种，是指持球队员传球后，利用启动速度或假动作摆脱防守，向篮下切入接回传球投篮的配合，如图 5-38 所示。

2. 挡拆配合

挡拆配合是掩护配合的一种，是指球员利用身体为队友提供掩护，帮助队友突破上篮。自己转身切向篮下抢篮板球或接传球投篮。NBA 中的马刺队就是挡拆战术运用的好手，蒂姆·邓肯和托尼·帕克之前的挡拆已成为球迷心中永恒的经典，如图 5-39 所示。

篮球基本战术

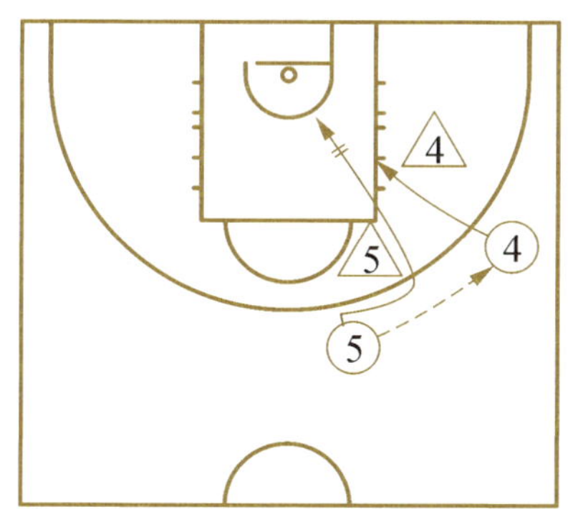

图 5-38　一传一切配合

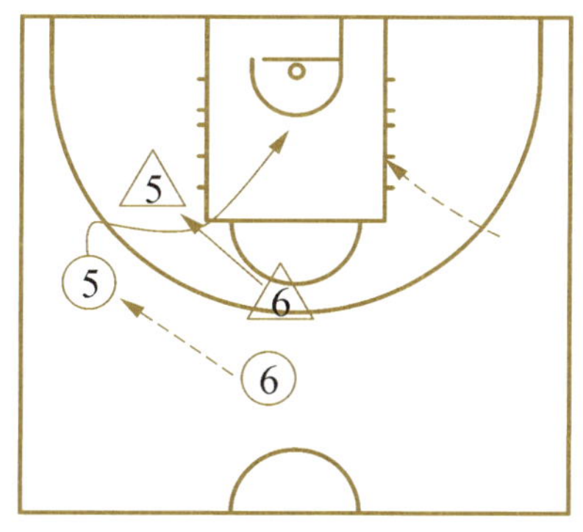

图 5-39　挡拆配合

（六）防守是战胜对方的关键

现代篮球竞赛实践表明，防守是篮球比赛中取胜的关键。特别是在联赛制比赛中，一支球队要想走得更远，保持更稳定的胜率，除了要有出色的进攻表现，防守质量的好坏是球队立足的根本。想要做好防守，就离不开队员间的防守配合，常见的防守配合有挤过、穿过、绕过、夹击、关门、补防等。这里对“关门”和联防两种配合进行简单介绍。

1.“关门”配合

“关门”配合是指邻近的两名防守队员协同堵截进攻队员运球突破的一种防守配合方法，通常在区域联防和半场人盯人防守战术中运用，如图 5-40 所示。

2. 区域联防

区域联防是一种每一个队员协同防守一定区域，随着球的转移而积极调整自己位置的全队防守战术。最常见的区域联防阵形为“2-1-2”阵形，如图 5-41 所示。该阵形队员分布均衡，移动距离近，有利于协防和调整阵形，适用于防守正面突破和篮下进攻威力大的对手。

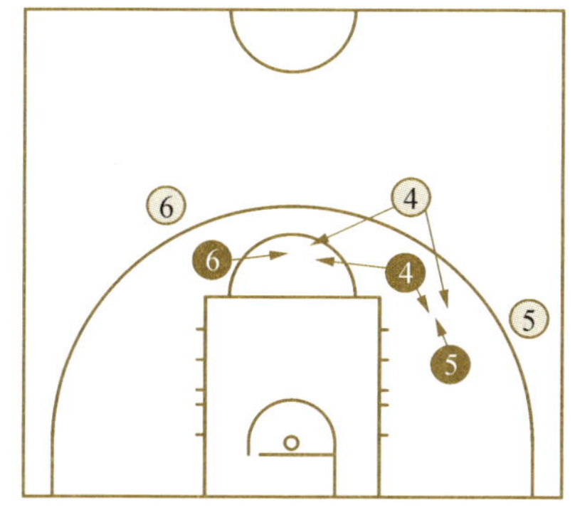

图 5-40　“关门”配合

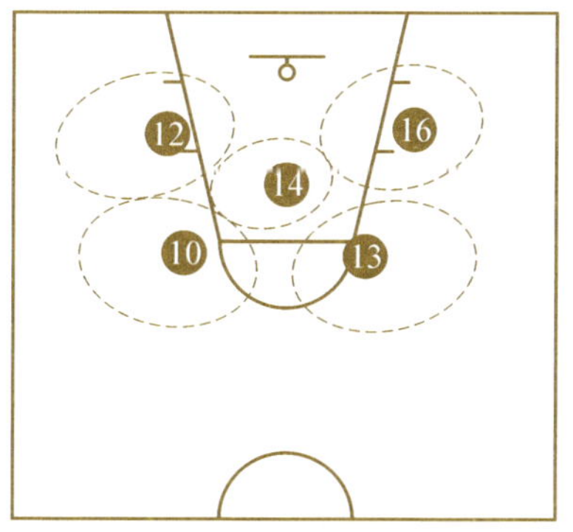

图 5-41　“2-1-2”区域联防

四、欣赏篮球比赛

（一）如何进行篮球比赛

1. 场地

国际篮联规定的篮球比赛场地为长28 m，宽15 m的长方形。三分线距离篮筐6.75 m。篮圈距地面3.05 m，篮板下沿距地面2.90 m。NBA的比赛场地尺寸稍大，长为28.65 m，宽为15.24 m。三分线距离篮筐7.24 m。篮板和篮筐高度与国际篮联的规定相同，如图5-42所示。

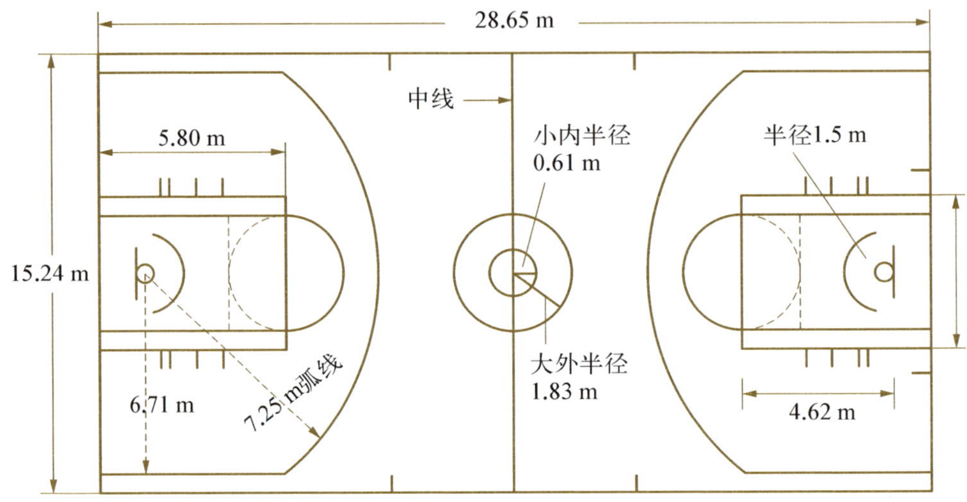

图5-42 NBA比赛场地图

2. 竞赛方法

篮球比赛每队上场5人，其中1人为队长，候补球员一般为7人。比赛分4节，每节各10 min（NBA为12 min），每节之间休息5 min（NBA为130 s），中场休息10 min（NBA为15 min），NBA中在第4节和任何加时赛之间休息100 s。

比赛结束两队比分相同时，则进行延长赛5 min，若5 min后比分仍相同，则再次进行5 min延长赛，直至比出胜负为止。

（二）篮球运动常见规则

1. 违例

违例是指在篮球比赛中既不属于侵人犯规、违反体育道德的犯规、取消比赛资格的犯规，也不属于技术犯规的违反规则的行为。违例时，由对方球员在靠近违例的地点掷界外球。主要的违例有跳球违例、球出界违例、两次运球违例、带球走违例、3秒违例、8秒违例、24秒违例等。其中，3秒违例又包括进攻3秒违例和防守3秒违例，后者是NBA特有的违例。

2. 犯规

犯规是指对规则的违犯，含有与对方球员的身体接触或违反体育道德的行为。犯规时，一般由对方球员罚球或掷界外球。犯规的主要种类有侵人犯规、违反体育精神犯规和技术犯规等。

（1）侵人犯规。侵人犯规是一种违反规则而与对方发生不合理的身体接触时的犯规。发生犯规时，由对方在犯规地点最近的界外掷界外球。犯规时如果对方投篮成功，得分有效并加罚一球。如果投篮不成功则判给与投篮分数相同次数的罚球。

（2）技术犯规。技术犯规是指所有不包括与对方队员接触的队员犯规。队员不得漠视裁判员的劝告或运用不正当的行为。发生犯规时，要登记违犯者一次技术犯规，并判给对方队员两次罚球及掷一次界外球（所谓的两罚一掷）。

（三）篮球比赛看什么

1. 看教练员排兵布阵

教练员是篮球比赛的指挥者，他不单单是一支球队的军师，更是一支球队的统帅。所谓强将手下无弱兵，篮球比赛除了场上运动员之间技术、体能、意志的比拼之外，更是场下教练员之间谋略、胆识的较量。在比赛的关键时刻，教练员如何利用短暂的暂停时间布置战术，调整队员心态，寻找克敌制胜的法宝，化险为夷，转败为胜，是欣赏篮球比赛的关键。每当暂停时，解说员和观众都会分析、预测接下来教练员会做出怎样的战术调整，这也成为篮球观赛的一大乐趣所在。NBA教练菲尔·杰克逊一手打造了鼎盛一时的公牛队和湖人队，作为教练获得11枚金牌的成绩无人能及。老帅波波维奇一手缔造了马刺队，打造出一支全联盟发挥最稳定的球队，他与“GDP”（吉诺比利、邓肯、帕克）三人之间的师徒之情，也成为一段佳话。

2. 看明星球员力挽狂澜

一个好汉三个帮，教练员的战术能否得到有效的贯彻实施还是要靠场上球员的努力。每一支球队中都有自己的当家球星，这些球星是人们关注的焦点，也是球队的灵魂。当球队处于逆境之时，观众会关注明星球员，看他们能否发挥领袖气质，带领球队走出困境。当比赛进入到决胜阶段时，观众更会关注明星球员，看他们能否发挥王者之风，通过高超的技术力挽狂澜。1998年NBA总决赛第6场，乔丹在最后时刻绝杀爵士的场景已成为历史的经典。2004年NBA常规赛麦蒂35秒获得13分的神奇表现也成为球迷心中永恒的记忆。球星的魅力远远不止杰出的球技，他们对胜利的执着，对篮球的热爱，在困难当中永不放弃的精神都成为激励观众在生活中坚持梦想、不断奋斗的精神动力。

3. 看裁判员严格执法

裁判员是篮球比赛中的法官，掌握着比赛中的判罚尺度。随着当今篮球比赛中球员技术水平的不断提高，比赛竞争激烈程度的不断加大，胜负往往只在几分之间。在这种情况下，裁判员的执法水平就成为决定比赛走势的重要因素。公正的作风、冷静的执法、准确的判断是作为一名裁判员的必备素质，也是保证比赛顺利进行的前提。在如今的篮球比赛中，裁判员的表现也成为一大焦点。现场观众和教练员怎样向裁判施压，关键球裁判员能否顶住压力作出正确判罚，裁判员的判罚尺度如何把握以及突发情况下裁判员如何随机应变作出判罚等，这些都是篮球比赛中的重要看点。

4. 看啦啦队员精彩表演

当今的篮球比赛已经不仅仅是单纯的竞技比赛，更像是一场娱乐盛宴，体育和娱乐的元素已经深深地交织在一起。在欣赏激烈的篮球比赛同时，“啦啦队”的表演也成为篮球比赛中的一大亮点，是篮球比赛中不可或缺的一个环节。开场前的三分钟暖场表演，预先点燃了现场观众的热情。节间休息时的短节目，使观众紧张的情绪得到放松。除此之外，“啦啦队”还扮演着球队“助威军团”的作用，通过富有激情的口号、动感的舞蹈，鼓舞参赛球员的斗志，带动现场观众的情绪，为自己支持的球队加油助威。“啦啦队”已经成为一支球队主场文化的重要组成部分，热辣的舞姿、整齐的动作，都给人以美的体验。

排球运动

一、走进排球运动

（一）排球运动的起源与发展

排球运动源于美国，1895年美国马萨诸塞州霍利约克市基督教青年会体育干事威廉·摩根先生发明了这项运动，最开始他只是想让排球成为一种老少皆宜的游戏，玩法是将网球网挂起来，使用篮球的内胆作球，参与者隔着网对抗，在保证球不落地的同时，将球拍过网。

摩根最初发明排球的目的是创造一种结合了篮球、棒球、网球以及手球的游戏，而这种游戏又必须避免像篮球那样的肢体接触，让一些年纪大的人也可以参加。最初，摩根进行了反复的试验。他在篮球场上架起网球网（高约1.98米），以篮球胆为球，让人们像打网球一样用手隔网来回托球、传球，球在哪一方落地一次就算哪一方失败一次。由于篮球球胆太轻，在空中飘忽不定，玩起来很不方便，摩根尝试将篮球球胆换成了篮球。但篮球又过于沉重，飞行速度慢并且很难进行隔网击打。最后，摩根采用了外表为皮制，内装橡皮球胆的球，经试验效果理想，于是第一代排球诞生了，其规格与如今的排球已经非常接近，而排球这项运动也正式诞生了。很快，它就在基督教青年会中广泛传播开来。摩根和斯普林菲尔德市体育干事弗兰克·德博士及消防署长林奇共同将这项游戏命名为“mitontte”（意为“小网子”）。

排球传入欧洲以后，逐渐成为一项竞赛性的球类运动。1947年国际排球联合会在法国巴黎成立，它传播排球运动并将其逐渐发展成为一项世界性的体育项目。排球逐渐走进了奥运会的赛场，并拥有了自己的世界锦标赛和世界杯赛。

排球运动集对抗性和趣味性于一身，并且具备很好的健身功能，随着不断的发展和革新，吸引了越来越多的体育爱好者，特别是深受青少年的推崇。

（二）精彩纷呈的排球赛事

世界性三大排球赛是指奥运会排球赛、世界排球锦标赛和世界杯排球赛，这三大比赛每隔4年举行一次。

1949年举行了第1届世界男子排球锦标赛，1952举行了第1届世界女子排球锦标赛。自2022年起世界排球锦标赛由男、女各32个队参加比赛，比赛每2年举办1次。上届比赛的前12名为种子队，其中东道国为第1种子，其他种子按名次顺序排列；非种子队按报名进行抽签编组。

1964年第18届奥运会上排球被正式列入奥运会竞赛项目，有10支男队和6支女队参加了比赛。发展至今，奥运会排球比赛的规模已由最初的10支男队和6支女队发展到男女各12支队伍。奥运会排球赛规定，能直接参加比赛的是：东道国队、上届奥运会冠军队、上届世界锦标赛冠军队和世界杯男子冠军队，其他队是按5大洲分区进行预选赛中获冠军的队。

排球的另一大赛事是世界杯排球赛。1965年举行了第1届世界杯男子排球赛，1973年又举行了第1届世界杯女子排球赛。

二、排球运动的健身价值

（一）排球运动与身体健康

经常参加排球运动，能促进人体各器官系统的正常发育，使身体得到匀称的发展；排球使人动作灵活、反应迅速，弹跳力增强。激烈的排球对抗能够提高运动中枢对肌肉、肢体的控制能力，在起跳、扣球、拦网等的过程中，人体能动员更多的运动单位参与到复杂的肢体的运动中，从而提升神经传导的速度和强度，使肌肉收缩的速度更快、更有力。长期从事排球运动能够增加肌肉的体积、重量、力量，使肌肉中的能量物质储备增加；骨密质增厚，骨小梁的排列更有利于受力，骨的强度加大；关节囊及周围的韧带组织增厚，不易出现运动伤害。此外，排球运动还能够提高身体的空间感觉能力。

（二）排球运动与心理健康

参加排球运动，可以增强人的自信心、责任感、荣誉感，培养坚忍、果断等个性。在比赛中队员要对每个球都有信心，不论是发球、垫球、扣球还是救球；不论是失误还是成功，要勇于承担责任；要有强烈的获胜欲望，有强烈的集体荣誉感；比分落后时也要有信心。因此，坚持排球运动能增强人的抗挫折能力，有利于更好地适应社会。此外，排球比赛还可以培养人坚强、果断、自制、独立等个性品格，增强自信心、责任感、荣誉感和集体主义精神，使人性格开朗、乐观，情绪振奋，增进自我了解，树立悦纳自我的态度。

（三）排球运动与社会适应

排球是强调团队精神和队员间协作的运动项目之一。排球使场上队员和场下教练和观众因共同目标联系在一起，在此期间每个人都占有一定的地位，扮演不同的角色。激烈的排球比赛可以增强人的集体主义精神，促进人与人之间的互相帮助、互相激励。排球比赛要求队员之间相互了解、彼此沟通，不能有隔阂，不能互相埋怨，这样才能够发挥全体成员的潜能，才能够实现默契的配合。在配合成功得分后，相互击掌、互相拥抱等肢体语言的鼓励和赞许，以及在失误后队友间通过语言进行的安慰，可以充分体现团队精神，也有利于建立良好的人际关系。所以说，排球运动可以改善人与人之间的交往，有助于建立良好的人际关系；使人应对困难和挫折具有良好的承受力，有利于学生更好地适应社会。

三、如何打好排球

（一）基本技术是开展排球运动的起点

1. 准备姿势

排球的准备姿势按身体重心的高低分为半蹲、稍蹲、低蹲三种，准备姿势在传球、垫球、拦网时运用最多。其中半蹲准备姿势是最基本的。

（1）半蹲准备姿势。半蹲准备姿势要求两脚左右开立与肩同宽，稍分前后或平行站立。脚尖朝前并稍内收。脚跟稍提起，身体重心放在脚掌上，膝关节保持一定的弯曲程度。上体保持前倾、重心前靠，这样有利于向前及斜方移动和接起较低的来球。两臂要放松，两肘自然弯曲并下垂，双手置于腹前。全身适当放松，处于灵活状态，并根据球场变化随时调整身体的位置、方向和重心。

（2）稍蹲准备姿势。身体重心比半蹲姿势稍高，两膝和两臂弯曲程度较小，双手比半蹲姿势靠近身体。

（3）低蹲准备姿势。两脚左右站立距离要更宽，身体重心更靠前，身体重量落在两脚前脚掌上，两膝弯曲程度较大。

2. 移动

移动的目的是及时接近球，保持好人与球的位置关系，以便于击球。

排球移动

（1）起动：起动的速度是移动的关键。做好准备姿势后，上体迅速移向移动方向，前脚向移动方向大步跨出，同时后脚用力蹬地。

（2）步法：排球运动中常用步法包括并步与滑步、交叉步。

① 并步与滑步：当球距身体一步左右时，采用并步移动。移动时，如向前移动，前脚向来方向跨出一步，后脚蹬地跟上做好击球的准备姿势。当来球稍远，并步不能接近球时，可用快速的连续并步。连续并步称为滑步。

② 交叉步：当来球在侧三米左右时，可采用交叉步移动，交叉步的特点是动作快、步子大、便于制动，主要用于二传、拦网和防守。采用向右侧交叉步时，上体稍向右转，左脚从右脚前面交叉迈出一步，然后脚向右跨出一大步，同时身体转向来球方向，保持击球前的姿势。

另外还有跑步、跨步、跨跳步等几种步法。

（二）发球是排球进攻的开始

排球发球

排球从原来的发球得分制改为每球得分制以后，发球受到更高的重视，它已经不单是比赛的开始，同时也成了重要的进攻手段。有威力、攻击性强的发球，不但可以直接得分，起着先发制人的作用，而且可以破坏对方组织进攻战术，减轻本方防守压力，为防守反击提供有利条件。此外，威力大的发球还能振奋精神，鼓舞士气，打乱对方的阵脚和部署。反之，发球失误过多，不但会使对方加分，还会给本方造成很大的心理压力和防守的困难局面。因此，发球首先要有稳定性，然后增加攻击性和准确性。 随着排球技术和战术的不断发展，发球技术也在不断地改进和提高。

1. 侧面下手发球（以右手为例）

（1）准备姿势：左肩对网，两脚左右开立，右脚稍前，与肩同宽。两膝微屈，上体稍前倾，重心落在两脚之间，左手持球于腹前，如图5-43①所示。

（2）抛球：左手将球平稳地抛向胸前一臂远，离手约半米高，如图5-43②所示。

（3）击球：在抛球同时，右肩引向侧后方。接着利用右脚蹬地向左转体的力量，带动右臂向前上方摆动，在腹前用全手掌击球的下方。击球后随势入场比赛，如图5-43③④所示。

2. 正面上手发球（以右手为例）

（1）准备姿势： 面对球网，右腿在后，左脚在前，自然开立，手臂弯曲，左手托球于身前。

图 5-43 侧面下手发球

（2）抛球：抬左臂同时手臂平托球上送，将球平稳地垂直抛向右肩上方，高度适中。

（3）挥臂击球：在左手抛球的同时，右臂抬起，屈肘后引，肘与肩平，上体稍转向右侧，这时要抬头、挺胸、展腹，身体重心移至左脚。利用蹬地、收腹，并以腰带肩，以肩带臂，以臂带腕，在右肩上方伸直手臂的最高点，用全掌击球的下中部。击球时手掌要自然张开与球吻合，为了更好地控制球，手腕要迅速、主动地做推压动作，使击出的球呈上旋飞行。击球后随重心前移，迅速入场，如图 5-44 所示。

图 5-44 正面上手发球

3. 正面上手发飘球

（1）准备姿势：同正面上手发球。

（2）抛球：同正面上手发球，但抛球高度稍低，稍靠前。

（3）挥臂击球：与正面上手发球基本相同，但击球前手腕挥动轨迹不呈弧形，而是自后向前做直线运动。击球时用掌根平面击球体中下部。发力要短促、集中，并通过或接近通过球体重心。击球瞬间，手腕、手指要紧张，手型固定，不加推压动作，而做突破、下拖或回抽动作，以缩短对球用力时间，使球既有速度又不旋转。

另外，发球技术还包括：勾手大力发球，勾手飘球，跳起正面大力发球等技术。

（三）传球是组织进攻的保障

传球是排球的基本技术之一，用于衔接防守与进攻。由于利用全身协调力量并通过手指手腕的动作来传球，容易掌握击球的方向落点。传球有正面双手传球、背传、侧传、跳传和单手传球。其中，正面双手传球运用最广泛，也是最基本的方法。

1. 正面双手传球技术

传球前必须及时移动到适当位置，保持好人与球的合适位置。

（1）准备姿势：采用稍蹲，身体站稳，上体适当挺起抬头看球，双肘弯曲，自然抬起，两手置于脸前。

（2）手形：当手触球时，两手应自然张开呈半球形，使手指与球吻合，手腕稍后仰，以拇指、食指和中指托住球的后下部，手指手腕保持适当紧张，两手的拇指、食指组合呈“△”形，以承担来球的主要力量。传球时用拇指的内侧、食指的全部、中指的二、三指节触球，无名指和小指在球的两侧辅助控制球的方向，两肘适当分开，以保证手形正确。

（3）迎球：当来球接近额前时，开始蹬地、伸膝、伸臂，两手微张，从脸前向前上方迎球。

（4）击球：击球点保持在额前上方约一球距离处，击球部位一般在球的后下方。在手触球之前，肘关节应保持弯曲，以便击球肘伸臂用力。

（5）用力：传球的力量主要是靠伸臂的力量，加上蹬地的力量，通过球压在手上使手指手腕所产生的反弹力将球传出。传球时要根据来球力量的大小和传出球的远近，适当地控制伸臂的速度和指腕的紧张程度，并有意识地运用手指手腕动作来缓冲来球的压力，达到控制球的目的，如图5-45所示。

图5-45 正面双手传球

2. 向后传球（背传）

迎球时抬上臂，身体重心落在两脚之间，上体后仰，掌心向下，击球点应保持在额上方。背传用力靠蹬腿、展腹、抬臂、伸肘，通过指腕弹力把球向后上方传出。其中指用力更多些，以利于向后上方传出。手腕也要始终保持后仰，不得用主动屈指、屈腕的动作传球。

3. 侧面传球

传球时击球点应稍偏向传出一侧。侧传的用力，双臂要向传出方向一侧伸展，传球方向的异侧手臂要更大幅度地伸展和更用力，同时伴随上体向传出方向侧屈。侧传一般在二传队员来不及取位正对传球方向时采用。

4. 跳传

当队员跳起在空中作正、背、侧传球时，迎球动作和手形不变，但击球点稍低。主要用力靠加速伸臂，臂要充分伸直，当身体上升到最高点时恰好触球。这样可借助身体上升的力量来加大传球的力量。跳传的起跳动作要浅蹲快跳。它能加快进攻的节奏；便于处理近网高球；能结合扣球或吊球和转移进攻，丰富战术内容。

5. 调整传球

在比赛中当一传的球远离球网，不到位时，队员充分利用蹬地、展体、伸臂和手指手腕协调用力，将球调整成为便于进攻队员扣球的近网球。传球路线与网形成的夹角要尽量小一些，其传球动作同正面传球。

（四）垫球是组织进攻的基础

垫球是用手臂从球的下部，利用来球的反弹力向上击球的技术动作。它在比赛中运用于接发球、接扣球和接拦回球，有时也用来处理球，是排球基本技术之一。

1. 正面双手垫球

图 5-46 正面双手垫球

（1）准备姿势：正对来球成半蹲准备姿势。

（2）击球：两臂夹紧、前伸，插到球下。用前臂腕关节以上 10 cm 左右，桡骨的内侧平面迎击来球，击球点保持在腹前，如图 5-46 所示。

（3）垫击：对于力量、速度一般的来球，击球主要靠手臂上抬的力量；同时配合蹬地、伸臂、伸膝、伸髋、提肩的动作，使身体重心向前上方移动。击球前整个手臂适当放松，便于灵活地控制垫球的力量和方向。

对力量大、速度快的来球，采用半蹲和低蹲姿势，收腹、含胸，帮助手臂随球屈肘后撤，做到适当放松，以便缓冲来球力量。一般来说，垫球力量的大小与来球力量成反比，与垫出的距离远近弧度高低成正比。

2. 跨步垫球

当来球离身体一步左右，同时速度快部位低时，队员应对准球的落点，迅速向前侧跨出一步，屈膝制动，重心落在跨出腿上，上体前倾，臂部下降，两臂伸插球下，用前臂垫球的后下部，如图 5-47①所示。

3. 背向垫球

为了垫击飞得较远的球，迅速移至球的落点上，背对击球方向，两臂夹紧伸直，抬头挺胸，展腹后仰，直臂向后上方摆动抬送，在高于肩处击球，将球垫出，如图 5-47②所示。

4. 单手垫球

在比赛中，有时来不及用双手垫球，也可用前臂内侧，掌根或虎口处垫击球的后下部。单手垫球可起到扩大防守、保护的作用。

①　　②

图 5-47　跨步垫球和背向垫球

5. 其他垫球

为了接起较远较低的来球，常见的还有滚动垫球、鱼跃垫球。

（五）扣球是重要的得分手段

扣球是比赛中得分的主要手段。

1. 正面扣球技术动作（以右手为例）

（1）准备姿势：扣球助跑前采用稍蹲姿势，两臂自然下垂，站立在距球网三米左右处，观察来球的方向及弧度，做好向各个方向助跑起跳的准备。

（2）助跑：助跑的目的是接近球，选择起跳点和增加弹跳高度。一般常采用两步跑。助跑时，身体重心先前倾，随之左脚向前迈出一步，右脚迅速蹬地向前跨出一大步，并用脚跟过渡到全脚掌着地，左脚及时并上，踏在右脚之前，两脚与肩同宽，身体重心随之下降，两膝弯曲，当右脚脚跟着地时，手臂在后面处于最高位置，准备起跳时的摆动。由于二传队员所传的各种球落点不同，所以扣球队员必须选择不同的助跑路线。但不论助跑线怎样，助跑的第一步要小些，使身体获得加速度，第二步要大些，便于起跳时制动，增加弹跳力。

（3）起跳：起跳的目的不仅是获得高度，还包括掌握扣球时机和选择适当的击球位置。助跑最后一步当左脚落地的同时，后引的两臂应经体侧由下向前摆动。随着双腿蹬地伸膝的同时，两臂要有力地屈肘上摆，帮助身体重心向上升起。

（4）空中击球：起跳后要挺胸展腹，上体稍向右转，右臂向后上方抬起，身体呈反弓形。挥臂时应迅速转体并收腹，依次带动肩、肘、腕各部关节成鞭甩动作向前上方挥动。击球的后中部，并主动用力屈腕、指向前甩腕，使击出的球产生强烈的前旋。

击球点应保持在起跳后手臂伸直点的前面。近网扣球时击球点应略靠前，远网扣球击球点应保持在右肩上方，扣直线击球点应靠左，扣斜线击球点应靠右，如图 5-48 所示。

图 5-48　正面扣球

（5）落地：落地时，以前脚掌先着地再过渡到全脚掌着地，并迅速屈膝收腹以缓冲下落力量及迅速做好下一个动作的准备。

2. 单脚起跳扣球

可运用一步、两步或多步助跑，助跑路线与网的夹角要小，也可以顺网助跑。在助跑之后，左脚跨出一大步，身体重心后倾，在右腿迅速向前上方摆动时，左腿迅速蹬地起跳。两臂配合上摆动作帮助起跳。起跳后的扣球动作与双脚起跳正面扣球动作相同。

3. 扣快球

扣快球可分为以下几种。

（1）扣近体快球：在二传队员体前或体侧约50 cm处扣球的快球，统称为近体快球。扣球时，队员利用快速挥臂，将刚刚传到网口的球立即扣过网去。这种快球与二传距离近，因而速度、节奏快，有掩护作用。

（2）扣半快球：在二传队员附近起跳，扣超出网口两个半球高度的球叫半快球。

（3）快抹球：这是在扣各种近网快球时，为了加速节奏，利用手指手腕动作把球抹过网去的一种击球方法。

（六）拦网是阻止对方进攻的第一屏障

拦网是指在球网附近，高于球网上沿，阻挡对方击过来的球，是排球基本技术之一。拦网不仅可以减轻后排防守的压力，而且可以直接得分。比赛中可以单人拦网也可以由二三人组成集体拦网。

拦网前的准备姿势要求队员面对球网，两脚平行开立与肩同宽，距球网30～40 cm。两膝稍屈，两臂置于体侧，自然屈肘。采用与网平行的移动，常用的移动步法有并步、滑步、交叉步、跑步。原地起跳时，重心降低，两膝弯曲用力蹬地，同时两臂在体侧屈肘作划弧摆动，使身体垂直起跳。起跳的时机应根据对方的扣球变化而有所不同，一般应比扣球队员起跳晚半拍，但拦快球时应与扣球者同时起跳。

起跳拦网时，两臂贴耳伸直，两肩上提，两手距离不能超过球的直径，尽力接近球的上空。拦网时手指自然张开，手腕略后仰，手指微屈，分开呈勺形，以便包住球。当手触球时，两肩上送，两手突然紧张，手腕用力下压，盖住球的前上方，将球拦在对方场内。拦远网球时，可以不做压腕动作，尽量向上伸直手臂、手腕，以提高拦网点。如果拦网高度低，可用后仰手腕的办法，争取把球挡起。拦网后要正面对网屈膝，缓冲落地，若未拦到或拦起球在本方，则应在身体下落时向落球方向转体，便于后撤接应或反攻。

四、欣赏排球比赛

（一）如何开展排球比赛

1. 场地

排球场地为长方形的平面，长18 m，宽9 m，四周应画有5 cm的界线，线的宽度计算在球场面积之内。国际比赛时球网的高度，男子为2.43 m，女子为2.24 m。网高从网的中间丈量。一般基层或青少年比赛的网高，可根据具体情况自行确定，男子一般为2.24～2.30 m，女子网高为2～2.10 m，如图5-49所示。

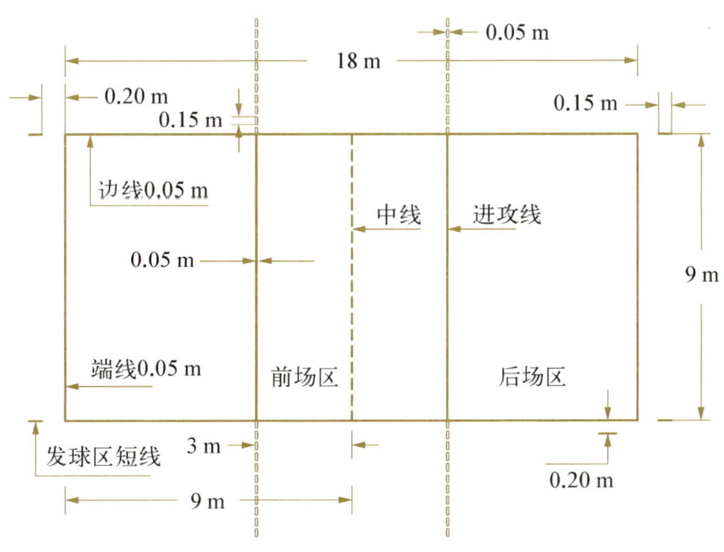

图 5-49 排球运动的比赛场地

2. 竞赛方法

排球比赛每方上场6人，其中一人为队长，另外6人为候补队员。比赛采取5局3胜制，前4局每局比分先到达25分且领先2分以上为胜利，若比数为24 ： 24，则必须领先对队2分为止（例：26 ： 24；27 ： 25）；决胜局（第五局）的比赛，先获15分并领先对队2分为胜。

《看一看》

排球比赛的场上轮换和换人

排球比赛中每方的6名球员按顺时针方向轮流发球。每次本队获得发球权后由发球球员在本方半场的右后角将球发入对方半场。该发球队员将继续发球直至本队失去发球权。

根据比赛情况，教练员在比赛期间向裁判申请换人。包括替换自由人在内，教练在每局的比赛中共有6次的机会替换队员。替补队员可以换下某一名先发队员或再被相同的队员替下。

（二）排球比赛常见规则

1. 持球

当球在队员身体任何部位停留时间较长时，则球为“持球”。判断持球的依据主要是停留时间，击球声音可作为参考。持球尺度的掌握，要根据比赛的情况，严要严得合理，宽要宽得不违背规则精神。球在手上停留时间的长短和出手是否过慢来决定是否判罚持球。对于积极、主动、快速多变的技术、战术以及勇猛顽强的救球动作，应放宽尺度表示鼓励；相反，对于华而不实、消极被动、不合理的技术则应严格要求。

2. 连击

以身体一个或几个部位明显地连续击球一次以上时，应判为连击，反之，在同一时间内接触身体不同部位，只要清晰地将球击出，可不判断为连击。除利用手指动作进行的上手传球之外，在接对方来球及拦网后第一次击球时，允许连续触球。垫球时两臂一高一低，或挡球时两手一前一后，一上一下；球触手面积较大，形成明显滚动造成“倒轮”则连击可能性也比较大。此外，拦网队员触球后，可连续做第二次击球，不判为连击。集体拦网时，不论球触及二或三人的手，即使并不是同时触球，均算为一次击球。

3. 触网犯规

比赛进行中，队员身体任何部分触及球网（包括标志带以外的球网及多绳），则判为触网犯规。下列情况均不属于触网犯规：比赛成死球后触网；一方队员用力击球入网，而造成另一方队员的触网；室外比赛，因风太大把球网吹成弧形，接触逆风一边队员的身体而并非主动触网等。

（三）排球比赛看什么

1. 看球员的动作之美

从1895年正式诞生至今，排球由最初的纯白色逐渐过渡到了活泼的蓝、黄、白三色。近年来，足球世界杯、欧洲四大联赛和美国NBA职业联盟的逐渐火爆冲击了排球在世界范围内的影响力，但由于排球规则的改变、世界排球竞技水平尤其是女子排球水平的提高、沙滩排球的兴起等原因，排球仍然拥有庞大且稳定的球迷群体，且因其运动强度适中、简便易行等特点，在全球范围内仍然具有广泛的群众运动基础。

比起足球、篮球的激烈对抗和激情四溅，排球相对要宁静、柔和许多，这份宁静和柔和也激活了体育运动中不同于足球、篮球的另一种魅力。由于隔网对抗，队员更能表现出个人的技术动作和特点，巧妙地传球、舒展地扣球、精准地拦网、顽强地救球等，都深深地打动着场外的观众。

2. 看球员的技术特点

体育比赛中，技术是完成战术配合的基础，而战术的不断演变和发展又对技术提出了更高的要求。为最大限度地发挥运动员个人和运动队群体的体能和技能，取得优异的运动成绩，体育比赛表现了高度的技艺性。观众产生出浓厚的兴趣，主要是对运动员和运动队高超技术和战术的欣赏。

排球比赛中除了常见的基本技术，快球技术发展很快。比较常见的有近体快球、短平快球、远网快球等。在欣赏排球比赛时，不仅要注意运动员完成技术动作的情况，更应当欣赏运动员是如何利用自身的有利条件形成独特的技术特点的。

3. 看球队的战术和组织

体育比赛中的战术，是指比赛双方根据赛场情况变化，正确分配体能和采取合理行动，充分发挥自己的优势，限制对方的特长，以此达到取得比赛胜利的竞赛策略。它由战术思想、战术意识和战术行动构成，不同的体育比赛项目具有不同的战术特点。现代排球战术在不断变化、发展，过去的高快结合逐渐变成高快活（灵活多变）。高快不仅指高打强攻及快攻结合，而且指发展高度和高点快攻的结合。因此，现代排球比赛的控制权是非常重要的。排球比赛的主要战术有“中一二”：一传给3号位队员作二传，2、4号位进攻。“边一二”：一传给2号位队员作二传，3、4号位进攻。这是最基本的战术形式。“两次球”：当一传垫到网边扣球点的位置时，前排队员随即扣球。“两次球”战术运用传转扣、扣转传，真真假假、虚虚实实，使对方拦网捉摸不透，防不胜防，能起到突然袭击的作用。“后排插上”：对方发球后，后排一个二传队员迅速插上到前排作二传，使2、3、4号位的队员不担负二传的任务，这样可以保证前排有三点进攻。此外还有拦网和防守战术。战术的内容和质量是很重要的，有时，简单的战术形式可以打出高质量、多变的球来。

《看一看》

有人觉得我在球场上耗费了青春，没有专业，一身伤病，很可惜，但我觉得值得。

——郎平

思考题

1. 足球运动有哪些锻炼价值?
2. 足球运动中常见的战术有哪些? 在运用这些战术时要注意什么?
3. 篮球运动有哪些锻炼价值?
4. 篮球运动中常见的战术有哪些? 在运用这些战术时要注意什么?
5. 排球运动有哪些锻炼价值?
6. 排球运动中常见的战术有哪些? 在运用这些战术时要注意什么?

第六章 CHAPTER 6

小球类运动

导言

小球类运动作为一类以小球为核心器材的体育项目，涵盖乒乓球、羽毛球、网球、台球、高尔夫球等众多门类，虽然具体项目差异较大，但整体呈现出一系列鲜明且共通的特点。小球运动因其器材小巧、场地灵活、竞技性与娱乐性并存，深受大众的喜爱。

学习目标

- 熟练掌握至少两种小球运动的基础技术动作。
- 学会运用科学的训练方法提升小球运动技能。
- 树立公平竞争、尊重对手、尊重裁判的体育道德观念。

乒乓球运动

一、走进奇妙的乒乓王国

（一）源于网球的一项全新运动

乒乓球运动于19世纪后期创始于英国，是从网球中演变而来的一项具有独特魅力的运动项目。关于它的起源有许多版本，其中最流行的一种说法是：19世纪末，两个年轻人在争论网球技术时，不经意间用雪茄烟盒将酒瓶上的软木塞在餐桌上打来打去，这一举动吸引了不少顾客，大家都觉得很有意思，后经媒体报道，这一“桌上网球”游戏流行开来。还有一种较为流行的说法则是：1890年，几位驻守印度的英国海军军官偶然发觉在一张不大的台子上玩网球颇为刺激。后来他们改用空心的小皮球代替弹性不大的实心球，并用木板代替了网拍，在桌子上进行这种新颖的“网球赛”。无论从哪个版本来看，乒乓球运动都与网球运动有着不解之缘，在比赛场地、比赛道具等方面都有很大的相似性，可谓“浓缩到桌面上的网球运动”，因此，人们也将乒乓球运动命名为“Table Tennis”。

《看一看》

“乒乓球”名称的由来

1890年，有位名叫詹姆斯·吉布的越野跑选手，将塑料制成的空心玩具球稍加改进，并用羊皮纸制成的球拍击打玩具球用来娱乐。由于击打时，球拍会发出“乒乒乓乓”的声音，中国人将这项运动音译为“乒乓球”。

（二）传遍世界的乒乓球运动

1. 乒乓球运动传入亚洲

1902年，在英国游学的日本东京高等师范学校教授坪井玄道将乒乓球运动带入了日本。1904年，上海一家文具店经理王道午去日本采购物品时，看到了乒乓球表演并买了10套器材带回上海。为招揽顾客，王道午就在店中亲自进行乒乓球表演，吸引了很多人的兴趣。时间一长，乒乓球运动在上海学生中兴起，随之流行于广州、北京、天津等大城市。从此，乒乓球运动与中国结下了不解的缘分。

2. 国际乒联的诞生

国际乒乓球联合会（ITTF），简称国际乒联，1926年成立于柏林，总部设在瑞士洛桑。国际乒联是由各个国家和地区的乒乓球协会组成的联合体，截至2019年，国际乒联的成员协会已经达到226个，成为世界第五大体育组织。中国于1952年3月正式加入国际乒联，中国的徐寅生曾任国际乒联第五任主席。2020年刘国梁出任WTT世界乒乓球职业大联盟理事会主席。

3. 世界乒乓球锦标赛

世界乒乓球锦标赛，简称“世乒赛”，是由国际乒联最早主办的、影响最大和水平最高的乒乓球国际赛事。它与世界杯乒乓球赛、奥运会乒乓球赛并称为乒乓球运动的三大赛事。世乒赛正式比赛项目共有7个：男团、女团、男单、女单、男双、女双和混双。从1926年第1届伦敦世乒赛到2024年釜山世乒赛，共举办了57届。截至第57届团体世乒赛结束，中国队共获男子团体冠军23个，男子单打冠军22个，男子双打冠军20个，女子团体冠军23个，女子单打冠军25个，女子双打冠军24.5个（其中0.5个是和朝鲜选手合作），混合双打冠军21.5个（其中0.5个是和韩国选手合作）。

4. 世界杯乒乓球赛

为进一步推动乒乓球运动在世界范围内的开展，国际乒联决定从1980年起每年举办一届世界杯男子单打比赛，并于同年8月在中国香港举办了第1届世界杯乒乓球赛。1990年又增设了世界杯团体赛和双打比赛。1996年9月又在中国香港举办了首届世界杯女子单打比赛。参赛者均是世界优秀选手和各大洲单打冠军。世界杯赛由于参赛人数少，比赛时间短，竞技水平高，很受观众欢迎。

5. 奥运会乒乓球赛

奥运会乒乓球赛是全球顶级乒乓球赛事，承载着无数运动员的荣耀与梦想。自1988年汉城奥运会乒乓球被列为正式比赛项目以来，其影响力不断扩大。比赛设置涵盖男单、女单、男双、女双、混双、男团、女团等项目，吸引着世界各国顶尖选手同台竞技。从汉城奥运会到巴黎奥运会的10届奥运会中，中国队共获得乒乓球项目42枚金牌中的37枚金牌，占据绝对优势。

6. 国际乒联乒乓球职业巡回赛

为了适应市场化和职业化的需要，1996年国际乒联推出了乒乓球职业巡回赛。该赛事每年度比赛场次10～15站，分布在各大洲，是国际乒联组织下的一项具有世界影响的国际大型单项体育赛事。一般设立男子单打、女子单打、男子双打、女子双打四个项目。每年年终针对该赛季各站巡回赛积分排名靠前的运动员举行年终赛事国际乒联巡回赛总决赛，截至2023年国际乒联巡回总决赛结束，获得男子单打冠军次数最多的选手是马龙，共6次。获得女子单打冠军次数最多的选手是张怡宁、陈梦，共4次。

《 看一看 》

乒乓球大满贯

如果运动员能获世界杯、世界锦标赛、奥运会三项赛事的冠军就会被称为单打“大满贯”。目前能获得此称号的有邓亚萍、刘国梁、王楠、张怡宁、李晓霞、丁宁、马龙、樊振东等。

（三）小球推着大球转

乒乓球在中国被亲切地称为“国球”，不仅仅是因为它为中国的体育事业取得了无数的荣誉，更因为它与中国文化深度契合。乒乓球在中国有着深厚的群众基础，从城市到农村，从学校到工厂，从机关到医院，无处不见乒乓球的身影。

我国乒乓球教练员们在实践中总结出的“借力打力、人重我轻、人轻我重、人快我转、人转我快”等经验，充分体现了中华民族的智慧，把中国人的特长发挥到了极致。除此之外，乒乓球还对我国的外交事业起到了重要作用。1971年中国邀请美国乒乓球队访华，开启了中美两国关闭了22年之久的外交大门。“乒乓外交”实现了中美外交的破冰之旅，为促进中美两国的友谊和世界的和平发展作出了重大贡献。这一“小球推动了大球”的历史故事至今为人们津津乐道。

二、小小银球的独特魅力

（一）乒乓球的健身魅力

乒乓球运动是一项以有氧运动为主，运动强度可大可小，适合不同年龄、不同性别的练习者锻炼的运动项目。乒乓球运动的活动范围较小，避免了过大的运动负荷。同时，连续挥拍和持续的快速移动，满足了锻炼心肺功能的活动量要求。

另外，打乒乓球时需要双眼紧盯住来球，使眼球随着乒乓球不断地转动，促进了眼球周围肌肉的收缩和血液循环。对于经常用眼的学生、办公室职员、科研人员来说，打乒乓球是缓解眼睛疲劳、避免近视眼形成的有效手段。

《看一看》

乒乓对神经—肌肉系统的影响

乒乓球运动需要对球的飞行路线、落点、旋转、球速等作出准确的判断。经常打乒乓球会不断刺激人体的视觉与听觉反射弧，使神经反射弧中的感受器对物体的敏感性增强，从而提高练习者的灵敏性和反应速度。同时，打乒乓球时参与者要不断改变身体的重心和姿势，并在快速移动中做出各种击球动作，这极大地锻炼了不同肌肉间相互配合完成动作的协调能力，从而提高了人体的协调性。

（二）乒乓球的健心魅力

经常参加乒乓球运动，可以在锻炼中不断得到心理满足，在与他人的交流中忘却烦恼，缓解压力。在全身心地投入后会产生积极的快乐情绪，这种快乐情绪又会促进乒乓球技术的提高，从而增强锻炼效果。这种良性循环会不断增强练习者的自信心，进而保持良好的情感体验和精神状态，更好地完成学习和工作。

参加乒乓球运动，练习者经常会碰到比自己水平高的对手，也经常会在比赛中处于落后的境地。这就需要练习者具有坚强的意志品质，能够在困境中顶住压力、跨越障碍、超越自我。经常打乒乓球可以培养练习者坚强的意志和百折不挠的品质，并反过来作用于工作和学习，从而更好地克服各种困难。同时，在打球的过程中我们经常要观察对手的技术特点，从而找到克敌制胜的方法，这一发现问题、分析问题、解决问题的过程可以有效锻炼参与者的创新能力和分析问题的能力，从而更好地解决学习、工作和生活中的各种困难。

（三）乒乓球的社交魅力

乒乓球练习需要两个人甚至更多的人在一起才能开展，而且在动作的学习过程中需要老师的讲解、示范和指导。这时，无论是技术动作的纠正，还是练习中的相互配合，都需要双方的沟通。特别是在进行双打比赛时，只有和队友之间贯彻统一的战术思想，配合默契，步调一致，才能战胜对手。在乒乓球运动中，沟通无处不在，这种沟通不仅具有直观性、及时性和准确性，还体现出主动性和信息交流的充分性。因此，经常打乒乓球可以有效地提高与他人的沟通能力。

另外，乒乓球运动群众基础广泛、参与者众多，只要喜欢上了这一项运动，就会接触到不同职业、不同年龄、不同性别的人，通过乒乓球运动，实现“以球会友”的目的。在打球的过程中，人与人之间会建立起更为自然、简单、纯洁的关系。久而久之，在乒乓球锻炼中交朋友，和好友一起打球，使工作和生活变得更加丰富多彩。

三、你来我往打乒乓

（一）起步——乒乓球的基本技术

1. 握拍

目前，在乒乓球比赛中常见的握拍方法有两种，一种是直拍握法，另一种是横拍握法。这两种握拍方法各自都存在着不同的优点和缺点，乒乓球初学者可根据自己的习惯和爱好选择适合自己的握拍方法。

乒乓球
握拍方法

（1）直拍握法：拇指、食指自然弯曲，虎口钳住拍柄，其余三指自然弯曲，以中指第一和第二指节顶住球拍背面，如图6-1所示。

直拍握法的特点是灵活、出手快。正手攻球快速有力，由打直线变为打斜线时，拍面变化小，对手不易察觉。但是反手攻击性稍弱。

（2）横拍握法：虎口贴于拍肩，中指、无名指和小拇指自然弯曲握于拍柄，拇指在球拍正面，食指自然伸直贴于球拍反面，如图6-2所示。

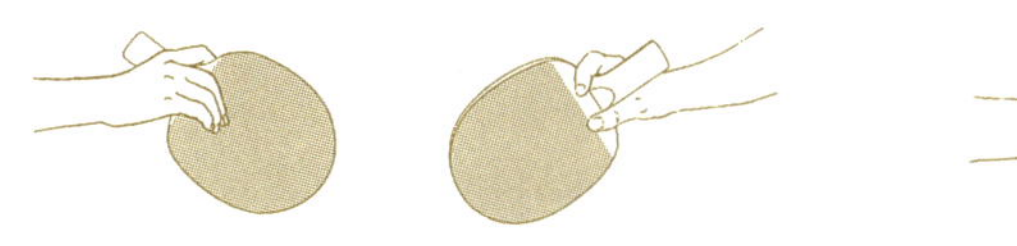
图6-1　直拍握法

图6-2　横拍握法

其特点是攻防之间握拍手法变化不大，正反手攻球时发力较好，攻守比较均衡，对攻时略强于直拍握法。但动作隐蔽性差，容易被对方识破。

2. 步法

乒乓球运动动作频率快，要想在快速的攻防变化之间高质量地完成动作，找到对方漏洞，寻找得分机会，就一定要有快速的移动、灵活的步法作为保障。经常用到的移动步法有单步和并步。

（1）单步移动：当来球离身体较近时，以一只脚为轴，另一只脚向各个方向移动，移动步幅可大可小，但要做到脚落地、移重心、引拍击球同步进行，如图6–3所示。

（2）并步移动：当来球离身体太近，无法完成侧身攻球时，离球近的一只脚先向另一只脚并一小步，离球远的一只脚再迈出一步，让出攻球的空间。当球离身体太远，在原地无法够到球时，离球远的一只脚先向另一只脚并一小步，离球近的一只脚再迈出一步，击打来球，如图6–4所示。

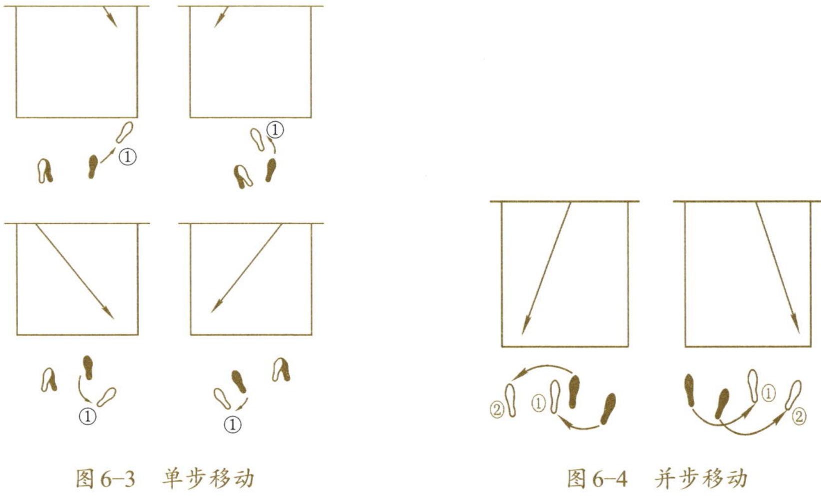

图6–3 单步移动　　图6–4 并步移动

（二）进阶——乒乓球的常用技术

乒乓球发球技术

1. 发球技术

发球是乒乓球比赛中最为简单、有效的得分手段，高质量地发球能造成对方回球失误，或者回球质量不高，从而限制对方技战术的发挥，起到先发制人的效果。这里介绍两种最常用的发球技术。

（1）正手发平击球：以右手持拍为例，发球时两脚开立，左脚稍前，左手向上抛球时，右手向右后方向引拍，当球下落至腰间左右的位置时，以腰带动手臂向前挥拍，拍面稍前倾，击球的中上部，如图6–5所示。

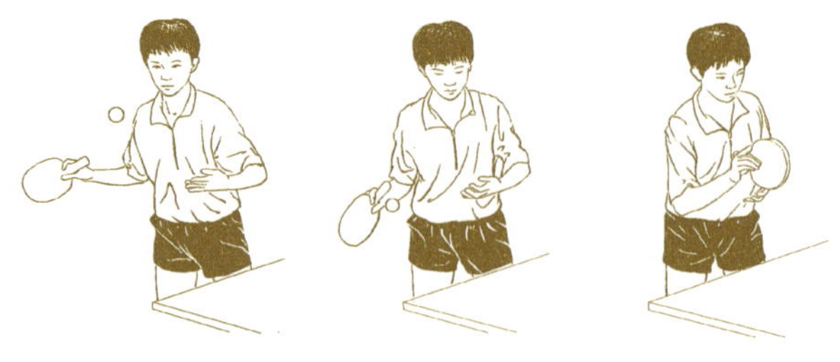

图6–5 正手发平击球

（2）正手发下旋球：当抛出的球下落至球网左右位置时，持拍手拍面上仰，前臂迅速向下切削球的中下部，触球瞬间用力摩擦，使球向下旋转，如图6–6所示。

图6–6　正手发下旋球

2. 推挡技术

推挡技术是乒乓球比赛中最常用也是最基础的一项技术，在接发球、多拍相持以及防守过程中经常用到。特别是对于乒乓球初学者来说，推挡技术掌握起来比较容易，学会该技术后可以尝试着两人对练。这里介绍两种最常用的推挡技术。

（1）挡球：以直拍握法为例，击球前手臂外旋，拍面稍前倾，击来球的中上部，将球挡出。挡出时，手臂前伸，触球瞬间手腕外展，如图6–7所示。

图6–7　挡球技术

图6–8　快推技术

（2）快推球：以直拍握法为例，击球前，上臂带动前臂迅速前迎，击球瞬间前臂用力前推，同时手腕外展，触球中部偏上，食指稍压拍面，如图6–8所示。

小技巧

推挡技术注意事项

1. 乒乓球推、攻都要有线路变化、落点变化和节奏变化。

2. 推挡一般以压对方反手为主，然后突然变正手，以创造进攻机会。如果对方正手较差，才可以推对方正手为主。

3. 在推挡中突然加力推对方中路，然后用正手或侧身扣杀。

4. 遇到机会球时要果断扣杀，这是推攻战术得分的主要手段。

5. 推攻战术要坚持近台，又不能死守近台，要学会近台和中台的位置转换，打乱对手节奏。

3. 攻球技术

乒乓球
攻球技术

攻球是乒乓球比赛中最为主要的得分手段。掌握了攻球技术，就可以尝试着在比赛中将推挡技术与攻球技术结合使用，使技术变化更为多样，得分手段更为丰富。总的来说攻球技术可以分为正手攻球技术和反手攻球技术两类。

（1）正手攻球技术：以右手直拍握法为例，击球前，右脚稍后撤，身体稍右转，右手向后引拍，拍面稍前倾，手腕保持水平。击球时，右脚蹬地，身体左转，带动手臂发力，向前上方挥拍击球的中上部，触球瞬间有一个摩擦动作，如图6–9所示。

图6–9　正手攻球技术

（2）反手攻球技术：以右手直拍握法为例，击球前，右脚稍前，左脚稍后，身体稍左转，前臂引拍至身体左侧。击球时，用腰髋的转动带动前臂向右前方发力，大臂贴近躯干，肘关节内收，手腕压住球拍略带摩擦，在球的高点期击球的中上部，如图6–10所示。

图6–10　反手攻球技术

（三）提高——乒乓球的高级技术

1. 弧圈球技术

弧圈球是以攻击技术为基础的，带有很强上旋能力的进攻技术。主要包括正手高吊弧圈球、正手前冲弧圈球和反手弧圈球等，如图6–11，图6–12所示。与攻球技术相比，这种技术在预摆和挥拍时动作幅度更大，爆发力更强。在击球时向前的力较小而摩擦力较大，使球产生强烈的旋转。从而在球接触球台后快速下落，造成对手回球出界或回球弧线高，为扣杀创造机会。

图6-11 正手弧圈球

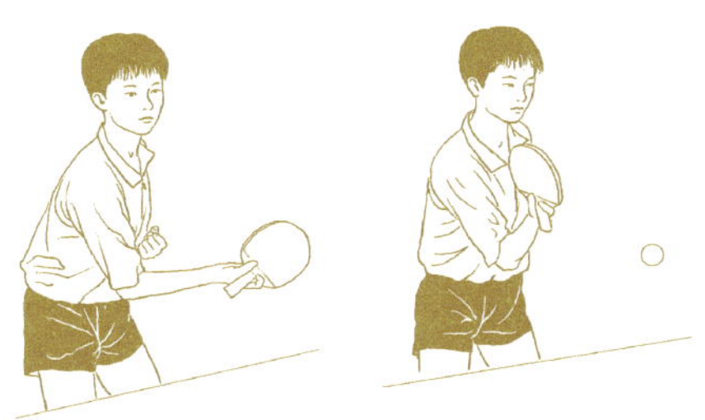

图6-12 反手弧圈球

2. 搓球技术

搓球是在近台和内台回击下旋球的基本技术之一。可以分为正手搓球、反手搓球、快搓球、慢搓球等，分别如图6-13，图6-14所示。在搓球时，拍面稍后仰，手臂要迅速前伸迎球，向前下方切动，给来球中下部以强烈的摩擦，使球快速旋转，从而起到牵制对方的作用，不让对手轻易发起进攻。运用搓球技术时，速度上要快慢结合，旋转上要强弱结合，落点上要深浅结合，只有使搓球富于变化才能争取主动，伺机进攻。

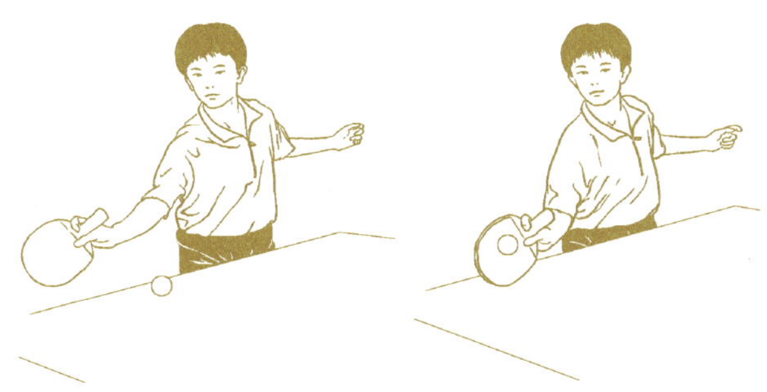

图6-13 正手搓球

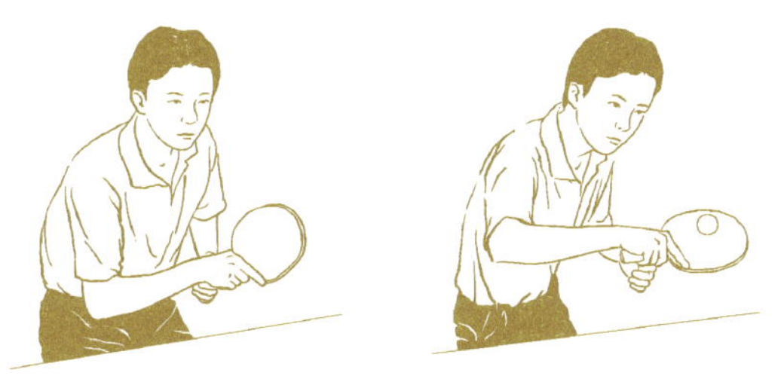

图6-14 反手搓球

《看一看》

球拍材料对乒乓球技术的影响

1. 正胶海绵拍。正胶就是胶皮颗粒向上、高度与直径相等的胶皮。它弹性好，击球稳且速度快，略带下沉的感觉，适合近台快攻型的球员使用。

2. 生胶海绵拍。生胶就是颗粒向上、直径大于高度的胶皮。特点是击球有下沉，搓球旋转弱，适合近中台选手使用。

3. 反胶海绵拍。反胶就是粘贴时粗面向下、光面向上，黏性较大的一种胶皮，打球时旋转力特强，所以适合打法以旋转为主的球员使用。当然，反胶容易制造旋转，也容易“吃转儿”，掌握上有一定的难度。

4. 长胶海绵拍。一般来说，高度超过1.5 mm的胶皮称为长胶。这种胶皮的胶粒很软，颗粒细长，支撑力小。主动制造旋转的能力很差，主要依靠来球的强旋转或冲力大来增加回球的旋转度。由于长胶的性能特殊，不利于少儿掌握，而且会干扰球感，因此国家已经禁止少儿比赛使用长胶。初学者和技术水平不高的爱好者同样不适合用长胶。

四、欣赏乒乓球比赛

（一）熟悉比赛规则让你更好地欣赏比赛

1. 球台与用球

（1）球台的上层表面叫作比赛台面，应为与水平面平行的长方形，长2.74 m，宽1.525 m，台面距地面高76 cm。球网的顶端距离比赛台面15.25 cm。

（2）球应为圆球体，直径为40 mm，质量为2.67～2.77 g，呈白色、黄色或橙色，且无光泽。

2. 合法发球

（1）发球时，球应放在不执拍手的手掌上，手掌张开和伸平，保持球是静止的。

（2）球员须用手把球几乎垂直地向上抛起，不得使球旋转，并使球在离开不执拍手的手掌之后上升不少于16 cm，球下降到被击出前不能碰到任何物体。

（3）当球从抛起的最高点下降时，发球员方可击球，使球首先触及本方台区，然后越过或绕过球网装置，触及接发球员的台区。在双打中，球首先触及发球员的右半区，然后直接越过或绕过球网，触及接发球员的右半区。

3. 合法还击

对方发球或还击后，本方运动员必须击球，使球直接越过或绕过球网装置，或触及球网装置后，再触及对方台区。

4. 比赛次序

（1）在单打中，首先由发球员合法发球，再由接发球员合法还击，然后两者交替合法还击。

（2）在双打中，首先由发球员合法发球，再由接发球员合法还击，然后由发球员的同伴合法还击，再由接发球员的同伴合法还击，此后，运动员按此次序轮流合法还击。

5. 重发球

乒乓球比赛中常见的重发球情况有如下几种。

（1）发球员发出的球，在越过或绕过球网装置时，触及球网装置，此后成为合法发球或被接发球员或其同伴阻挡。

（2）接发球员或同伴未准备好时，球已发出，而且接发球员或其同伴均没有企图击球。

（3）发生了运动员无法控制的干扰，致使运动员未能合法发球、合法还击或遵守规则。

6. 得一分

除了被判重发球的回合，乒乓球比赛中常见的得分情况有如下几种。

（1）对方运动员未能合法发球。

（2）对方运动员未能合法还击。

（3）运动员在发球或还击后，对方运动员在击球前，球触及了除球网装置以外的任何东西。

（4）对方击球后，该球越过本方端线而没有触及本方台区。

（5）对方阻挡。

（6）对方连击。

7. 一局比赛

在一局比赛中，先得11分的一方为胜方，10平后，先多得2分的一方为胜方。

（二）乒乓球比赛的欣赏要点

1. 看运动员的技术特点

在乒乓球的赛场上，涌现出许多世界名将，他们每个人都有着自己独特的技术特点，欣赏他们之间的比赛，也是在欣赏不同技术之间的碰撞，那些激情碰撞的火花，是所有球迷心中最美好的瞬间。容国团，中国第一个世界冠军获得者，以他的直拍快攻打法，开启了新中国乒乓球运动的荣耀之路，他所开创的“快、准、狠、变”的技术风格，成为一代代乒乓球运动员学习的典范。邓亚萍，世界杰出的女子乒乓球运动员，虽然身材矮小，但以其凶狠的正手扣杀，灵活多变的反手攻球，唯快不破的技术打法，成为名副其实的“乒坛巨人”。瓦尔德内尔，一人对抗了中国6代乒乓球选手，被誉为“乒坛常青树”。他将中国的近台快攻打法与欧洲中远台两面拉弧圈打法融为一体，把各种技术不断地重新组合，形成全方位攻防转化、攻守结合的新技术风格，同时，还创造性地使用了“横拍直握”的发球方法，发球技术在世界乒坛首屈一指。

2. 看运动员的临场应变

乒乓球赛场上形势瞬息万变，对运动员的心理素质和临场应变能力提出了极大考验。运动员能否在领先的情况下保住优势，从而转化为胜势；又能否在落后的情况下顶住压力，迎头赶上，上演翻盘好戏，都是观众关注的焦点。特别是在决胜球时，每一次的攻守交换都让现场观众的心提到嗓子眼儿，这些紧张刺激的场面，也是乒乓球比赛的最大看点。

乒乓赛场上不乏激动人心的逆转好戏，46届世乒赛上，在男子团体冠军的争夺战中，中国与韩国队战成2 ∶ 2平。最后一局刘国正对阵金泽洙，双方打到19 ∶ 20，刘国正落后一分，然后刘国正顶住压力打到20 ∶ 20。随后，韩国队一共拿了7个赛点，但刘国正凭借顽强的心理素质一路咬住，最后连赢三分，以28 ∶ 26战胜了金泽洙，帮助中国队夺得男团冠军。这场比赛也成为人们难以忘记的经典。

网球运动

一、网球的昨天与今天

（一）源远流长的“绅士运动”

网球运动孕育在法国，诞生在英国，普及和出现高潮在美国，现在盛行于全世界。它与高尔夫球、保龄球、桌球并称为“四大绅士运动”，同时也是目前世界范围内第二大球类运动。

在12～13世纪的法国，当时的传教士们为了调剂单调的生活，打发无聊的时间，发明了一种将球从绳子上丢来丢去的游戏，成为现代网球运动的雏形。后来这一游戏传入法国宫廷，并于14世纪中叶经法国传入英国，成为一种供贵族们消遣的室内活动。由于平民很难参与这项运动，因此网球和当时的马术、击剑等运动被称为贵族运动。15世纪穿弦球拍取代了原来的游戏手套。16世纪古式室内网球运动成为法国的国球，并有了自己的规则。

1873年，英国人温菲尔德少校在古式网球游戏的基础上进行了改造，设计出了一种适合于户外活动并且男女都可参加的运动项目，称为“草地网球”，标志着近代网球的诞生。同年他还出版了一本以《草地网球》为题的小册子，对这种运动进行宣传和推广。因此，温菲尔德也被称为“近代网球的创始人”。1875年全英网球运动俱乐部成立，并于1877年举办了全英草地网球男子单打锦标赛，即后来闻名于世的温布尔登网球赛。

1874年，美国人玛丽·奥特布里奇将网球规则、网拍和网球带到纽约。很快网球运动就在美国东部各学校中得到开展，不久就传到中部、西部，进而在全美得到普及。此时的网球比赛场地也已经由草地演变到可以在沙土上、水泥地上、柏油地上举行比赛。网球运动也由此从宫廷走向社会，成为一项广泛开展的世界性体育运动项目。

《看一看》

重要网球国际组织

1. 国际网球联合会。简称国际网联（缩写为ITF），1913年在法国巴黎成立，是世界网球组织的最高权力机构。现有会员210个。

2. 职业网球联合会。缩写为ATP，成立于1972年，号称“球员工会”，是世界男子职业网球运动员的“自治机构”。

3. 国际女子网球协会。缩写为WTA，成立于1973年，主要职责是组织女子职业选手的各种比赛，管理职业选手的积分、排名、奖金分配等。

（二）风靡世界的网球赛事

1. 戴维斯杯

戴维斯杯又称世界男子网球团体赛，是由国际网联组织的国家对国家的男子网球团体赛事。因其由美国人戴维斯倡议举办，并捐赠银质奖杯授予冠军队，故因此得名。1900年第1届比赛在美国波士顿举办，后每年举行一次，比赛采取分为两级的升降级比赛的办法。第一级称世界组，这一级比赛的冠军队即获奖杯；第二级分欧洲A区、欧洲B区、美洲区和东方区四个区比赛，获得各区第一名的可参加下一年第一级的比赛。戴维斯杯赛采用4单1双的5场3胜制，比赛分3天进行：第一天2场单打；第二天1场双打；第三天2场单打。

2. 比利·简·金杯

比利·简·金杯网球赛是每年一度的世界女子网球团体赛（原名为联合会杯网球赛，2020年更改为现名）。1963年，为了庆祝国际网联成立50周年，特举办了该比赛。比利·简·金杯网球赛是和戴维斯杯赛齐名的团体赛事，是各国网球整体实力的大检阅。它仿效戴维斯杯赛的比赛办法，实行"联合会杯新赛制"，由上年联合会杯赛四分之一决赛的8个队组成世界组，其余8个队成为A组。这两组的比赛采用一次主场和一次客场的比赛方法。世界组和A组的比赛采用5场3胜制，第一天进行2场单打，第二天进行2场单打和1场双打。其双打放在最后进行。

3. 四大满贯赛

网球四大满贯是澳大利亚网球公开赛、温布尔登网球锦标赛、法国网球公开赛、美国网球公开赛的总称。

澳大利亚网球公开赛（简称"澳网"）是每年在澳大利亚墨尔本市墨尔本公园举办的网球比赛。比赛在室外硬地球场上进行，通常在每年1月的最后两个星期举办，是每年第1个进行的大满贯赛事。澳大利亚网球公开赛于1905年创办，是最年轻的大满贯赛事。

法国网球公开赛（简称"法网"）是一项在法国巴黎罗兰·加洛斯球场举办的网球大满贯赛事。通常在每年的5月至6月进行，是每年第2个进行的大满贯赛事。该赛事创办于1891年，是唯一一个在红土球场上进行的大满贯比赛，标志着红土赛事的最高荣誉，同时也标志着每年红土赛季的结束。我国优秀网球运动员李娜，曾于2011年夺得法网女子单打冠军。

温布尔登网球公开赛（简称"温网"）通常于每年6月或7月在英国伦敦西郊温布尔登的中心球场举办，是每年度网球大满贯的第3项赛事，排在澳大利亚网球公开赛和法国网球公开赛之后，美国网球公开赛之前，是唯一一个在草地球场上进行的大满贯比赛。该比赛由全英俱乐部和英国草地网球协会于1877年创办，是网球运动中最古老和最具声望的赛事。

美国网球公开赛（简称"美网"）是每年度第4项也是最后一项网球大满贯赛事，通常在每年8月底至9月初于美国纽约的阿瑟·阿什球场举行，比赛场地为硬地球场。首届比赛于1881年在罗得岛新港举行。

《看一看》

网球金满贯

网球金满贯是指一位网球选手在职业生涯中获得所有四大满贯赛事的冠军和夏季奥运会网球项目金牌。由于奥运会是4年一届，且直到1988年的汉城奥运会上网球才被列为正式比赛项目，所以历史上赢得金满贯的球员很少。目前以单打项目取得金满贯的选手有：格拉芙（1988年完成）、阿加西（1999年完成）、纳达尔（2010年完成）和小威廉姆斯（2012年完成）。

二、强健身心的网球运动

（一）锻炼身体的有效途径

网球运动量较大，且以有氧运动为主。经常参加网球运动能使呼吸系统机能得到改善，有效地增强练习者的心肺功能。另外，网球球速较快、落点变化多样，练习者要想准确地击球，一方面，需要大脑对球速、落点、线路的快速判断；另一方面，还需要身体快速地移动。经常打网球，会对练习者的感受器官和运动器官形成良好的刺激，从而使练习者的行动更敏捷、准确。同时，由于网球运动经常需要连续地快速击球，因此对力量耐力和速度力量要求较高，特别是对上肢力量的要求更为突出。经常从事网球活动，可以有效地提高练习者的速度、力量和耐力。

（二）提升心理素质的良好手段

经常参加网球运动可以使练习者的情绪得到有效改善，使紧张、烦躁、疲劳、焦虑、抑郁和愤怒等不良情绪得到有效缓解，从而让练习者以一种积极向上的心态投入日常生活与工作。另外，在打网球的过程中，练习者一方面要观察对手的身体移动和击球动作，从而判断来球的方向；另一方面，还要对来球的空间落点、反弹时间、运动轨迹等进行准确地感知，才能完成有效的击球。这就对练习者的观察力和感知觉进行了有效锻炼。同时，网球运动具有一定运动量，在比赛和练习过程中会产生不同程度的疲劳。在疲劳状态下进行比赛或技术学习，有助于培养练习者顽强、坚忍的意志品质。

（三）社会交往的重要平台

网球从最初的贵族运动，发展到现在深受大众喜爱的运动项目，除了因为它独特的健身和娱乐作用，还离不开它在社会交往中发挥的重要作用。

（1）网球运动的过程是一个和他人进行沟通交流的过程。在学习动作的过程中，运动员要与教练进行有效的交流，才能更好地掌握技术。在比赛过程中，运动员要与队友进行有效的沟通，才能在场上步调一致，配合默契。因此，经常参加网球活动，能够提高人的沟通能力，对形成良好的人际关系产生积极影响。

（2）网球运动的过程也是一个结交新朋友的过程。随着现代生活节奏的加快，“单位—家庭”两点一线的生活模式，成为越来越多年轻人的生活写照。网络技术的普及，虚拟社交也让越来越多的年轻人变为“宅男宅女”。而网球运动，恰恰为人们提供了一个在现实生活中的交友平台。通过打网球，可以接触到不同行业、不同性别的球友，不但可以收获切磋球技的快乐，还可以拓宽自己的朋友圈，积累更多的人脉，让自己的生活更加丰富。

《看一看》

新材料引发的网球革命

20世纪70年代后期，以碳素纤维为筋骨的碳素网球拍及其复合材料制成的网球拍，一经面世便很快取代了原有的木制和金属球拍，成为继橡胶网球之后网球器材上又一次重大改革。碳素材料球拍刚度大，击球更加有力；质量轻，挥动灵活；抗扭变性好，击球稳定。新球拍推进了网球技术的提高，使网前截击更灵活，后场破网更犀利，增加了比赛的精彩程度。

三、体验网球之乐

（一）网球运动基础知识

1. 常见握拍方法

根据手与网球拍柄相对位置的不同，目前常用的网球基本握拍方法有：东方式、大陆式、西方式和半西方式等。不同的握拍方式会产生不同的击球效果，但各种握拍方式之间并无好坏优劣之分，练习者可根据个人爱好和习惯选择握拍方式。

（1）东方式握拍：最先流行于美国东海岸一带，因此得名。正手握拍时虎口对准拍柄右上斜面，如图6-15所示。该握拍方式的优点是易于击正手平击球且击球比较稳定，对于网球初学者来说是不错的选择。缺点是击球的旋转性较差，不适用于喜欢打上旋球的选手。

网球握拍法

（2）大陆式握拍：因曾经广泛流行于欧洲大陆而得名，现多用于上网截击和发侧旋球。正手握拍时虎口对准拍顶上部与左上斜面的棱线，如图6-16所示。该握拍方式的优点是有利于击出正手平击球和处理低球。缺点是很难打出上旋球和削球。

（3）西方式握拍：曾流行于美国西海岸加利福尼亚州一带，因而得名。正手握拍时虎口对准拍柄右垂面与右下斜面之间的棱线，如图6-17所示。该握拍方式的优点是击球时会产生更多的上旋，落地后球弹起较高，对手不易进行回击。缺点是不适于回击低球。而半西方式握拍则是介于西方式握拍和东方式握拍之间的一种握拍方法。

图6-15　东方式握拍法

图6-16　大陆式握拍法

图6-17　西方式握拍法

2. 常见站位方法

在网球比赛中常见的站位方法有开放式站位、关闭式站位和半开放式站位三种。

（1）开放式站位：双脚向两侧自然分开站立，脚尖垂直于底线。引拍时，扭转上半身使左肩朝前，同时往后引拍。挥拍时，右脚蹬地，身体重心从右往左移动，如图6–18所示。这种站位是西方式、半西方式正手握拍选手多采用的击球站位。

图6–18　开放式站位

图6–19　关闭式站位

（2）关闭式站位：左脚向右前方上步，右脚向右转90°，与底线平行。引拍时，转肩带动右臂向后摆动。挥拍时，右脚蹬地，身体重心从右往左移动，如图6–19所示。这种站位多被东方式握拍选手采用。半开放式站位调整脚步时，左脚介于关闭式和开放式站位之间。

3. 常见球性练习方法

（1）持拍拍球练习：采用西方式握拍法，微屈臂持拍于胸前，原地在体前用手腕的力量和借球的反弹力触球顶部，连续向下拍球，球反跳高度大约同腰高。也可以在移动中边向前跑边向下拍球，球位于身体前方，触球顶部，稍朝前下方用力，采用二比一的节奏，即跑两步，拍一下球，球反弹高度大约同腰高。

（2）持拍颠球练习：采用大陆式握拍，屈臂持拍于胸前，触球底部，手腕稍用力连续向上颠球（球向上弹起大约30 cm），或连续对墙颠球，人距离墙大约1.5 m，击球点位于体前30 ～ 40 cm，微屈臂持拍于胸前，稍用手腕的力量，呈开拍面颠球，也可以变换正手、反手对墙颠球。变换正、反手颠球的练习，应根据个人掌握技术水平的情况而定。

（3）对墙击球练习：采用东方式正手握拍或反手握拍，离墙3 m左右对墙击球，人随球走，在体前右前方或左前方，呈闭拍面击球，动作幅度要小，击球力量稍轻，可落地一次击球，也可以落地两次击球，主要加强单位时间内对墙击球的次数。

（二）打好网球的基本技术

1. 正手击球——场上得分的法宝

正手击球是网球比赛中使用最多的击球技术，也是初学者首先应该掌握的技术。正手击球有上旋球、下旋球、平击球、侧旋球等不同旋转的打法。这里对初学者最常用到的正手平击球进行介绍。

正手平击球动作，如图6–20所示。击球时拍面垂直于地面，手腕固定，挥拍方向和出球方向一致，将球向前推送出去。特点是球速快，着地后反弹较低。

图6-20 正手平击球

2. 反手击球——攻守兼备的武器

反手击球同正手击球一样，也是网球比赛中常用到的击球技术。由于反手击球时，不论是击球力量还是击球的范围都较正手击球小很多。因此，反手位置常常在比赛中被当成弱点而受到攻击。练习好反手击球技术，可以使场上的攻守更加平衡，掌握比赛主动性。这里对初学者最常用到的反手平击球进行介绍。

反手平击球动作，如图6-21所示。准备时双手握拍，引拍至身体后下方。挥拍时以转髋带动转体，以上体转动带动双臂向前上挥摆。击球时拍面垂直于地面，将球向前推送。

图6-21 反手平击球

小技巧

1. 正手击球的发力感觉：正手击球引拍时身体充分扭转并夹紧右肋，就像生活中以夹紧两肋的姿势推动重物一样，就很容易发出最大的力量。

2. 要想打出有威力的上旋球，最重要的是扭转上体充分挥动球拍，正手击球要夹紧右肋，以右脚为轴转体击球，触球时从右向左像雨刷器一般大幅挥拍，就能打出强力上旋球。

3. 发球——先发制人的技术

发球也是网球比赛的基本技术之一，高质量的发球一方面可以直接得分，另一方面可以先发制人，造成对方回球质量不高，从而创造得分机会。常见的发球技术有发上旋球、平击球和切削发球三种，这里对初学者最常用到的平击发球进行介绍。

网球发球

平击发球时，抛球点在身体前上方，在手臂伸展最高点击球，击球时前臂“旋内鞭打”，拍面与击球方向垂直，用拍面中心击球。其特点是力量大、速度快，但命中率相对不高，如图6–22所示。

图6–22 平击发球

《看一看》

网球比赛中的ACE球

网球中的ACE球是指对局双方中一方发球，球落在有效区内，但对方却没有触及球而使之直接得分的发球。如果对方触到球而出界或下网，则只称作发球得分，而不是ACE球。ACE球的特点是速度极快，角度刁钻。

4. 接发球——后发制人的武器

在网球比赛中，当对方发球时，能否高质量地完成接发球决定着能否化被动为主动，起到后发制人的效果。接发球技术可以分为正手接发球和反手接发球，如图6–23，图6–24所示。

图6–23 正手接发球

图6–24 反手接发球

接发球时首先要做好预判，提前判断对手发球的落点，充分准备并想好回球的方式和路线。当接一发时，要保证成功率，不可贸然发力进攻，一般选择斜线比较安全。接二发时要灵活处理，可回斜线、直线或打脚下直接进攻。当接反手位发球时，由于反手位不易进攻，可通过切削回球提高接发球成功率。

5. 截击球——网前进攻的利剑

截击技术是上网进攻时必备的武器，特别是在双打比赛中，截击技术应用十分广泛。网前截击技术是提高网球技术水平等级的标志。初学者可以把这项技术放在正反手击球、发球等技术之后进行学习。

正手截击时，向前下方挥拍，挥拍同时左脚向前跨出半步成半开放式站立。拍面倾斜，与地面成一定角度，截击后使球下旋，如图6-25所示。反手截击时，击球点比正手截击更靠前，击球转体动作小，非持拍手后伸，以保持身体平衡，如图6-26所示。

图6-25　正手截击　　图6-26　反手截击

四、欣赏网球之美

（一）网球比赛规则简介

1. 比赛场地

标准网球比赛场地规格，如图6-27所示。根据场地材料的不同，可将网球场地分为硬地、沙土和草地3种。

（1）硬地球场以美网和澳网的比赛场地为代表。这种场地平整、硬度高，球速适中，适合各种打法的球员，是最为常见的一种比赛场地。

（2）沙土球场以法网比赛场地为代表。这种场地用特制的沙土（通常为红色）铺成，特点是球速慢，弹跳不规则，可变性高。适合于底线型打法球员。

（3）草地球场以温网比赛场地为代表。这种场地使用天然草地铺成，造价昂贵且保养困难。这种场地上球的反弹速度最快，属于快速球场，比较适合于发球上网型选手。

2. 计分方法

（1）胜1分：遇到下列情况时，判对方胜1分。

① 发球员连续两次发球失误或脚误时。

② 接球员在发来的球没有着地前用球拍击球，或球触及自己的身体及所穿戴的衣物时。

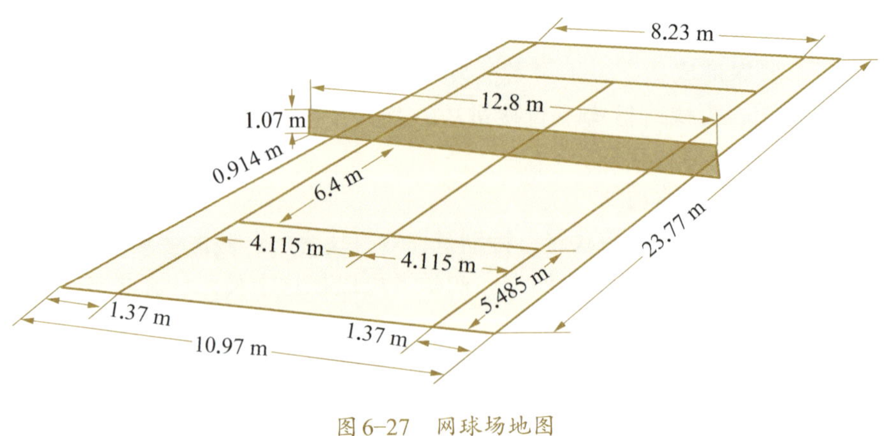

图 6–27 网球场地图

③ 在球第二次落地前未能还击过网时。

④ 还击球触及对方场区界线以外的地面、固定物或其他物件时。

⑤ 还击空中球失败时。

⑥ 在比赛中，击球员故意用球拍拖带或接住球，或故意用球拍触球超过一次时。

⑦ "活球"期间运动员的身体、球拍（不论是否握在手中）或穿戴的其他物件触及球网、网柱、单打支柱、绳或钢丝绳、中心带、网边白布或对方场区以内的场地地面。

⑧ 还击尚未过网的空中球（过网击球）。

⑨ 对方发球或回球时出界（出界的判法为球的第一个落点是否过第二白线）。

（2）胜一局：遇到以下情况时，算一方胜1局。

① 每胜1球得1分，先胜4分者胜1局。

② 双方各得3分时为"平分"，平分后，净胜2分为胜1局。

（3）胜1盘：遇到下列情况时，算一方胜1盘。

① 一方先胜6局为胜1盘。

② 双方各胜5局时，一方净胜2局为胜1盘。

③ 当和对手赢得的局数是6 ∶ 6时，则以决胜局定胜负。决胜局的比赛计分方式有两种。

长盘制：一方净胜2局为胜1盘。

短盘制（抢七）：双方再赛一局，先得7分者为胜该局及该盘（若分数为6平时，一方须净胜2分）。

（4）胜一场：一场比赛男子最多打5盘，采取5盘3胜制。女子最多打3盘，采取3盘2胜制。

（二）网球比赛看什么

1. 看不同球员的技术风格

网球比赛是世界性的，每一次赛事都汇集了来自世界各国的优秀选手。从不同地区的选手身上可以看到不同的民族精神和技术风格。从费德勒变化多端、落点精准的正手击球和无与伦比的反手削球，可以看到瑞士人的严谨和精细。从纳达尔有力的上旋球、快速的脚步移动和坚强的意志力，可以看到西班牙斗牛士的旺盛斗志。从德约科维奇强劲旋转的发球，强大的接发球，稳定的底线相持和均衡的正反手，可以看到塞尔维亚人的沉重与坚毅。从小威廉姆斯活力十足的正反拍，具有统治性的力量压制和极其过硬的心理素质，可以看到黑人运动员的凶悍和不屈不挠。

2. 看不同场地的比赛特点

网球比赛的场地分为硬地、红土和草地，不同的比赛场地又会演绎出各具特色的精彩比赛。硬地球场是全能选手的舞台，既有利于进攻又利于防守，底线抽球、网前截击、高压球、切削球，各种网球技术尽显其能，精彩纷呈。红土球场是底线防守型选手的天地，由于红土球场会使球速减低，许多重炮球员和上网型球员的特长无法发挥，精彩的多拍，快速的移动，大幅度的滑步，这些都成为红土球场的亮丽风景。而草地比赛，由于球速较快，擅长大力发球的选手则占据优势，常常在比赛过程中突然上网，或进行截击，或进行穿越，一前一后，一左一右，双方打得难解难分。

3. 看运动员的意志品质

网球比赛是对运动员身体极限和心理极限的挑战，随着现代网球竞技水平和对抗水平的不断提高，经常会出现“马拉松”式的比赛。如2003年澳网罗迪克对阵阿诺伊的比赛，双方历时5个多小时才分出胜负。比赛结束时，两人都瘫倒在地。还是在澳网比赛中，2012年，塞尔维亚球王德约科维奇和世界排名第二的纳达尔展开了两人职业生涯的第30次对决，这也是一场网球历史上史诗般的对决，结果卫冕冠军德约科维奇在决胜盘2 ∶ 4落后的情况下力挽狂澜，上演翻盘好戏，勇夺个人第三座澳网冠军奖杯。全场比赛耗时5小时53分钟，此役也成为澳网历史上耗时最长的比赛。看运动员们在体力已达极限时仍奋勇拼搏，看运动员们在绝境中用顽强的意志反败为胜。此时，胜负已经不再重要，运动员们永不放弃的拼搏精神已然让他们成为观众心目中的英雄。

《 看一看 》

网球观赛礼仪

1. 赛前提前进入观众席就座。比赛进行时，除暂停时间外不得随意走动。

2. 观看比赛时不得大声喧哗。

3. 服从裁判员的规劝，当听到裁判员“安静”提示时，应立即停止鼓掌，保持场内安静。

4. 观众不得向场地内投掷任何物品及随意进入场地。

羽毛球运动

一、走进羽毛球运动

（一）羽毛球运动的起源与发展

早在两千多年前，一种类似羽毛球运动的游戏就在中国、印度及一些西欧国家出现。中国叫“打手毽”，印度叫“普那”，西欧等国则叫作“毽子板球”。19世纪60年代，英国军人将在印度学到的“普那”游戏带回国，作为茶余饭后和休息时的消遣娱乐活动。

现代羽毛球运动诞生在英国。1873年，在英国格拉斯哥的伯明顿镇有一位叫鲍弗特的伯爵，在他的庄园开游园会，有几个从印度回来的退役军官就向大家介绍了一种隔网用拍子来回击打毽球的游戏，人们对此产生了很大的兴趣。因这项活动极富趣味性，很快就在上层社会社交场上风行开来。“伯明顿”（Badminton）即成为英文羽毛球的名字。1893年，英国14个羽毛球俱乐部组成羽毛球协会。

20世纪20年代初，羽毛球运动传入中国，在新中国成立前，只在上海、广州、北京、天津等少数几个城市的一些教会学校开展羽毛球运动。

20世纪20到40年代欧美国家的羽毛球运动发展很快，其中英国、丹麦、美国、加拿大的水平相当高。50年代亚洲羽毛球运动发展很快，马来西亚取得两届汤姆斯杯赛冠军。同时印度尼西亚队在技术和打法上有所创新，很快取得了霸主地位。60年代以后羽毛球运动的发展逐渐移向亚洲。1981年5月国际羽毛球联合会重新恢复了中国在国际羽联的合法席位，从此揭开了国际羽坛历史上新的一页，进入了中国羽毛球选手称雄世界的辉煌时代。

在1988年第24届汉城奥运会上，羽毛球被列为表演项目，1992年第25届巴塞罗那奥运会被列为正式比赛项目，1996年第26届亚特兰大奥运会混双被列为比赛项目。从此羽毛球运动进入新的发展时期。

《看一看》

世界羽联

羽毛球世界联合会简称国际羽联（BWF），其前身为1934年由加拿大、丹麦、英格兰、法国、爱尔兰、荷兰、新西兰、苏格兰和威尔士等发起成立的国际羽毛球联合会（IBF），2006年改为现名。截至2024年，有201名协会会员。国际羽联的主要任务是普及和发展世界羽毛球运动，加强各国羽毛球协会之间的联系，举办奥运会、世界锦标赛、世界杯赛和其他国际比赛。

（二）扣人心弦的羽毛球赛事

1. 汤姆斯杯赛

汤姆斯杯赛即世界男子团体羽毛球锦标赛，是世界上最高水平的男子羽毛球团体赛。1948年举行第一届比赛，每三年举行一次，从1984年开始改为两年一届，在偶数年举行。比赛由三场单打、两场双打组成。

2. 尤伯杯赛

尤伯杯赛即世界女子团体羽毛球锦标赛，是世界上最高水平的女子羽毛球团体赛。1956年开始举行第一届比赛，每三年举行一次，从1984年开始改为两年一届，在偶数年举行。比赛由三场单打，两场双打组成。

3. 世界羽毛球锦标赛

世界羽毛球锦标赛即世界羽毛球单项锦标赛。设有男、女单打、双打和混合双打五个比赛项目。1977年起开始为三年一届，1983年改为两年一届，在奇数年举行。

4. 苏迪曼杯

苏迪曼杯即世界羽毛球混合团体比赛。1989年开始举办，两年一届，在奇数年举行，比赛由男女单打、男女双打组成。

5. 世界杯羽毛球赛

世界杯羽毛球赛是重要的国际性赛事，从1981年开始已连续办了17届，1997年因多种原因而中断。2005年世界杯羽毛球赛恢复，2006年再次中断。按照国际惯例，世界杯羽毛球赛将邀请世界排名男单前16名、女单前12名、男双前8名、女双和混双前6名的选手参赛。

《看一看》

羽毛球全满贯

羽毛球全满贯是指运动员在含有羽毛球项目的各项赛事中均获得冠军。对中国选手或亚洲选手而言——男子获得“奥运会、世锦赛、全英赛、亚锦赛、全运会、世界杯，亚运会、苏迪曼杯团体赛、汤姆斯杯”冠军；女子获得“奥运会、世锦赛、全英赛、亚锦赛、全运会、世界杯、亚运会、苏迪曼杯团体赛、尤伯杯”冠军，即达成羽毛球全满贯。中国著名羽毛球选手林丹是世界羽坛历史上第一个“全满贯”的羽毛球运动员。蔡赟/傅海峰是第一对实现“全满贯”的男子双打选手。

二、羽毛球运动的健身价值

（一）羽毛球运动与身体健康

无论是进行正式比赛还是作为一般性的健身活动，羽毛球运动都需要在场地上不停地移动、跳跃、挥拍、转体，运用各种击球动作和步法将球击到对方的场地。经常打羽毛球，可以加快人体血液循环，增强心血管系统、呼吸系统等人体内脏器官的功能，发展人体的力量、速度和耐力，提高动作速度和上、下肢的活动能力，提高身体素质，使身体全面发展，达到增强体质的目的。此外，羽毛球运动要求练习者在短时间内对瞬息万变的球路作出判断，果断地进行反击，因此，它能提高人体神经系统的灵敏性和协调性。

（二）羽毛球运动与心理健康

羽毛球运动属于隔网对抗型项目，虽然没有身体上的接触，但是因其竞争性、对抗性、大强度等特点突出，场上选手需要满足比赛的诸多要求。首先，羽毛球比赛节奏较快，要想在快节奏、高强度的对抗中占得先机，就要不停地揣摩对方的战术意图，提前想好应对策略，从而争取战术上的主动。因此，经常打羽毛球可以很好地训练练习者的瞬间决断能力，使人思维更加敏捷，判断更加准确。此外，羽毛球技术水平的发挥，很大程度上依赖选手的心理稳定性，特别是在处理关键球时，只有顶住压力、稳住心态，才能把握住得分机会。因此，羽毛球练习能很好地发展练习者的心理素质和抗压能力。

（三）羽毛球运动与社会适应

目前，羽毛球越来越受到各年龄段爱好者的推崇。校园里、社会上，涌现出众多羽毛球俱乐部和球友会，以球会友，交流球技，增进友谊。在进行羽毛球对抗的过程中，需要与同伴（双打）或与对手进行交流和沟通，既要发挥个人的技术和积极性，更要发挥同伴协作的力量，默契配合，取长补短。对青少年来说，这有助于促进个体的社会化进程。获胜的比赛能让欣赏者从中获得一种满足感、成功感，从中体会到羽毛球运动的永恒魅力；失败的结果也能让欣赏者分析、总结，给人生以启迪。

三、如何打好羽毛球

（一）起步——打好羽毛球的准备

1. 羽毛球握拍

（1）正手握拍技术：以下介绍的所有基本技术均以右手握拍者为例，左手持拍者则反之。一切在身体右侧的正手正拍面击球及头顶后场击球都采用正手握拍法。

正手握拍动作要领：先用左手握住球拍的中杠，使拍框与地面垂直。张开右手，使虎口对准拍柄斜棱上的第二条棱线，然后用近似握手的方法握住拍柄，拇指和食指贴在拍柄两侧的宽面上，其余的三指自然握住拍柄。拍柄与掌心不要握紧，应留有空隙。握拍不要很紧，要尽量放松握拍手指。发力时才要握紧，如图 6-28①所示。

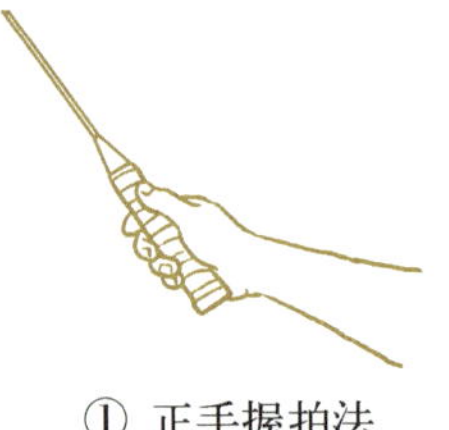

① 正手握拍法

② 反手握拍法

图 6-28 正反手握拍

（2）反手握拍技术：一切在身体左侧的反手反拍面击球都采用反手握拍法。

反手握拍技术的动作要领是：在正手握拍的基础上，将球拍柄稍向外旋，食指收回，拇指第二指节顶贴在拍柄第一斜棱旁的宽面上，也可将大拇指放在第一、第二斜棱之间的小窄面上，食指稍向下靠；击球时，靠食指以后的三指紧握拍柄，同时拇指前顶发力击球；为了便于发力，掌心与拍柄间要留有充分的空隙，如图6–28②所示。

2. 步法

羽毛球步法

（1）上网步法：可以分成正手上网步法、反手上网步法和上网扑球步法三种。上网的准备姿势应为两脚稍前后开立，右脚在前上，左脚在左后，调整身体的重心准备随时启动。上网移动到位后，后脚的脚尖向外呈15°角，弓步后后脚要向前跟进半步以便于回到中场防守位置，如图6–29所示。上网步法具体可分为跨步、垫步、蹬步。

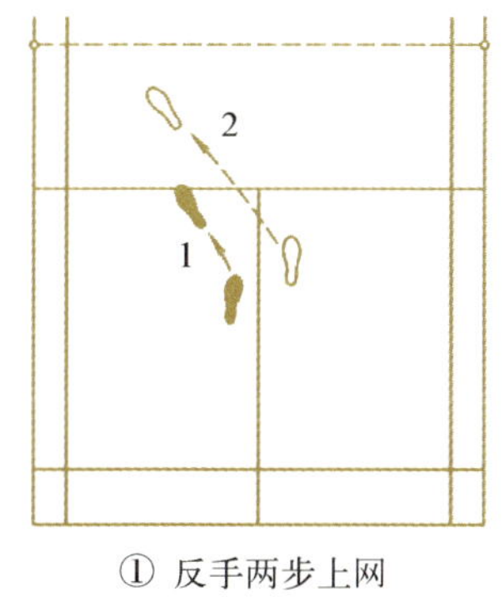

① 反手两步上网

② 正手三步上网

图6–29 上网步法

（2）退后场步法：是指从中心位置后退到后场底线的步法。退后场步法，特别是向反手后场底线，对运动员的灵活性和协调性的要求很高。正手退后场击球的主要步法有：交叉步、垫步和跨步。反手退后场的主要步法有：两步移动退后场和多步移动退后场，如图6–30所示。

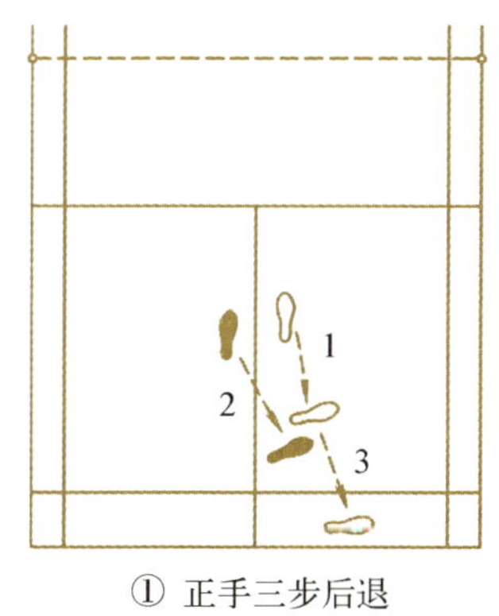

① 正手三步后退

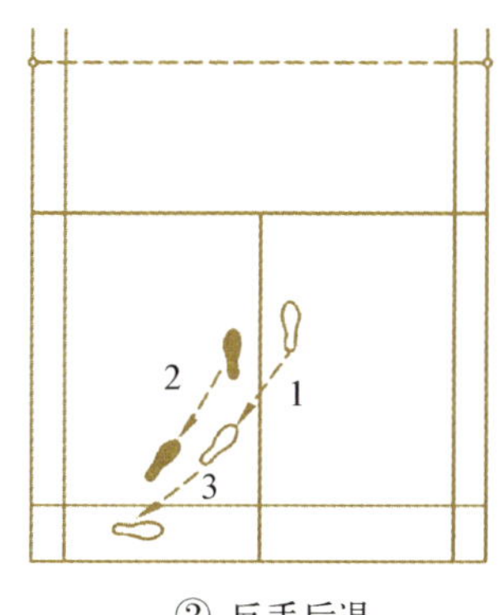

② 反手后退

图6–30 退后场步法

（二）进阶——羽毛球的基本击球技术

1. 发球

（1）正手发高远球：以右手持拍为例，发球时站位靠中线距前发球线约一米的位置，左脚

羽毛球发球

在前，脚尖指向球网，右脚指向右前方，两脚距与肩同宽，重心在右脚，左手持球与肩同高，两眼注视对方。随着左手放球，身体自然由右向左转体、重心前移，持拍臂由后上方向下经身体侧下，向前上方挥拍，带动手腕由屈到伸，扇动手腕，握紧球拍，以正拍面发力将球击出。击球点在身体的右侧前下方。球击出后，持拍手臂随动作惯性自然向左上方挥动，随着挥拍的过程，身体重心由右脚移到左脚，右脚跟稍提起，保持身体平衡。然后将拍收回至体前并将握拍调整成放松的正手握拍形式，如图6–31所示。

图6–31 正手发高远球

（2）反手发网前球：击球时，前臂带动手腕使球拍对球作横切推送，如图6–32所示。

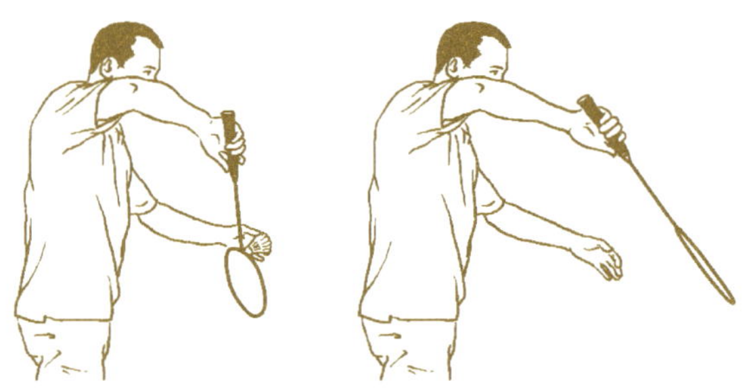

图6–32 反手发网前球

2. 中后场击球

（1）正手击高远球：以右手持拍为例，判断来球时，迅速启动，运用后场后退步法向后场区域移动，球拍持于体侧，左手自然上举保持平衡，侧身对网，重心放在右脚，当球下落到适合击球的高度时，持拍手臂肘部向上，手臂外旋，身体后仰，以肩为轴引拍。击球时，击球点选择在右肩的前上方，前臂快速内旋带动手腕加速向前上方挥动，屈臂收手腕，屈指发力，在最高点将球向前上方击出，如图6–33所示。

（2）反手击高远球：看准对方的来球落向左后场区的时候，迅速把身体转向左后方，移动到适合的击球位置，背对球网，并用反手握拍法握拍，最后一步右脚跨向左后方，球拍由身前举到左肩附近，以大臂带动前臂转动，击球时前臂由左肩上方往下绕半弧形，最后一刹那时手指紧握球拍，击球点应在右肩上方为好，以手腕往右后上方或者根据还击的需要掌握好球拍的角度鞭打进行击球，把球击向后上方。击球后，转身手臂回收至胸前，如图6–34所示。

图6-33　正手击高远球

图6-34　反手击高远球

（3）击平高球：与击高远球一样，平高球也可以分别用正手、头顶或者是反手技术去击打。不论是用正手、头顶或者是反手技术击打平高球，其击球前的准备动作与用正手、头顶或者是反手技术击打高远球的准备动作都相似，只是在击球的一刹那，手腕是向前使劲而不是向前上方使劲，如图6-35所示。

图6-35　正手击平高球

羽毛球前场击球技术

3. 网前击球

（1）挑球：正手挑球时，引拍动作采用跨步上网，上臂前伸，不要后摆。指、腕、前臂外旋向下做小回环，击球动作与正手发高远球一样，如图6–36所示。

图6–36 正手挑球

反手挑球时，首先换成反手握拍，引拍动作采用跨步上网，注意抬起肘关节，指、腕、前臂内旋向下做小回环，使拍头低于肘部。用屈指发力，反拍面向前上方击球。击球后换成正手握拍。

（2）搓球：正手搓球在伸臂举拍时应展腕、稍屈肘，使球拍自然地稍往后拉，然后再以肘关节为轴，通过小臂的补旋及收腕动作，用正拍面切削球托的后底部使球翻滚过网，如图6–37所示。

反手搓球时，动作与正手搓球相似，只是换成反手握拍。

（3）推球：正手推球时，准备和引拍动作与正手搓球相同。主要靠前臂内旋、指力击球，如图6–38所示。

图6–37 正手搓球

图6–38 正手推球

反手推球时，主要靠前臂外旋、指力击球。

（三）制胜——羽毛球的高级技术

1. 吊球

（1）正手吊球：击球前动作同正手击高球。击球的一刹那，前臂突然减速，通过手腕的闪动向前下轻轻切击球托的右侧后下部。关键是用力方向向前下方，使球越网后即下落。击球后，手臂随惯性自然回收到胸前，如图6–39所示。

（2）反手吊球：击球前的动作同反手击高球。不同点是前臂上摆，拇指内侧顶住拍柄，手腕向后“甩腕闪动”（由屈到后伸外展）轻击球托的后下部位，使球的受力向前下方，球沿直线方向前进落到对方网前。

图6-39　正手吊球　　图6-40　正手扣杀球

2. 扣杀球

（1）正手扣杀球：准备姿势与正手击高球相似。不同之处是右脚起跳后，身体后仰成反弓后收腹用力，靠腰腹带动大臂、大臂带动前臂、前臂带动手腕，形成向下鞭打的用力，球拍正面击球托的后部，无切击，使球沿直线向前下方快速飞行。击球后立即成还原准备姿势，如图6-40所示。

（2）反手扣杀球：动作方法与反手击高球相同。不同之处是击球前的挥拍用力要大，身体反弓加上手臂、手腕的延伸、外展的鞭打用力，用反拍正面击球托的后部，可向对方的直线或对角线的下方用力，击球瞬间球拍与扣杀球方向的水平夹角小于90°。

（3）腾空突击扣杀：击球前，右脚稍前，左脚稍后，身体稍前倾、屈膝，重心落在右脚上，准备起跳。起跳后，身体向右后方腾起，上身右后仰呈反弓形，右臂右上抬，肩尽量后拉。击球前臂快速举起，手腕从后伸至前臂旋内跟着屈收压腕鞭打高速向前下击球。杀球后，屈膝缓冲，右脚右侧着地，重心在右脚前；左脚在左侧前着地，并迅速还原。

四、欣赏羽毛球比赛

（一）如何开展羽毛球比赛

1. 场地

羽毛球场地呈长方形，如图示各条线宽均为4 cm，场地上空12 m以内和四周4 m以内不应有障碍物。球场中央网高1.524 m，双打边线处网高1.55 m，如图6-41所示。

2. 器材

（1）球：国际羽联羽毛球比赛规则规定，球可以由天然材料、人造材料或它们混合制成；每一个球应有16根羽毛固定在球托部；羽毛长62～70 mm，羽毛从球托面到羽毛尖的长度应该一致；羽毛顶端围成圆形，直径58～68 mm；球托底部为圆球形，直径为25～28 mm；羽毛球球重4.74～5.50 g；由于合成材料与天然羽毛在比重、性能上的差异，可允许有不超过10%的误差。

（2）羽毛球拍：羽毛球规则对羽毛球拍有很详细的规定。球拍的长度不超过680 mm，宽不超过230 mm；拍弦面应该是平的，用拍弦穿过拍头十字交叉或其他形式编织而成。编织的式样应保持一致，尤其是拍弦面中央的编织密度不得小于其他部分；拍弦面长不超过280 mm，宽不超过220 mm；不论拍弦用什么方法拉紧，规定拍弦穿进连接喉的区域不超过35 mm，连同这个区域在内的整个拍弦面不超过330 mm。

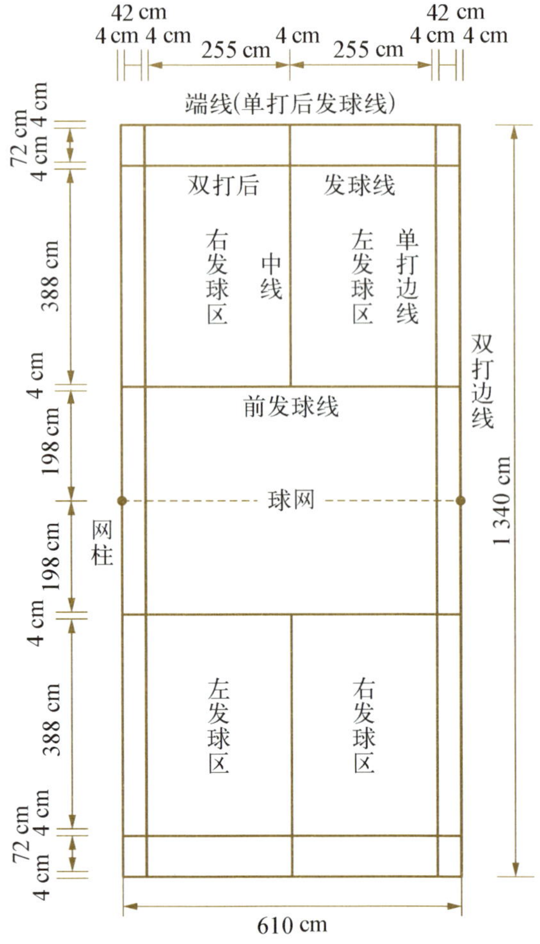

注：网高：场地两侧网柱高155 cm，中间高152.4 cm

图6-41 羽毛球场地

（二）比赛方法和主要规则

1. 比赛项目

羽毛球比赛项目包括：男子单打、女子单打、男子双打、女子双打、混合双打、男子团体、女子团体。

2. 比赛的计分方法及规则

（1）比赛采用21分制，即双方分数先达21分者胜，3局2胜。每局双方打到20平后，一方领先2分即算该局获胜；若双方打成29平后，一方领先1分，即算该局取胜。

（2）比赛采取每球得分制，并且除特殊情况（比如地板湿了，球打坏了），球员不可提出中断比赛的要求。但是，每局一方以11分领先时，比赛进行1分钟的技术暂停，让比赛双方进行擦汗、喝水等。

（3）得分者方有发球权，如果本方得分为单数，从左边发球；得分为双数，从右边发球。取消（单打）后发球线。在第三局或只进行一局的比赛中，当一方分数首先达到11分时，双方交换场区。

3. 比赛中的站位

单打比赛中的站位如下。

（1）发球员的分数为0或双数时，双方运动员均应在各自的右发球区发球或接发球。

（2）发球员的分数为单数时，双方运动员均应在各自的左发球区发球或接发球。

（3）球发出后，双方运动员就不再受发球区的限制而自由击到对方场区的任何位置，运动员的站位也可以在自己这方场区的界内或界外。

双打比赛中的站位如下。

（1）一局比赛开始和获得发球局的一方，都应从右发球区开始发球。

（2）只有接发球员才能接发球；如果他的同伴去接球或被球触及，发球方得一分。

① 每局开始首先发球的运动员，在该局本方得分为0或双数时，都必须在右发球区发球或接发球；得分为单数时，则应在左发球区发球或接发球。

② 每局开始首先接发球的运动员，在该局本方得分为0或双数时，都必须在右发球区接发球或发球；得分为单数时，则应在左发球区接发球或发球。

③ 上述两条相反形式的站位适用于他们的同伴。

（3）任何一局的本方发球员失去发球权后，由该局首先发球员发球，然后首先发球员的同伴发球，接着由他们的对手之一发球，然后再由另一对手发球，如此传递发球权。

（4）运动员不得有发球错误和接发球的错误，或在同一局比赛中有两次发球。

（5）一局胜方的任一运动员可在下一局先发球，负方中任一运动员可先接发球。

（6）球发出后就不再受发球区的限制了。运动员可在本方场区自由站位和将球击到对方场区的任何位置。

（三）羽毛球比赛看什么

1. 看运动员场上的战术发挥

羽毛球比赛中，战术是千变万化的，尤其在双方实力相近、竞争激烈的情况下，一方不可能始终处于主动的进攻状态，另一方也不可能一直处于被动的防守中，进攻与防守根据双方回球质量的好坏在不断变化。一方一旦处于主动状态就应该把握机会，抓住战机进行积极抢攻；当处于被动状态时，应努力调整战术，坚持“积极防守、守中反攻”，避免“消极防守”，寻找机会转守为攻。优秀的羽毛球运动员能够在场上合理分配体能，进行复杂的战术安排，并根据对手发挥的情况及时进行调整应对。在观赏比赛时，应在注意欣赏运动员精彩动作的同时，看他们是如何发挥自己的“灵性”的。

2. 看双打比赛时的配合

双打比赛中，队员之间的默契和配合是非常重要的，分工是否合理、阵形转换是否有针对性直接影响着比赛的胜负。双打比赛中，攻与防随时在不停地转换：主动进攻时，两人的队形成前后站位；被动防守时，两人队形成左右站位。由于攻防的转换，站位的队形不能保持不变，必须随攻防的转换进行相应的变化，这种变化不是盲目的，而是遵循一定的规律来进行的。观赏比赛时，应注意观察高水平运动员的场上配合情况及变化，汲取精华为我所用。

1. 乒乓球运动有哪些锻炼价值？
2. 乒乓球比赛中常见的攻球技术有哪些？它们的技术特点是什么？
3. 网球运动有哪些锻炼价值？
4. 网球比赛中常见的击球技术有哪些？它们的技术特点是什么？
5. 羽毛球运动有哪些锻炼价值？
6. 羽毛球比赛中常见的网前击球技术有哪些？它们的技术特点是什么？

第七章 CHAPTER 7

我国民族传统体育

导言

我国的民族传统体育是中华民族在漫长历史进程中，依托生产劳动、宗教祭祀、节庆习俗等文化土壤孕育而成的体育活动总称，具有鲜明的民族特色和文化内涵。民族传统体育既是传承民族文化的重要载体，也是全民健身的特色形式。它通过节庆活动、赛事展演等方式延续活力，同时不断融入现代元素，成为连接传统与当下的文化纽带，展现出民族体育文化的多样性与生命力。

学习目标

- 掌握 1 ～ 2 个我国民族传统体育项目的基础技术动作或操作方法。
- 培养整理我国民族传统体育相关资料的能力。
- 感悟我国民族传统体育中蕴含的民族精神和文化内涵。

武 术

武术是中华民族在长期的社会实践中不断积累和丰富起来的宝贵文化遗产，是我国的传统民族体育项目。武术以中国传统文化为理论基础，以徒手和器械的攻防动作为主要锻炼内容，以套路运动为主，兼有功法运动和格斗运动，具有极其广泛的群众基础和健身锻炼、防身自卫价值。

一、武术的锻炼价值

（一）强身健体

武术套路练习节奏快、强度大，对爆发力、速度和耐力要求较高。武术运动中多使用腹式呼吸，与自然呼吸相比更强调“深、长、细、缓、匀、柔”，从而促进了心肺功能的改善。

武术中各种拳法、腿法、摔法的练习都需要全身的肌肉进行协调运动，不仅要求肌肉收缩力度大，还要求肌肉收缩速度快。经常进行武术动作的锻炼，可以提高肌肉的爆发力和身体协调运动的能力，从而表现出良好的速度素质和力量素质，使身体更加强壮。

武术运动中的许多动作对练习者的柔韧性有很高要求，“控腿、耗腿、压腿”等练习是学好武术动作的基础。经常进行武术基本功的练习，可以有效提高练习者腿部、髋部、腰部以及肩部的柔韧性水平，使武术动作更为舒展，关节活动更为灵活。

（二）提高道德水平

经常参加武术活动有助于练习者不良情绪的改善。快节奏的长拳练习，可以使练习者的情绪得到宣泄；而节奏舒缓的太极拳则可以让人心境平和，忘却烦恼。武术练习可以让人保持良好的心境面对日常学习与工作。

武术运动强调“以武育人”，武术练习的过程是修身养性的过程。在中国几千年的历史中，武德始终被列为习武教武的先决条件。将激烈的攻防技术和人生修行结合起来，是中国武术传统道德观念的体现。尚武而崇德不仅能很好地陶冶情操，还大大有益于社会精神文明建设。同时，武术练习需要坚持不懈，长期锻炼，可以培养人们勤奋、刻苦、果敢、顽强的意志品质。

《《 看一看 》》

武术中的“五戒”“十禁”

武术运动不仅注重对身体的锻炼，更注重练习者的品德修养。在传统文化中，习武之人必须遵守“五戒”——一戒杀生，二戒偷盗，三戒邪淫，四戒妄语，五戒好赌；“十禁”——一禁叛师，二禁异思，三禁妄言，四禁浮艺，五禁偷窃，六禁违戒，七禁狂斗，八禁抗诏，九禁欺弱，十禁酒淫。

二、初级长拳第三路

初级长拳第三路是武术长拳类中最基础的套路之一，共分为四段。该套路深受广大人民群众，特别是青少年学生的喜爱。

（一）动作过程

1. 预备动作

① 虚步亮掌，如图 7–1 所示；② 并步对拳 ，如图 7–2 所示。

图 7–1　虚步亮掌

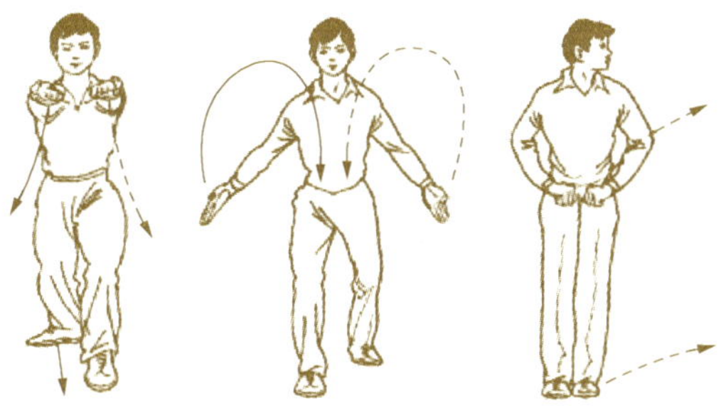

图 7–2　并步对拳

2. 第一段动作

① 弓步冲拳，如图 7–3 所示；② 弹腿冲拳，如图 7–4 所示；③ 马步冲拳，如图 7–5 所示；④ 弓步冲拳，如图 7–6 所示；⑤ 弹腿冲拳，如图 7–7 所示；⑥ 大跃步前穿，如图 7–8 所示；⑦ 弓步击掌，如图 7–9 所示；⑧ 马步架掌，如图 7–10 所示。

图 7–3　弓步冲拳

图 7–4　弹腿冲拳

图 7-5 马步冲拳

图 7-6 弓步冲拳

图 7-7 弹腿冲拳

图 7-8 大跃步前穿

图 7-9 弓步击掌

图 7-10 马步架掌

3. 第二段动作

① 虚步栽拳，如图 7-11 所示；② 提膝穿掌，如图 7-12 所示；③ 仆步穿掌，如图 7-13 所示；④ 虚步挑掌，如图 7-14 所示；⑤ 马步击掌，如图 7-15 所示；⑥ 叉步双摆掌，如图 7-16 所示；⑦ 弓步击掌，如图 7-17 所示；⑧ 转身踢腿马步盘肘，如图 7-18 所示。

图 7-11 虚步栽拳

图 7-12 提膝穿掌

图 7-13 仆步穿掌

图 7-14 虚步挑掌

图 7-15 马步击掌

图 7-16 叉步双摆掌

图 7-17 弓步击掌

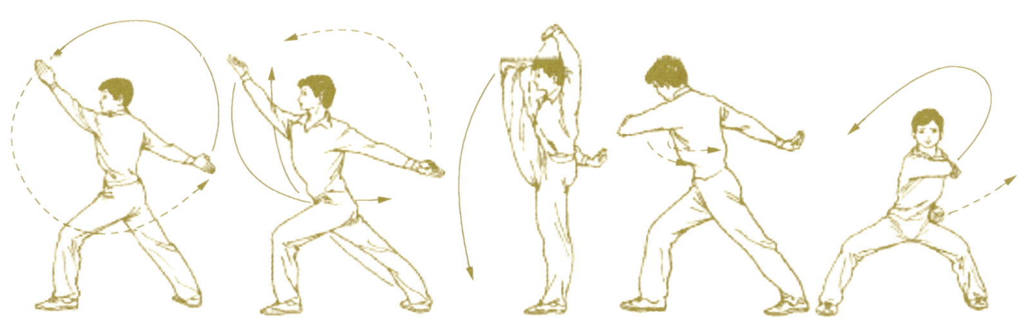
图 7-18 转身踢腿马步盘肘

4. 第三段动作

① 歇步抡砸拳，如图7–19所示；② 仆步亮掌，如图7–20所示；③ 弓步劈拳，如图7–21所示；④ 换跳步弓步冲拳，如图7–22所示；⑤ 马步冲拳，如图7–23所示；⑥ 马步下冲拳，如图7–24所示；⑦ 叉步亮掌侧踹腿，如图7–25所示；⑧ 虚步挑拳，如图7–26所示。

图7–19 歇步抡砸拳

图7–20 仆步亮掌

图7–21 弓步劈拳

图7–22 换跳步弓步冲拳

图 7–23 马步冲拳

图 7–24 马步下冲拳

图 7–25 叉步亮掌侧踹腿

图 7–26 虚步挑拳

5. 第四段动作

① 弓步顶肘，如图 7–27 所示；② 转身左拍脚，如图 7–28 所示；③ 右拍脚，如图 7–29 所示；④ 腾空飞脚，如图 7–30 所示；⑤ 歇步下冲拳，如图 7–31 所示；⑥ 仆步抡劈拳，如图 7–32 所示；⑦ 提膝挑掌，如图 7–33 所示；⑧ 提膝劈掌弓步冲拳，如图 7–34 所示。

图 7–27 弓步顶肘

图 7–28 转身左拍脚

图 7–29 右拍脚

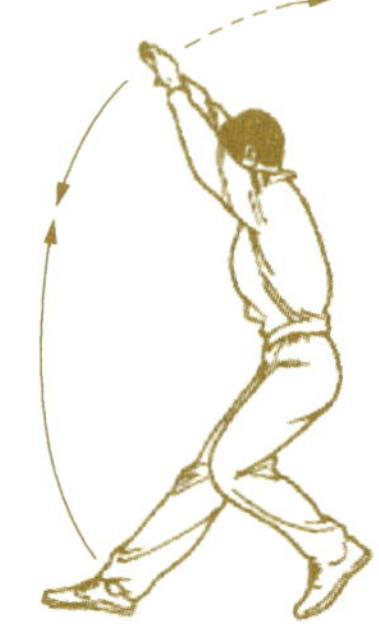

图 7–30 腾空飞脚

图 7–31 歇步下冲拳

图 7–32 仆步抡劈拳

图 7–33　提膝挑掌

图 7–34　提膝劈掌弓步冲拳

6. 收势

① 虚步亮掌，如图 7–35 所示；② 并步对拳，如图 7–36 所示；③ 还原，如图 7–37 所示。

图 7–35　虚步亮掌

图 7–36　并步对拳

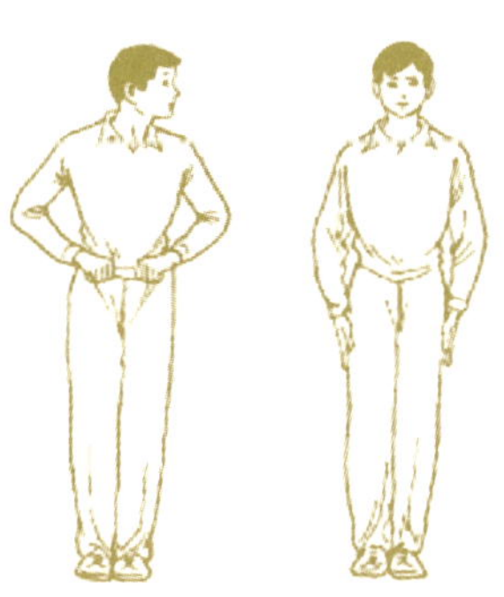

图 7–37　还原

（二）练习要求

1. 姿势准确

练习时，要求做到“式正招圆”。“式”通常指各种静止姿势。基本要求是：头正、项竖、肩沉、胸挺、腰直、臀敛；上肢动作要挺拔、舒展；下肢动作要稳健、匀称，轮廓清楚。“招”主要是指由动到静的完整的技术方法，要求做得有头有尾、过程清楚，各种拳法、掌法、步法、身法的变化做到路线清晰、力点准确、攻防有序。

2. 劲力顺达

练习时，上肢发力应是“梢节起，中节随，根节催”，下肢则是“起于根，顺于中，达于梢”，牵涉到上下肢的动作，则是“起于腿，发于腰，传于肩，顺于肘，达于手”。除讲究发力的顺序外，还要做到发劲的刚柔变化、肌肉的松紧配合得当。通常动作开始时要放松，逐渐加速，力达末端时达到最高速，这种劲力既迅速敏捷，又有弹性。

3. 节奏鲜明

长拳中节奏主要表现为动与静、重与轻、快与慢、起与伏、长与短的变化。动与静，动则疾风般迅速，静则山岳般稳定；重与轻，重则力沉千钧，轻则若风飘柳絮；起与伏，起的动作要有顶天立地的气概，伏的动作要有鱼翔浅底的本领；快与慢，练习时常出现以慢带快或快慢结合的节奏变化；长与短，挂串动作与顿挫动作结合，长短相参，使节奏更加丰富多变。

4. 精神饱满

武术中所说的“精、气、神”，主要指精神、气质和神韵。练套路时，要精神饱满，严肃认真，思想集中，充满信心，要有假设性的攻防含义和击打形象，表现出勇敢、机智、无所畏惧的气概。在每个动作中，要注意手与眼的严密配合，通过眼睛的传神会意来表现动作的攻防变化，“眼随手动，步随身行”。

三、二十四式太极拳

二十四式太极拳又称“简化太极拳”，是在杨式太极拳基础上，按由简入繁、循序渐进、易学易记的原则，去其繁难和重复动作而编成的太极拳简易套路，是一种群众基础广泛的健身拳术。

（一）动作过程

1. 第一组

① 起势，如图7–38所示；② 左右野马分鬃，如图7–39所示；③ 白鹤亮翅，如图7–40所示。

图 7–38　起势

图 7-39 左右野马分鬃

图 7-40 白鹤亮翅

2. 第二组

① 左右搂膝拗，如图 7–41 所示；② 手挥琵琶，如图 7–42 所示；③ 左右倒卷肱，如图 7–43 所示。

图 7–41 左右搂膝拗步

图 7–42 手挥琵琶

图 7-43　左右倒卷肱

3. 第三组

① 左揽雀尾，如图 7-44 所示；② 右揽雀尾，如图 7-45 所示。

图 7-44 左揽雀尾

图 7-45 右揽雀尾

4. 第四组

① 单鞭，如图 7-46 所示；② 云手，如图 7-47 所示；③ 单鞭，如图 7-48 所示。

图 7–46 单鞭

图 7-47 云手

图 7-48 单鞭

5. 第五组

① 高探马，如图 7-49 所示；② 右蹬脚，如图 7-50 所示；③ 双峰贯耳，如图 7-51 所示；④ 转身左蹬脚，如图 7-52 所示。

图 7-49 高探马

图 7-50 右蹬脚

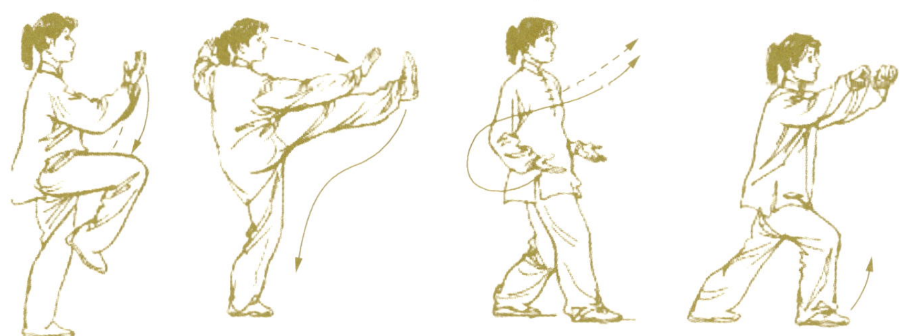
图 7-51 双峰贯耳

图 7-52 转身左蹬脚

6. 第六组

① 左下势独立，如图 7-53 所示；② 右下势独立，如图 7-54 所示。

图 7-53 左下势独立

图 7–54　右下势独立

7. 第七组

① 左右穿梭，如图 7–55 所示；② 海底针，如图 7–56 所示；③ 闪通背，如图 7–57 所示。

图 7–55　左右穿梭

图 7–56　海底针

图 7–57　闪通背

8. 第八组

① 搬拦捶，如图7-58所示；② 如封似闭，如图7-59所示；③ 十字手，如图7-60所示；④ 收势，如图7-61所示。

图7-58 搬拦捶

图7-59 如封似闭

图7-60 十字手

图 7-61 收势

（二）练习要求

1. 虚实分明

太极拳以虚实分明为第一要义。练习时，如全身重心落在右腿，则右腿为实，左腿为虚；反之，则左腿为实，右腿为虚。只有虚实分明才能够转动灵活，攻防变化毫不费力。如果不能做到虚实分明，则移动迈步时处处重滞，站立不稳，容易失去重心。

2. 上下相随

太极拳理论认为：其根在脚，发于腿；主宰在腰，形于手指。每一个攻防动作，都是由脚蹬地开始发力，经腿及腰，汇集为完整一体的强大劲力。所以，太极拳所有动作都要求手动、腰动、足动，眼神亦随之而动，形成上下相随的运动形式。

3. 形神不离

太极拳理论认为：神为主帅，身为驱使。练拳时，只要能够提得起精神，身体动作自然处处轻灵。练习时不外乎虚实开合，所谓开者，不但手足开，心意亦与之俱开；所谓合者，不但手足合，心意亦与之俱合。因此，练拳时要做到形神不离，精神与形体统一。

4. 以静制动

练习太极拳时，速度宜慢，慢则呼吸深长，气沉丹田。练习初期，需要细心体会“静”的理念，逐渐从静中求动，最后达到以静制动的效果。太极拳的“静”并不是僵硬的死一般的寂静，而是非常机警的“静”，所谓彼不动，我不动；彼微动，已先动。

《看一看》

咏春拳

咏春拳，中国拳术中的南拳之一，早年流行于广东、福建各地。此拳主要手型为凤眼拳、柳叶掌。拳术套路主要有小念头、寻桥、标指、套拳及木人桩。基本手法以三傍手为主，还有挫手、撩手、破排手、沉桥、粘打。主要步型有四平马、二字马、追马、跪马、独立步等。目前，以由梁挺创立的“梁挺咏春”课程系统影响最大，遍及全球，成为最多人修习的中国武术之一。

健身功法

我国古代流传下来的传统养生方法博大精深，种类繁多。民族传统养生主要通过肢体运动、呼吸运动和意念活动这三种手段来对人体产生作用，每种功法都依据和遵循“养生之道”。

一、新编五禽戏

（一）预备式

1. 动作方法

起势调息，如图7-62所示。

图7-62 预备式

2. 功效

（1）排除杂念，诱导入境，调和气息，宁心安神。

（2）吐故纳新，升清降浊，调理气机。

（二）虎戏

虎戏体现了虎的威猛。神发于目，虎视眈眈；威生于爪，伸缩有力；神威并重，气势凌人。动作变化要做到刚中有柔、柔中生刚、外刚内柔、刚柔相济，具有动如雷霆无阻挡、静如泰山不可摇的气势。

1. 动作方法

虎戏包括虎举，如图7-63所示和虎扑，如图7-64所示两式。

2. 功效

（1）虎举的功效。

① 两掌举起，吸入清气；两掌下按，呼出浊气。一升一降，疏通三焦气机，调理三焦功能。

图 7-63　虎举

图 7-64　虎扑

② 手成虎爪变拳，可增强握力，改善上肢远端关节的血液循环。

（2）虎扑的功效。

① 虎扑形成了脊柱的前后折叠伸展运动，尤其是引腰前伸，增加脊柱各关节的柔韧性和伸展度，使脊柱保持正常的生理弧度。

② 脊柱运动能增强腰部肌肉力量，对常见的腰部疾病，如腰肌劳损、习惯性腰扭伤等有防治作用。

③ 督脉行于背部正中，任脉行于腹部正中。脊柱的前后折叠伸展，牵动任、督两脉，起到调理阴阳、疏通经络、活跃气血的作用。

（三）鹿戏

鹿喜挺身眺望，好角抵，运转尾闾，善奔走。习练鹿戏时，动作要轻盈舒展，神态要安闲雅静，想象自己置身于群鹿中，在山坡、草原上自由快乐地活动。

1. 动作方法

鹿戏包括鹿抵，如图 7-65 所示和鹿奔，如图 7-66 所示两式。

图 7-65 鹿抵

图 7-66 鹿奔

2. 功效

（1）鹿抵的功效。

① 腰部的侧屈拧转，使整个脊椎充分旋转，可增强腰部的肌肉力量，也可预防腰部的脂

肪堆积。

② 目视后脚脚跟可加大腰部在拧转时的侧屈程度，可防治腰椎小关节紊乱等症。

③ 中医认为，“腰为肾之府”。尾闾运转，可达到强腰补肾、强筋健骨的功效。

（2）鹿奔的功效。

① 两臂内旋前伸，肩、背部肌肉得到牵拉，对颈肩综合征、肩关节周围炎等症有防治作用；弓背收腹，能矫正脊柱畸形，增强腰、背部肌肉力量。

② 向前落步时，气充丹田，身体重心后坐时，气运命门，加强了人的先天与后天之气的交流。尤其是重心后坐，整条脊柱后弯，内夹尾闾，后凸命门，打开大椎，意在疏通督脉经气，具有振奋全身阳气的作用。

（四）熊戏

熊戏要表现出熊憨厚沉稳、松静自然的神态。运势外阴内阳，外动内静，外刚内柔，以意领气，气沉丹田；行步外观笨重拖沓，其实笨中生灵，蕴含内劲，沉稳之中显灵敏。

1. 动作方法

熊戏包括熊运，如图 7-67 所示和熊晃，如图 7-68 所示两式。

图 7-67 熊运

图 7-68 熊晃

2. 功效

（1）熊运的功效。

① 活动腰部关节和肌肉，可防治腰肌劳损及软组织损伤。

② 腰腹转动，两掌画圆，引导内气运行，可加强脾、胃的消化功能。

③ 腰、腹摇晃，对消化器官进行体内按摩，可防治消化不良、腹胀、便秘、腹泻等症。

（2）熊晃的功效。

① 身体左右晃动，意在两肋，调理肝脾。

② 提髋行走，加上落步的微震，可增强髋关节周围肌肉的力量，提高平衡力，有助于防治老年人下肢无力、髋关节损伤、膝痛等症。

（五）猿戏

猿生性好动，机智灵敏，善于纵跳，折枝攀树，躲躲闪闪，永不疲倦。习练猿戏时，外练肢体的轻灵敏捷，欲动则如疾风闪电，迅敏机警；内练精神的宁静，欲静则似静月凌空，万籁无声，从而达到“外动内静”“动静结合”的境界。

1. 动作方法

猿戏包括猿提，如图 7-69 所示和猿摘，如图 7-70 所示两式。

图 7-69 猿提

图 7-70　猿摘

2. 功效

（1）猿提的功效。

① 猿提的快速变化意在增强神经肌肉反应的灵敏性。

② 两掌上提时，缩项，耸肩，团胸吸气，挤压胸腔和颈部血管；两掌下按时，伸颈，沉肩，松腹，扩大胸腔体积，可增强呼吸，改善脑部供血。

③ 提踵直立，可增强腿部力量，提高平衡能力。

（2）猿摘的功效。

① 眼神的左顾右盼，有利于颈部运动，促进脑部的血液循环。

② 动作的多样性体现了神经系统和肢体运动的协调性，模拟猿猴在采摘桃果时愉悦的心情，可减轻大脑神经系统的紧张，对神经紧张、精神忧郁等症有防治作用。

（六）鸟戏

鸟戏取形于鹤。鹤是轻盈安详的鸟类，人们往往以其寓意健康长寿。习练时，要表现出鹤的昂然挺拔、悠然自得的神韵，仿效鹤翅飞翔，抑扬开合。两臂上提，伸颈运腰，真气上引；两臂下合，含胸松腹，气沉丹田。鸟戏可活跃周身经络，灵活四肢关节。

1. 动作方法

鸟戏包括鸟伸，如图 7-71 所示和鸟飞，如图 7-72 所示两式。

2. 功效

（1）鸟伸的功效。

① 两掌上举吸气，扩大胸腔；两手下按，气沉丹田，呼出浊气，可加强肺的吐故纳新功能，增加肺活量。

② 两掌上举，作用于大椎和尾闾，督脉得到牵动；两掌后摆，身体成反弓状，任脉得到拉伸。这种松紧交替的练习方法，可起到疏通任、督两脉经气的作用。

图 7-71 鸟伸

图 7-72 鸟飞

（2）鸟飞的功效。

① 两臂的上下运动可改变胸腔容积，若配合呼吸运动，可起到按摩心肺的作用，增强血氧交换能力。

② 拇指、食指的上翘紧绷，意在刺激手太阴肺经，加强肺经经气的流通，提高心肺功能。

③ 提膝独立，可提高人体平衡能力。

（七）收势

1. 动作方法

引气归元，如图 7-73 所示。

图 7-73　引气归元

2. 功效

（1）引气归元就是使气息逐渐平和，意将练功时所得体内、外之气，导引归入丹田，起到和气血、通经脉、理脏腑的功效。

（2）通过搓手、浴面，恢复常态，收功。

二、八段锦

（一）预备式

1. 动作方法，如图 7-74 所示

图 7-74　预备式

2. 功效

宁静心神，调整呼吸，内安五脏，端正身形，在精神与肢体上做好练功前的准备。

（二）双手托天理三焦

1. 动作方法，如图7-75所示

图7-75 双手托天理三焦

2. 功效

（1）双手交叉上托，缓慢用力，保持伸拉，可使三焦通畅，气血调和。

（2）拉长躯干与上肢各关节周围的肌肉、韧带及关节软组织，对防治肩部疾患、预防颈椎病等具有良好的作用。

（三）左右开弓似射雕

1. 动作方法，如图7-76所示

图7-76 左右开弓似射雕

2. 功效

（1）展肩扩胸，可刺激督脉和背部俞穴，同时刺激手三阴、三阳经等，可调节手太阴肺经等经脉之气。

（2）可有效增强下肢肌肉力量，提高平衡和协调能力；同时，可增加前臂和手部肌肉的力量，增强手腕关节及指关节的灵活性。

（3）有利于矫正不良姿势，如驼背、肩内收，预防肩、颈疾病等。

（四）调理脾胃须单举

1. 动作方法，如图7-77所示

2. 功效

（1）左右上肢一松一紧上下对拉（静力牵张），可以牵拉腹腔，对脾胃、中焦、肝胆起到

图 7-77 调理脾胃须单举

按摩作用；同时可以刺激位于腹、胸胁部的相关经络及背部俞穴等，达到调理脾胃（肝胆）和脏腑经络的作用。

（2）可使脊柱内各椎骨间的小关节及小肌肉得到锻炼，从而增强脊柱的灵活性与稳定性，有利于预防和治疗肩、颈等疾病。

（五）五劳七伤往后瞧

1. 动作方法，如图 7-78 所示

图 7-78 五劳七伤往后瞧

2. 功效

（1）本式动作通过上肢伸直、外旋扭转的静力牵张作用，可以扩张牵拉胸腔、腹腔内的脏腑。

（2）本式动作中“往后瞧”的转头动作，可刺激颈部大椎穴，达到防治“五劳七伤”的目的。

（3）可增加颈部及肩关节周围参与运动肌群的收缩力，增加颈部运动幅度，活动眼肌，预防眼肌疲劳及肩、颈与背部等疾患。同时，可改善颈部及脑部血液循环，有助于解除中枢神经系统疲劳。

（六）摇头摆尾去心火

1. 动作方法，如图 7-79 所示

2. 功效

（1）心火，即心热火旺的病症，属阳热内盛的病机。两腿下蹲、摆动尾闾，可刺激脊柱、

图 7-79 摇头摆尾去心火

督脉等；摇头可刺激大椎穴，从而达到疏经泄热的作用，有助于祛除心火。

（2）在摇头摆尾过程中，脊柱腰段、颈段大幅度侧屈、环转及回旋，可使整个脊柱的头颈段、腰腹及臀、股部肌群参与收缩，既增强了颈、腰、髋的关节灵活性，也增强了这些部位的肌力。

（七）两手攀足固肾腰

1. 动作方法，如图 7-80 所示

图 7-80 两手攀足固肾腰

2. 功效

（1）前屈后伸可刺激脊柱、督脉及命门、阳关、委中等穴，有助于防治生殖系统、泌尿系统方面的慢性病，起到固肾壮腰的作用。

（2）脊柱大幅度前屈后伸，可有效增强躯干前、后伸屈脊柱肌群的力量与伸展性，同时对

腰部的肾、肾上腺、输尿管等器官有良好的牵拉、按摩作用，可以改善其功能，刺激其活动。

（八）攒拳怒目增气力

1. 动作方法，如图7-81所示

图7-81 攒拳怒目增气力

2. 功效

（1）中医认为，“肝主筋，开窍于目”。本式中的“怒目瞪眼”可刺激肝经，使肝血充盈，肝气疏泄，有强健筋骨的作用。

（2）两腿下蹲、十趾抓地、双手攥拳、旋腕、手指逐节强力抓握等动作，可刺激手、足经脉等；同时，运动中使全力牵张刺激，长期锻炼可使全身筋肉结实、气力增加。

（九）背后七颠百病消

1. 动作方法

“背后七颠百病消”的动作主要是颠足，难以用图片展示。具体动作可上网搜索相关视频。

2. 功效

（1）脚趾为足三阴、足三阳经交会之处，脚十趾抓地，可刺激足部有关经脉，调节相应脏腑的功能；同时，颠足可刺激脊柱与督脉，使全身脏腑经络气血通畅、阴阳平衡。

（2）颠足而立可增强小腿后部肌群力量，拉长足底肌肉、韧带，提高人体的平衡能力。

（3）落地震动可轻度刺激下肢及脊柱各关节内外结构，并使全身肌肉得到放松和复位，有助于解除肌肉紧张。

（十）收势

1. 动作方法，如图7-82所示

2. 功效

气息归元，放松肢体肌肉，愉悦心情，进一步巩固练功效果，逐渐恢复到练功前安静时的状态。

图 7-82 收势

三、易筋经

（一）预备式

图 7-83 预备式

1. 动作方法，如图 7-83 所示

2. 功效

宁心安神，调整呼吸，内安五脏，端正身形。

（二）韦驮献杵第一式（拱手环抱）

1. 动作方法，如图 7-84 所示

图 7-84 韦驮献杵第一式

2. 功效

（1）古人云："神住气自回。"两掌相合的动作可起到气定神敛、均衡身体左右气机的作用。

（2）可改善神经、体液调节功能，有助于血液循环，消除疲劳。

（三）韦驮献杵第二式（两臂横担）

1. 动作方法，如图 7-85 所示

2. 功效

（1）伸展上肢和立掌外撑的动作可起到疏通上肢等经络的作用，并具有调练心、肺之气，改善呼吸功能及气血运行的作用。

图 7-85　韦驮献杵第二式

（2）可提高肩、臂的肌肉力量，有助于改善肩关节的活动功能。

（四）韦驮献杵第三式（掌托天门）

1. 动作方法，如图 7-86 所示

图 7-86　韦驮献杵第三式

2. 功效

（1）上肢撑举和下肢提踵的动作，可调理上、中、下三焦之气，并且将三焦及手足三阴五脏之气全部发动。

（2）可改善肩关节活动功能，提高上下肢的肌肉力量，促进全身血液循环。

（五）摘星换斗式

1. 动作方法

本式包括左摘星换斗式，如图 7-87 所示和右摘星换斗式，如图 7-88 所示。

图 7-87　左摘星换斗式

图 7-88 右摘星换斗式

2. 功效

（1）本式阳掌转阴掌（掌心向下）的动作，目视掌心，意存腰间命门，将发动的真气收敛，下沉入腰间两肾及命门，可达到壮腰健肾、延缓衰老的功效。

（2）可增强颈、肩、腰等部位的活动功能。

（六）出爪亮翅式

1. 动作方法，如图 7-89 所示

图 7-89 出爪亮翅式

2. 功效

（1）中医认为“肺主气，司呼吸”。伸臂推掌、屈臂收掌、展肩扩胸的动作，可反复启闭云门、中府等穴，促进自然之清气与人体之真气在胸中交汇融合，达到改善呼吸功能及全身气血运行的作用。

（2）可提高胸背部及上肢肌肉力量。

（七）倒拽九牛尾式

1. 动作方法

本式包括右倒拽九牛尾式，如图7–90所示和左倒拽九牛尾式，如图7–91所示。

图7–90 右倒拽九牛尾式

图7–91 左倒拽九牛尾式

2. 功效

（1）腰的扭动带动肩部活动，可刺激背部夹脊、肺俞、心俞等穴，达到疏通夹脊和调练心肺的作用。

（2）四肢上下协调活动，可改善软组织血液循环，增强四肢肌肉力量及活动功能。

（八）九鬼拔马刀式

1. 动作方法

本式包括两式：右九鬼拔马刀式，如图7–92所示和左九鬼拔马刀式，如图7–93所示。

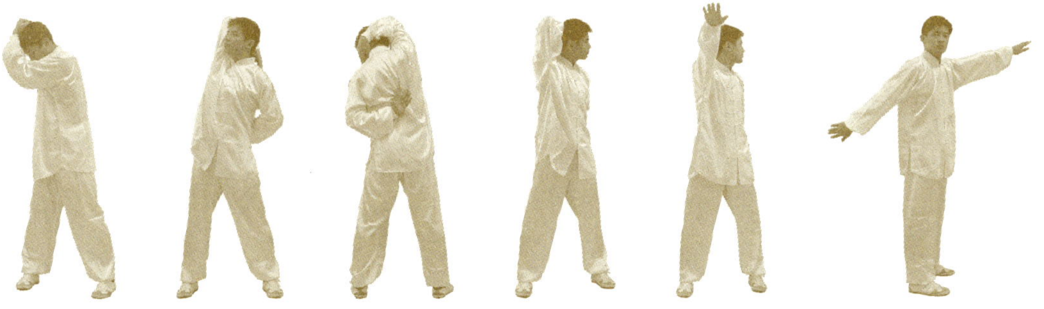

图 7-92 右九鬼拔马刀式

图 7-93 左九鬼拔马刀式

2. 功效

（1）身体的扭曲、伸展等运动，使全身真气开、合、启、闭，脾胃得到摩动，肾得以强健；此动作还具有疏通玉枕关、夹脊关等要穴的作用。

（2）可提高颈肩部、腰背部肌肉力量，有助于改善人体各关节的活动功能。

（九）三盘落地式

1. 动作方法，如图 7-94 所示

图 7-94 三盘落地式

2. 功效

（1）下肢的屈伸活动，配合口吐“嗨”音，使体内真气在胸腹间相应地降、升，实现心肾相交、水火既济。

（2）增强腰腹及下肢力量，起到壮丹田、强腰固肾的作用。

（十）青龙探爪式

1. 动作方法

本式包括左青龙探爪式，如图7–95所示和右青龙探爪式，如图7–96所示两式。

图7–95 左青龙探爪式

图7–96 右青龙探爪式

2. 功效

（1）中医认为“两胁属肝”“肝藏血，肾藏精”，二者同源。转身、左右探爪及身体前屈，可使两胁交替松紧开合，起到疏肝理气、调情畅志的功效。

（2）可改善腰部及下肢肌肉的活动功能。

（十一）卧虎扑食式

1. 动作方法

本式包括两式：左卧虎扑食式，如图7–97所示和右卧虎扑食式，如图7–98所示。

图7–97 左卧虎扑食式

图7–98 右卧虎扑食式

2. 功效

（1）中医认为“任脉为阴脉之海”，统领全身阴经之气。虎扑之式中身体的后仰、胸腹的伸展，可使任脉得以疏伸，同时可以调和手足三阴之气。

（2）改善腰腿肌肉活动功能，起到强健腰腿的作用。

（十二）打躬式

1. 动作方法，如图7–99所示

2. 功效

（1）中医认为“督脉为阳脉之海”，总督全身阳经之气。头、颈、胸、腰、骶椎逐节牵引屈伸，使背部的督脉得到充分锻炼，可使全身经气发动，阳气充足，身体强健。

图 7-99　打躬式

（2）可改善腰背及下肢的活动功能，强腰健腿。

（3）有醒脑、聪耳、消除大脑疲劳的功效。

（十三）掉尾式

1. 动作方法，如图 7-100 所示

图 7-100　掉尾式

2. 功效

（1）体前屈及抬头、掉尾的左右屈伸运动，可使任、督二脉及全身气脉得以调和，练功后全身舒适、轻松。

（2）可强化腰背肌肉力量的锻炼，有助于改善脊柱各关节和肌肉的活动功能。

（十四）收式

1. 动作方法，如图 7-101 所示

图 7-101 收式

2. 功效

（1）通过上肢的上抱、下引动作，可引气回归于丹田。

（2）起到使全身肌肉、关节放松的作用。

其他民族传统体育项目介绍

一、中华民族传统体育文化概述

中华民族传统体育文化是以汉民族传统体育文化为主体，融合各少数民族传统体育文化而形成的一种社会文化，民族传统体育是各民族传统养生、健身和娱乐等体育活动的总称。中华民族传统体育文化萌生于特殊的地理环境与民族文化氛围中，具有丰富的民族文化哲理和极高的伦理价值。

（1）中华民族传统体育文化注重身心并重、内外兼修。体育文化体现了身体与精神的高度统一与和谐发展。在古代，中华民族一直以自给自足的小农经济为社会基础，习惯于相对稳定、宁静的生活方式，所以中华民族传统体育文化带有浓厚的修身养性的特征。

（2）中华民族传统体育文化以伦理道德为基础。中华民族的传统文化十分重视伦理与道德，在这种文化氛围的影响下，民族传统体育也具有鲜明的道德教化痕迹。如民族传统体育的典型代表武术，除了对技击之术的训练，更加注重对武德的培养。民族传统体育的审美标准也被赋予了相应的伦理道德含义。

（3）民族传统体育形态与传统文化高度吻合。在中华民族传统体育文化的价值体系中，人体生命观、贵生观、养生观的体育价值取向尤为显著。这种以养生为基础的传统体育文化，使很多民族传统体育活动都具有平衡阴阳、活动气血、祛病强身的功能。

二、其他民族传统体育项目介绍

民族传统体育包罗万象，项目繁多。除前文已介绍的武术、健身功法等运动项目，还有诸如赛龙舟、拔河、毽球等项目。

（一）赛龙舟

赛龙舟是端午节的一项重要活动，在我国南方很流行。“龙舟竞渡”是在战国时代就已有的习俗。战国时期，人们在急鼓声中划刻成龙形的独木舟，做竞渡游戏，以娱神与乐人，此时的龙舟竞渡是祭仪中半宗教性、半娱乐性的节目。

汉族的赛龙舟多在每年端午节举行，船长一般为20～30米，每艘船上约30名水手。苗族的赛龙舟是在每年5月24日至27日的龙船节举行，船长约20米，宽1米，由3棵直而粗的杉树挖成槽形，捆绑而成，中间是母船，两边为子船，每艘船上有38名水手。傣族的赛龙舟在每年傣历6、7月（清明节后十日左右）的泼水节举行，每艘船上约有60名水手，另有4名舵手和4名引道手。比赛时，由一人敲锣指挥，水手按锣声节奏划桨前进。

（二）拔河

拔河是我国流传千年的传统民间体育运动，古称“牵钩”，其起源可追溯至春秋战国时期。最初，拔河并非单纯的娱乐活动，而是用于军事训练的项目，古人通过模拟拉拽战船、对抗敌军的场景，锻炼士兵的力量与团队协作能力。随着时代发展，它逐渐从军营走向民间，成为节庆、庙会等场合的重要民俗活动，承载着民众对团结与力量的崇尚。

拔河的形式简洁却充满竞技性。比赛时，两队人员分别握住长绳两端，绳索中间系有标记物，两队通过集体发力向己方拉动，以将标记物拉过己方界限为胜。看似简单的规则背后，考验的是全队的协同配合——从握绳的姿势、发力的节奏到脚步的稳定性，都需要队员高度默契。发力时并非依赖蛮力，而是讲究“齐心”，通过统一的口号或指令协调动作，将个体力量凝聚成集体合力，这正是拔河最核心的魅力所在。

作为民俗体育项目，拔河始终与文化传统紧密相连。在古代，它常与祭祀、祈福活动结合，人们相信通过集体拔河能祈求风调雨顺、五谷丰登。如今，拔河不仅是群众喜闻乐见的健身方式，更成为展现团队精神的象征。无论是校园运动会、社区活动还是专业赛事，拔河总能激发参与者的热情，让人们在发力的呐喊中体会团结的力量，在胜负的较量中传承“齐心协作”的传统智慧。历经千年演变，拔河依然以鲜活的生命力，诠释着中华民族对集体精神的重视与传承。

（三）毽球

毽球运动是在我国民间踢毽子的基础上发展而来的一个集体性对抗项目。现在，毽球运动的场地采用羽毛球的双打场地，长11.88米，宽6.1米，设有发球区、限制区等。球网高1.60米（男子）或1.50米（女子）。

比赛队由6人组成，上场队员3人，其中队长1人。在本方场区内，靠近球网的2名队员从左至右分别为三号位和二号位队员，靠近端线的队员为一号位队员。比赛采用3局2胜制，第三局采用两球得分制。发球时，发球队员站在本方发球区内，将球踢向对方场区，发球未过网、触网、落在界外等均属失误。某队取得发球权时，场上队员应先按顺时针方向轮转一个位置，然后由一号位队员发球。在本方场区内，最多只能有3人共击球4次，每名队员最多可连续击球2次。接发球队失误应判对方得1分，发球队失误则由对方发球。某队得15分并至少比对方多得2分时为胜一局。如果比分为14 ： 14，则比赛继续直到某队领先2分才为胜利。

《看一看》

民族传统体育的分类

中华民族传统体育的所有项目，就其历史发展及运动的主体功能而言，可划分为三大类：技击壮力类民族传统体育运动，如武术、举重、摔跤、田径、射术；休闲娱乐类民族传统体育运动，如球戏、舞戏、舟戏、水戏、冰雪戏、棋戏；养生健身类民族传统体育运动，如导引、太极、健舞。

思考题

1. 初级长拳第三路的练习要求是什么?
2. 二十四式太极拳的练习要点有哪些?
3. 常见的民族传统体育项目有哪些?

第八章 CHAPTER 8

格斗类运动

导言

格斗类运动是以徒手或借助简易器械进行攻防对抗的体育项目，兼具竞技性、健身性和实战性。格斗类运动不仅能提升力量、速度、反应等身体素质，更能培养坚韧意志、自律精神和危机应对能力，同时蕴含着尊重对手、遵守规则的体育道德理念。

学习目标

- 掌握某一格斗类运动的基础技术动作。
- 结合项目特点进行力量、速度、耐力和柔韧性的针对性练习，提升专项身体素质。
- 养成坚韧不拔、勇于挑战的意志品质，学会正视困难与挫折。

散　打

自古以来，武术一直遵循着套路和搏击两种不同的形式向前发展。后来，由于对搏击运动的淡化，武术以套路为主进行发展。直到1979年，武术散打开始进行试点，自此10年的试验阶段拉开序幕。1989年，武术散打被原国家体委确立为国家正式竞赛项目，并举办了第一届全国武术散打擂台赛。1993年，在第七届全国运动会上，武术散打首次被列为正式比赛项目，设男子团体项目。1997年，全运会武术散打项目金牌增加到3块，极大地促进了武术散打运动的发展。

一、散打的锻炼价值

（一）强身健体

散打对人的综合素质有较高的要求，是一种全身上下、内外兼修的运动。大量的实践证明，科学的练习可以增强人体各大系统组织功能，提高人体速度、力量、灵敏、耐力、柔韧等方面的素质，提高人的观察力、判断力、思维力、记忆力、想象力等能力，并延缓大脑机能的衰老，促进骨骼和肌肉的发育和生长，使骨骼变粗、骨密质增厚，提升抗弯、抗压的能力。

（二）防身自卫

散打本身就是一种人体格斗手段，以战胜对方为目的，散打运动技击对抗的本质特征，决定了在一定的条件下具有防身自卫的作用。

（三）修身养性

散打运动能对人的思想境界、伦理道德、个性特征、爱好情趣、意志品质等起积极影响作用。散打技法的训练与运用承载着思想教育的作用，思想指引着行动，行动转化为思想，二者之间互为依存。散打可以培养出果敢自信、敢于直面失败与挫折、顽强拼搏、积极进取的优秀品质。

（四）娱乐社交与文化交流

散打运动具有很强的娱乐性。当自身投入散打运动，在擂台战胜对手时，内心会充满无限快意和兴奋感。

散打文化是以散打为载体，以传统哲学为思想基础，融技击性、健身性、表演性、娱乐性于一体的文化体系。武术散打不但传承了武术的技击技术，而且承载了中华文化的基因。散打源于中国，属于世界。通过以武会友和比赛交流，散打可以把不同文化背景的人们联系在一起，促进人际交往，共同发展散打运动，使更多的人了解中国散打、了解中国文化，以增进友谊，促进国际的文化交流。

二、散打动作方法

散打的基本技术有预备势、步法、拳法、腿法、掌法和摔法。

（一）预备势（散打实战姿势）

人体直立，左脚在前，两脚前后自然开立，与肩膀同宽或比肩膀稍宽，重心在两腿之间，身体侧向45°面向前方。左拳在前，置于自己和对手的鼻子之间，左手大小臂呈90°角，拳心向内。右手握拳，手臂曲臂收紧护在身体右侧。两肘尖自然下垂，两腿自然微曲，两脚跟提起。含胸收腹、下颌内含，两眼目视前方。右势则左右脚和手臂交换呈相反姿势。

（二）基本步法

1. 进步

由预备势开始，前脚（左脚）先向前进半步，后脚再跟进半步，保持实战姿势不变。

2. 退步

由预备势开始，后脚（右脚）先后退半步，前脚再退回半步，保持实战姿势不变。

要点：进步、退步步幅不宜过大，前、后脚相互跟进后保持实战姿势，左、右两脚跟进衔接得越快越好。

3. 左移步

由预备势开始，前脚（左脚）先向左移半步，后脚（右脚）再左移半步，保持实战姿势不变。

4. 右移步

由预备势开始，后脚（右脚）先向右移半步，前脚（左脚）再右移半步，保持实战姿势不变。

要点：左右移动步幅不宜过大，两脚左右移动后保持实战姿势，右、左两脚移动衔接得越快越好。

5. 跨步（跟步）

脚向前方斜进角度要与后脚跟进角度保持一致，使身体重心始终在两脚之间。两脚一虚一实，两臂分别防守上、下，形成较大防守面。

（三）基本拳法

拳法是以拳面为着力点，在中近距离上对对手的头部、胸部、腹部进行攻击的技法。

1. 直拳：直线攻击的拳法，主要用于攻击对手的面部、胸部、腹部

左直拳动作要领：由预备势开始，左脚掌蹬地，身体稍向右转，左膝内扣，左脚跟提起外摆，同时左臂小臂内旋，拳心向下，拳向前直线击出，拳要略高于肩，手臂迅速完全伸直，拳力点在拳面。右拳护住右下颌，两眼目视前方。左拳击出伸直后即迅速将拳原路收回还原。

右直拳动作要领：由预备势开始，右脚蹬地，身体向左转髋转体，右膝内扣，右脚跟提起外摆，同时右臂小臂内旋，拳心向下，拳向前直线击出，拳略高于肩，手臂迅速完全伸直，着力点在拳面。左拳护住左侧下颌，两眼目视对手。右拳击出后即迅速将拳原路收回还原。

要点：左直拳发力要短促突然，右直拳要迅猛有力度。

2. 摆拳：横向攻击的拳法，主要用于攻击对手头部侧面及颈部

左摆拳动作要领：由预备势开始，左拳稍向下再向前呈螺旋击出，用腰带动身体向右转髋转体，左膝内扣，左脚跟提起外摆，同时，左臂上抬与肩平，左肘弯曲约135°，拳心向下稍向外，拳面向右，左拳由左侧弧线向右摆击，拳不超过身体中线，上体转身不超过45°，着力点在拳面。右拳护住右下颌，两眼目视前方，左拳击出后即迅速将拳收回还原。

右摆拳动作要领：由预备势开始，身体向左转髋转体，右膝内扣，右脚跟提起外摆，同时，右臂上抬与肩平，右肘弯曲约135°，拳心向下稍向外，拳面向左，拳由右侧划弧线向左摆击，拳不超过身体的中心线，上体转身不超过90°，拳着力点在拳面。左拳护住左下颌，两眼目视前方，右拳击出后即迅速将拳收回还原。

要点：旋髋、转体带动拳头摆击要迅猛短促，击打力量大，身体重心稳。

3. 勾拳：由下向上攻击的拳法，主要攻击对手的下颌部及腹肋部

左勾拳动作要领：由预备势开始，上体稍向左下转，左腿微屈，重心稍下沉，左臂弯曲约90°，随即左脚掌蹬地，挺身向右转体，左拳拳心向内，带动左拳由下向前上方勾击，勾击高度约与下颌同高，左拳着力点在拳面。右拳护住下颌，两眼目视前方，左拳击出后即迅速将拳收回还原。

右勾拳动作要领：由预备势开始，上体稍向右下转，右腿微屈，重心稍下沉，右臂弯曲约90°；随即右脚掌蹬地，挺身向左转体，带动右拳由下向前上方勾击，勾击高度约与下颌同高，右拳力点在拳面。左拳护住左下颌，两眼目视前方，右拳击出后即迅速将拳收回还原。

要点：蹬腿、拧腰、转体带动拳头勾击要迅猛、短促。

（四）基本腿法

腿法是以脚掌、脚跟、脚背、小腿胫部末端为着力点，在远距离对对手的头部、躯干及腿部进行攻击的技法。

1. 正蹋（正蹬）：直线攻击的腿法，主要用于攻击对手的胸部、腹部

左前蹋动作要领：由预备势开始，右脚向前垫步，重心移至右脚，右脚支撑，微屈，左腿提膝上抬，脚向前上方直线蹬击，着力点在脚跟，上体稍向后仰，并保持预备势，两眼目视对手。左腿击出后即迅速将腿收回还原。

右前蹋动作要领：由预备势开始，右脚蹬地屈膝前抬，重心移至左脚，左腿支撑微屈，右脚脚尖勾起，脚跟向前直线蹬击，左膝左脚外摆，身体稍向左转，右腿击出后即迅速将腿收回还原。

2. 侧蹋（侧踹）：直线攻击的腿法，主要用于攻击对手的头部、胸部、腹部

左侧蹋动作要领：由预备势开始，右脚向前垫步，重心移至右脚，右腿支撑微屈，左腿展髋扣膝，勾脚尖，上体侧倾，左脚向体侧前方直线踹出，腿充分伸直，脚掌正对攻击目标，着力点在脚跟。左蹋腿时，挺腰，上体侧倾，左手自然下摆护在左腿上方，右拳护住右下颌。两眼目视攻击方向，左脚击出后，膝关节伸直的瞬间即迅速屈膝收腿落步还原。

右侧踢动作要领：由预备势开始，重心移至左脚，左腿支撑，微屈，左膝左脚外摆，身体向左转髋转体的同时，右腿展髋扣膝，勾脚尖，上体侧倾与腿基本保持一线，右脚向体侧前方直线踹出，腿充分伸直，脚掌正对攻击目标，着力点在脚跟。踹腿时挺腰，上体侧倾，右手自然摆至右腿上部，左拳护住左下颌，两眼目视攻击方向。右腿踹出后，在膝关节伸直的瞬间即迅速屈膝收腿，右脚后撤一步，落步还原呈格斗势。

要点：左侧踢出击较快。右侧踢转髋踢击力量大。

3. 横踢（鞭腿）：横向攻击的腿法，主要用于攻击对手的腹部、肋部、腰部、头部和腿部

左横踢动作要领：由预备势开始，右脚向前垫步，重心移至右脚，右腿支撑微屈，身体稍向右转的同时，左腿展髋屈膝，右脚掌碾地旋转，脚跟前指，左脚背绷直，边侧向抬起边向右方弹击，着力点在左小腿胫部末端或脚背。踢腿时，挺腰，上体侧倾，左手自然向左腿外侧摆动，右拳护住右下颌。两眼目视攻击方向。左腿击出后，膝关节伸直的瞬间即迅速屈膝收腿落步还原。

右横踢动作要领：由预备势开始，重心移至左脚，左腿支撑左膝微屈，左脚外摆，左脚掌碾地旋转，脚跟前指，身体向左转髋转体的同时，右腿展髋屈膝，旋髋用大腿带动小腿，向抬起边方向弹击，脚背绷直，着力点右小腿胫部末端或脚背。右腿击出后，膝关节伸直的瞬间即迅速屈膝收腿，右脚后撤一步，落步还原。

（五）基本掌法

1. 劈掌

劈掌是用手掌外侧劈击对方脖颈等部位的一种掌法。它一般在其他掌法或腿法的掩护和配合下攻击对方，也可以单独使用。劈掌动作较大，凶猛有力，是威力较大的一种进攻性掌法。

动作要领：劈打要猛，要充分借用上体向前之势，整个动作要连贯协调、一气呵成。劈掌时步法要跟上。

2. 击掌

左（右）腿在前，呈准备姿势。右（左）拳变掌，臂内旋使掌心向前，随即直臂向前击掌，击掌时掌心朝前。击掌后迅速收回。

动作要领：击掌时，注意用另一只手防护面部，击掌要借助腰部、胯部拧转发力，击掌要快速有力，力点直达掌根。

（六）基本摔法

1. 主动抢摔

（1）抱腿前顶摔：双方由实战姿势开始，一方上左步，身体下潜闪躲，然后两手抱对方双腿膝窝下部，两手用力回拉。同时，用左肩前顶对方大腿根部或腹部，将对方摔倒。

要点：下潜接近对手时动作要迅速，抱紧对手腿部用力后拉，要和顶肩动作密切配合，同时进行。

（2）抱腿旋压摔：双方由实战姿势开始，一方右脚蹬地，上左步，身体下潜，重心移至左腿。同时左手抄抱对方左腿大腿内侧，右手抱住对方小腿后，以左脚掌为轴，身体向右后方旋转，以右手提、左肩压的合力，将对方摔倒。

要点：抱腿和旋压要同时进行，发力要迅速、有力。

2. 防守借势摔

（1）夹颈过背摔：当对方用左摆拳攻击头部时，立即以右手挂挡对方左拳，然后迅速夹握对方左前臂，同时左臂由对方右肩穿过后，屈臂夹住对方颈部。右脚向后插半步与左脚平行，两腿屈膝，臀部抵住对方小腹。然后身体右转，两腿蹬伸，弓腰，头向右转，将对方背起后摔倒。

要点：左臂夹颈动作要快，与转体、弓腰动作连贯。

（2）抱腰过背摔：当对方用左摆拳攻击头部时，立即向左闪身，左脚向前上半步，同时左臂由对方右下腋下穿过，搂抱对方后腰，右手挂挡对方左拳后迅速夹握对方左前臂。然后身体右转，右脚向后插半步，双腿屈膝，臀部抵住对方小腹。两腿蹬伸，弓腰，头向右转，将对方背起后摔倒。

（3）穿臂过背摔：当对方用左摆拳攻击头部时，立即向左闪身，同时左脚向前上半步，右手挂挡对方左拳后迅速夹握对方左前臂，同时左臂从对方左臂下穿过并将对方身体扛至肩上，身体右转，右脚向后插半步屈膝，臀部抵住对方小腹，两腿蹬伸，弓腰，头向右转，将对方背起后摔倒。

（4）接腿下压摔：当对方用左鞭腿进攻时，立即用左手抄抱其左腿，然后右腿立即向后撤步，上体右转，左手回拉，右手配合夹住来腿，同时躯干前屈，用肩胸下压对方左腿内侧，将对方摔倒。

（5）接腿挂腿摔：当对方用右鞭腿进攻肋部时，立即以左腿抢先进步，用左手外抄抱其右小腿，右腿抬起前伸，以小腿勾搂，挂其支撑腿后腘关节，同时右手用力向前，向下推压其右肩部，将其摔倒。

（七）散打锻炼方法

（1）徒手练习：徒手进行拳法、腿法等方面的技术训练。

（2）器械练习：打墙靶、沙袋、速度球、多位靶等。

（3）配对练习：两人配合用手靶、脚靶进行拳法、腿法练习，进行模拟实战和摔法练习。

（4）基本战术与多种战术相结合：在平时的训练中，首先要熟练掌握基本战术，在掌握基本战术的基础上，根据自己的特点选择几种适合自己的其他战术，反复练习，做到各种战术运用灵活，以便于应对各种战局。

（5）模拟训练：教练员模拟不同战术所需要的动作并反复练习。练习的力量、速度要由轻到重，由慢到快，直到接近实战或超过实战水平。

（6）分解训练：一种战术一般由几个动作组成，可以先将这几个动作分解逐一练习，最后再完整练习。

（7）实战比赛：散打训练最终的形式是实战，实战是检验技术水平、战术水平的有效手段。训练时，按照比赛的要求进行实战对抗，可以选择延长比赛时间，对付不同风格的对手可采取二打一、三打一、四打一的车轮战。实战结束后，要积极地进行总结，积累比赛经验。

跆拳道

跆拳道起源于朝鲜半岛。“跆拳道”一词，是1955年由韩国的崔泓熙将军创造的，跆拳道被韩国视为国技。跆拳道运动是一项典型的东方传统体育项目，蕴含着丰富的东方文化。在2000年悉尼奥运会上，跆拳道被列为奥运会正式比赛项目，极大地促进了该项目在世界范围内的传播。

一、跆拳道的锻炼价值

跆拳道具有多个方面的锻炼价值。第一，跆拳道通过腿法和拳法的训练，强化下肢和上肢肌肉，能提高练习者的心肺功能，增强肌肉力量和耐力，同时增强身体的柔韧性和协调性。第二，跆拳道训练通过反复练习技巧和实战挑战，有助于培养练习者的自信心、自律性、集中力和坚忍不拔的精神，从而更好地应对各种压力。第三，跆拳道训练通常需要练习者一起进行集体训练或比赛，提供了与他人互动和合作的机会，有助于培养良好的社交技巧和团队意识。第四，跆拳道强调“以礼始，以礼终”的礼仪规范，有助于练习者培养良好的行为习惯和道德品质。

二、跆拳道品势

跆拳道品势，是指练习者以技击为主要内容，通过攻守进退的动作编排，达到强身健体、磨炼意志的一种练习形式。跆拳道品势包括太极一章至太极八章，与《易经》中的“太极八卦”相对应。这里我们取太极一章进行介绍。

（一）准备姿势（图8-1）

（二）左转身下截（图8-2）

图8-1　准备姿势

图8-2　左转身下截

（三）右顺步冲拳（图8–3）

（四）右转身下截（图8–4）

图8–3 右顺步冲拳

图8–4 右转身下截

（五）左顺步冲拳（图8–5）

（六）左弓步下截（图8–6）

图8–5 左顺步冲拳

图8–6 左弓步下截

（七）左弓步冲拳（图8–7）

（八）右转身内格（图8–8）

图8–7 左弓步冲拳

图8–8 右转身内格

（九）立步冲拳（图8-9）

（十）转身内格（图8-10）

图8-9 立步冲拳

图8-10 转身内格

（十一）立步冲拳（图8-11）

（十二）右弓步下截（图8-12）

图8-11 立步冲拳

图8-12 右弓步下截

（十三）右弓步冲拳（图8-13）

（十四）左转身格挡（图8-14）

图8-13 右弓步冲拳

图8-14 左转身格挡

（十五）左前踢冲拳（图8-15）

（十六）右转身格挡（图8-16）

图8-15 左前踢冲拳

图8-16 右转身格挡

跆拳道腿法

（十七）右前踢冲拳（图8-17）

（十八）左弓步下截（图8-18）

图8-17 右前踢冲拳

图8-18 左弓步下截

（十九）右弓步冲拳（图8-19）

（二十）收势（图8-20）

图8-19 右弓步冲拳

图8-20 收势

三、跆拳道练习方法

（一）快慢结合重复练习

练习者在学习新动作时宜采用慢速重复练习。为了便于正确理解和掌握动作要领，初学者一般采用慢速模仿练习。在教练员进行讲解、示范或经过自学后，可采用多组少次数的练习，这样有利于动作的掌握。快速重复练习则适用于已经掌握了动作要领的练习者在练习技术时使用。

（二）身法步法结合练习

在练习者掌握了动作要领之后，就可以根据实战的需要结合相应的身法和步法进行练习，使技术与实战紧密联系。例如，在练习横踢技术时，可以练习向前上一步再进行横踢，或后退一步再进行横踢。这样就可以使练习者将动作、身法、步法融会贯通，从而较快地将技术与实战结合起来。

（三）互不接触的攻防练习

这种练习方法可以消除练习者对于实战的恐惧心理，预防运动损伤。在练习时要注意：练习者之间保持合适的距离；练习时要把技术动作做完整；防止胡踢、乱踢，要仔细揣摩步法、抓住击打时机，借鉴对方长处。

（四）固定靶练习

这是一种以沙袋、脚靶、护具等器材为击打对象的练习方法。练习时若要提高动作的速度和打击力度，练习者就要在一定时间内快速完成某一动作。若只要提高练习者的动作频率和耐力，则练习应按规定的时间和组数进行。另外，还可以按照常用技术组合进行击组合靶练习。

柔　道

一、柔道的锻炼价值

柔道对练习者的身心健康具有许多益处。第一，通过柔道训练，练习者全身肌肉都能得到锻炼，特别是背部、肩部、腹部和腿部等部位的肌肉，有助于提高肌肉力量和耐力，同时增强身体的柔韧性、协调性和平衡感，还有助于改善体态。第二，柔道运动有助于增强练习者骨骼密度，预防骨质疏松等疾病。第三，柔道运动有助于练习者释放压力，减轻焦虑、抑郁等负面情绪。运动过程中练习者的身体得到放松，有助于保持良好的心态。第四，在柔道练习的过程中，练习者被教导要尊重对手、尊重裁判，要有礼貌、谦逊和诚实，有助于练习者塑造良好的品格。

二、柔道练习方法

（一）注重基础递进学习

柔道是一项强对抗性运动，故练习者在学习柔道时教练员应着重强调基本功的练习。为防止练习者在学习柔道时受伤，教练员应对基础动作进行逐步分解并讲解示范。在讲解示范后，练习者可对分解动作进行多组重复练习，熟悉分解动作后再递进练习完整动作。

（二）进攻对抗互动学习

在练习者掌握基础动作之后，教练员可根据练习者实际练习情况分配搭档进行互动学习。例如，在柔道投技中，每个技术动作都可以拆分成打入和投出两部分，练习者可以一人做打入，一人做投出。这不仅可以帮助练习者巩固技术，还能帮助练习者加深对动作的理解。

（三）巧用技术灵活学习

柔道的技术主要由投技、舍身技、寝技三大部分技术组合而成。在模拟对战中，练习者要懂得灵活组合，以适宜的技术连续不断地向对手进攻。练习时须注意：创造时机主动施技；专注对手灵活施技；互相借鉴，取长补短。

（四）因材施教差异学习

在柔道技术训练的过程中需要根据练习者的身体条件，因人而异地进行柔道技术训练。例如，身高体瘦的练习者，使用内股、扫腰等技术动作比较好，因为他们四肢修长，使用这样的技术动作优势较大。在练习时根据练习者的特点进行特色学习，有助于帮助练习者发挥其自身优势，更好地投入柔道的学习。

思考题

1. 散打有哪些锻炼价值?
2. 跆拳道练习的常用方法有哪些?
3. 柔道的练习方法有哪些?

第九章 CHAPTER 9

水上运动与冰上运动

导言

水上运动是在水面、水中或水边开展的体育活动，既考验体能与技巧，又充满自然乐趣；冰上运动则以冰面为场地，兼具速度、美感与对抗性。两者都与自然环境紧密相关，水上运动依赖水域条件，冰上运动受冰面状态影响，在发展中既有共同点也有不同特色，成为连接体育与文化的重要载体。

学习目标

- 掌握至少一种泳姿。
- 掌握滑冰的基本动作要领，体验滑冰的乐趣。
- 培养专注冷静的心态，激发自我挑战的勇气。

游 泳

一、游泳的锻炼价值

（一）游泳与身体健康

游泳的运动量较大，而且水温一般低于体温。人在游泳时新陈代谢会比较旺盛，对机体各器官的机能要求较高。经常游泳可以有效地提高各器官与神经系统的协调配合能力，并增强毛细血管系统机能和呼吸系统的功能。

同时，游泳可以消耗大量的热量，增强人体耐寒能力，并能改善人体体温调节系统的功能，提高神经系统对温度的感知和调节能力。

另外，游泳消耗的能量比跑步等陆上项目多很多，有很好的减肥作用。人体在水中热量散失较快，身体中的大量热量会在游泳时被消耗掉，这些热量消耗需要体内的糖类和脂肪来补充。经常游泳可以有效减少体内过多的脂肪，从而避免肥胖的发生，塑造健美身材。

（二）游泳与心理健康

游泳除了能锻炼身体外，也是培养意志力、注意力、自信心等心理素质的过程。通过游泳运动可以发泄不良情绪，释放压力，从而保持良好的心理状态。

游泳所处的环境是水中，对于初学者来说，入水前都会有恐惧心理。通过游泳练习，逐渐克服这种恐惧心理本身就是一种积极的心理体验。游泳还具有改善情绪、培养意志品质、增进智力等好处。学习游泳的过程会对练习者的感觉、知觉、思维、记忆、情感，特别是意志品质方面产生积极影响，促进练习者良好个性心理特征的形成。通过游泳练习，从开始克服对水的恐惧到后来学会游泳的过程中，每一点进步都是一种成功体验，能够有效增强练习者的自信心。

（三）游泳与社会适应

游泳的活动环境较为特殊，学习游泳是对个体环境适应能力的锻炼。特殊的运动环境，改变着个体对环境的已有认知，各种刺激都可能成为信息来源。从认识水中环境到适应水中环境，最后在水中行动自如，是一个人对环境的完整适应过程。此外，游泳会结交许多新朋友，带来各种各样的信息，使生活更加丰富多彩。

游泳还可以培养适应社会需要的价值观。游泳锻炼处处体现着人的自由与平等，可以培养人的平等精神、进取精神。积极主动地参与游泳锻炼，可以有效地提高人们适应社会的能力。游泳又使每一位参与者领略胜利的喜悦和失败的痛苦，锻炼参与者享受成功及承受失败的适应能力。

《看一看》

奥运会游泳比赛

在奥运会比赛中，游泳项目共设34枚金牌，是名副其实的金牌大项。其中，自由泳比赛包括50米、100米、200米、400米、800米（女）和1 500米（男）。仰泳、蛙泳和蝶泳比赛包括100米和200米。个人混合泳比赛包括200米和400米。自由泳接力包括4×100米和4×200米。混合泳接力为4×100米。公开水域比赛为10 000米。

二、游泳运动的基本技术

（一）水性练习

1. 水中行走

（1）技术要领：略抬大腿，伸小腿下踏站稳，以手臂拨水保持平衡。

（2）练习方法：① 在齐胸深的水中，向不同方向迈步行走；② 几个练习者站成纵队或横队，手搭旁边同伴的肩行走。

2. 水中呼吸

（1）技术要领：尽量用口吸气，吸气要快、深，呼气要缓、匀；要连贯、有节奏地深吸，稍闭气后快呼，要呼净、吸足。

（2）练习方法：① 俯卧或者扶同伴的手，把头全部浸入水中呼气，然后抬头吸气，反复进行练习；② 站立在水中，头全部浸入水中呼气，然后抬头吸气，反复进行练习，如图9–1所示。

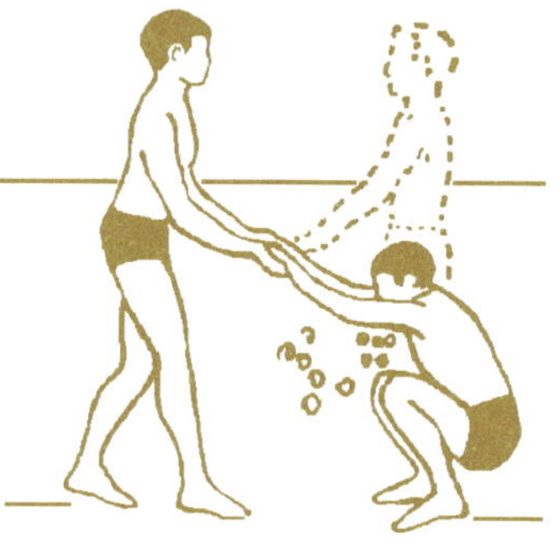

图9–1 水中呼吸

3. 漂浮与滑行

（1）技术要领：臂、腿伸直并拢，吸足气，身体呈流线型贴近水面。

（2）练习方法：① 抱膝浮体，如图9–2所示；② 蹬地滑行，如图9–3所示；③ 蹬池壁滑行，如图9–4所示。

图9–2 抱膝浮体

图 9-3 蹬地滑行

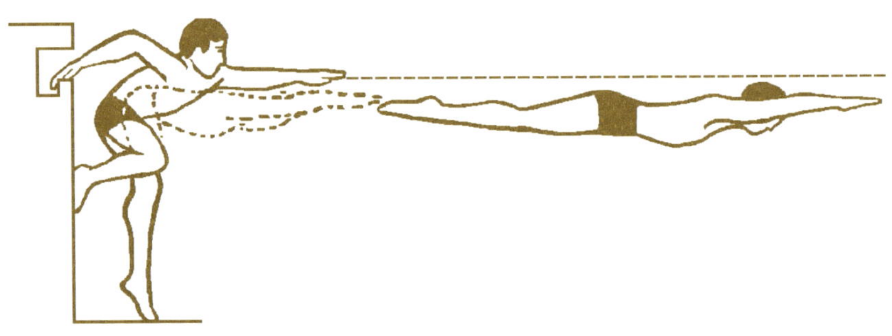

图 9-4 蹬池壁滑行

蛙泳

（二）蛙泳

1. 技术要点

蛙泳时，身体几乎以水平姿势俯卧在水中。头微抬起，腿、手臂始终在水下进行对称运动。腿、臂配合的原则是先划臂后收腿、先伸臂后蹬腿。动作配合一般是划臂一次、蹬腿一次、呼吸一次，如图 9-5 所示。

学习蛙泳时，可以牢记一个顺口溜："划手腿不动，收手再收腿，先伸胳膊后蹬腿，并拢伸直漂一会儿。" 在蛙泳时，手的动作先于腿的动作，一定要在收手后再收腿，伸手后再蹬腿。

2. 练习方法

（1）陆上仰坐模仿蹬腿动作练习，如图 9-6 所示。

（2）俯卧模仿蹬腿动作练习，如图 9-7、图 9-8 所示。

（3）有帮助的蹬腿动作练习，如图 9-9 所示。

（4）水中扶板蹬腿滑行动作练习，如图 9-10 所示。

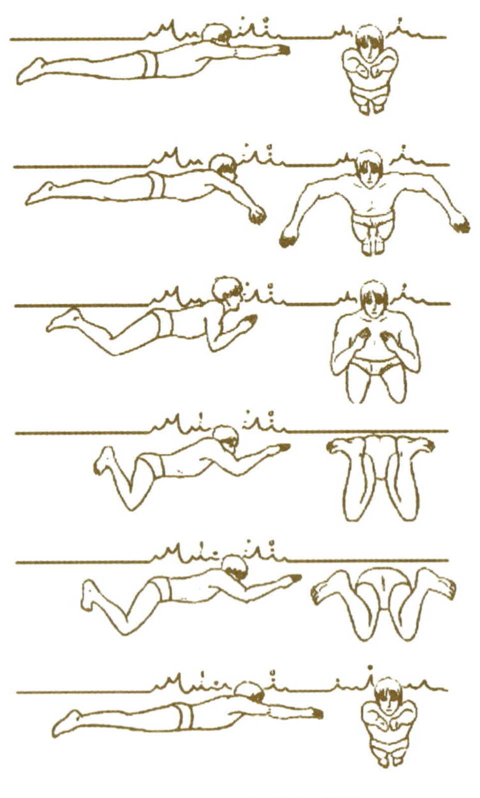

图 9-5 蛙泳基本动作

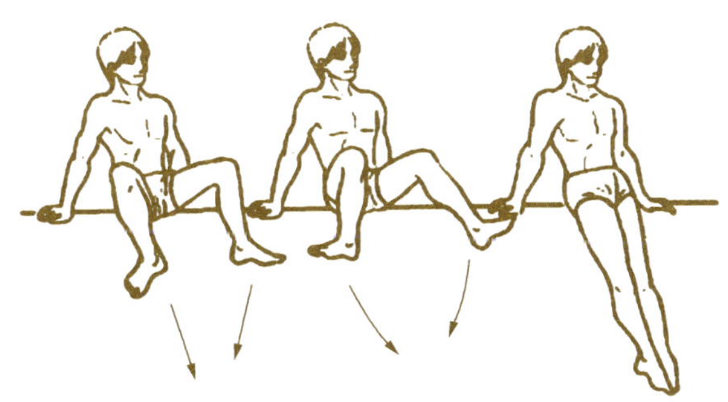

图9-6 陆上蹬腿

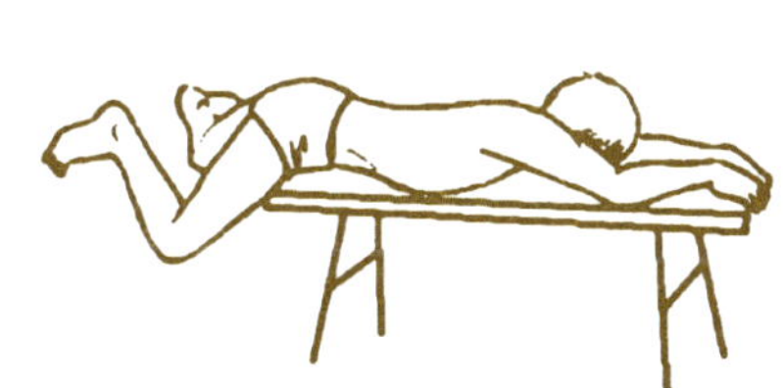

图9-7 俯卧蹬腿（侧面）

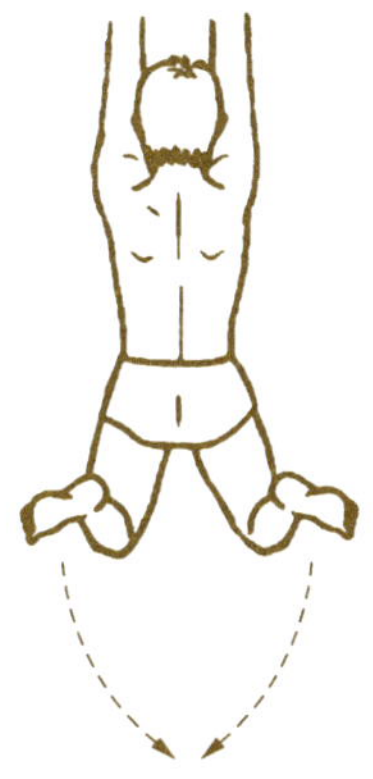

图9-8 俯卧蹬腿（背面）

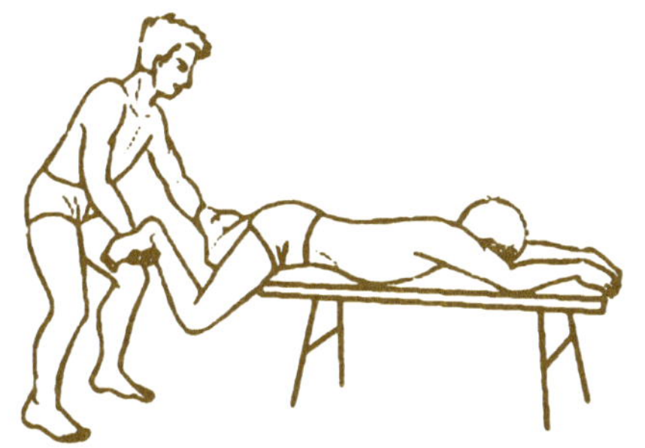

图9-9 有帮助的蹬腿

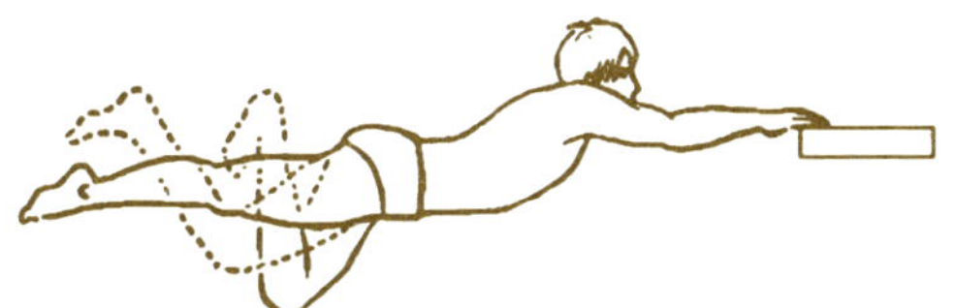

图9-10 水中扶板蹬腿

（5）陆上或水中划臂加呼吸动作配合练习，如图9-11所示。

图9-11 划臂与呼吸的配合

（三）自由泳

自由泳

1. 技术要点

自由泳时，身体俯卧在水中几乎与水面平行，两腿上下交替做鞭状打水动作。两臂经空中前移，在肩前入水，经腹下向后划水。上体随着两臂划水动作围绕着身体纵轴自然转动，同时向侧转头呼吸，并与臂的动作协调配合，以推动身体前进和保持身体平衡。动作配合一般是两臂各划水1次，两腿打水6次（或4次、2次），呼吸1次，如图9-12所示。

图9-12 自由泳基本动作

2. 练习方法

（1）陆上打腿模仿练习，如图9-13所示。

（2）扶边打腿练习，如图9-14所示。

图9-13 陆上打腿模仿练习

图9-14 扶边打腿练习

（3）水中滑行打水练习，如图9-15所示。
（4）陆上划臂模仿练习，如图9-16所示。
（5）分解划臂的腿臂配合练习，如图9-17所示。

图9-15 水中滑行打水练习

图9-16 陆上划臂模仿练习

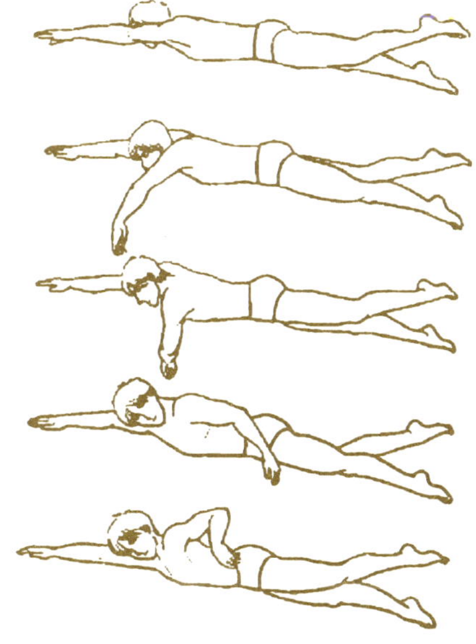

图9-17 分解划臂的腿臂配合练习

《看一看》

鲨鱼皮泳衣

鲨鱼皮泳衣是速比涛公司出产的一种模仿鲨鱼皮肤制作的高科技泳衣。1999年10月，国际泳联正式允许运动员穿鲨鱼皮泳衣参赛。2000年悉尼奥运会上，伊恩·索普穿着鲨鱼皮泳衣一举夺得3枚金牌，使得鲨鱼皮泳衣名震泳界。这款泳衣充分融合了仿生学原理：在接缝处模仿人类的肌腱，为运动员向后划水时提供动力；在布料上模仿人类的皮肤，富有弹性。2009年7月，国际泳联决定从2010年起禁用高科技泳衣。从2000年开始到高科技泳衣被禁止使用，鲨鱼皮泳衣在打破世界纪录上起了巨大的作用。

三、水上救护

（一）踩水

踩水技术动作简单、方便、省力、持久，具有较大的实用价值。踩水时，身体直立于水中，稍前倾，头露出水面，髋微收，两腿微屈勾腿，两臂胸前平屈，掌心向下，类似蛙泳手臂动作。两腿交替蹬水或同时蹬夹水，与蛙泳腿部动作相似。两臂弯曲，在胸前做抱水动作，手臂动作不宜过大。腿和臂的动作配合要连贯，一般是两腿各蹬夹一次或两腿同时蹬夹一次，两手做一次抱水动作，如图9-18所示。

图 9–18 踩水

（二）侧泳

当溺水者被解救后，一般采用侧泳和反蛙泳姿势将溺水者拖带上岸，如图 9–19 所示。

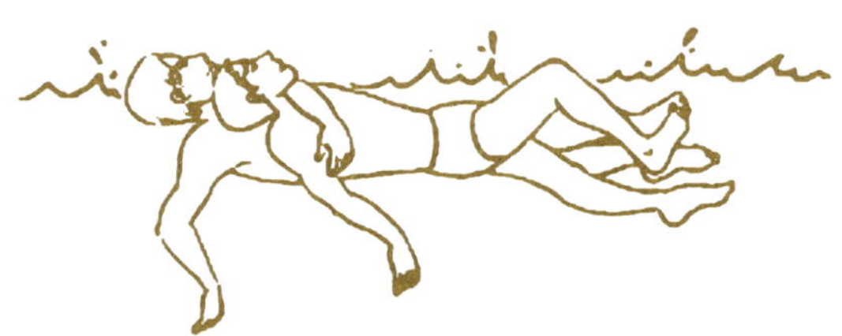

图 9–19 侧泳拖带

1. 基本技术

侧泳时，身体侧卧于水中，两臂交替划水，上面手臂动作与自由泳相似，下面手臂在水中靠近胸前侧斜下方做前伸、划水动作。侧泳的腿部技术动作包括收腿、翻腿、蹬剪腿三个部分，上腿动作幅度大，方向为正后方，下腿动作幅度小，方向为侧后方。

2. 练习方法

（1）陆上模仿练习：侧卧于地上，做腿的蹬剪动作练习；站立做单腿与双臂配合动作练习。

（2）水上练习：侧身，双手扶水池边，做腿的蹬剪动作练习；站立于浅水处，做单腿与双臂配合动作练习；一手扶水板，做单臂与双腿配合动作练习；滑行，做腿臂配合动作练习。

（三）岸上急救措施

当溺水者被救上岸后，首先应迅速清理其口鼻内的分泌物及其他异物；倒完水后，接着对溺水者施行口对口的人工呼吸，如图 9–20、图 9–21 所示。

图 9–20 单腿衬垫倒水

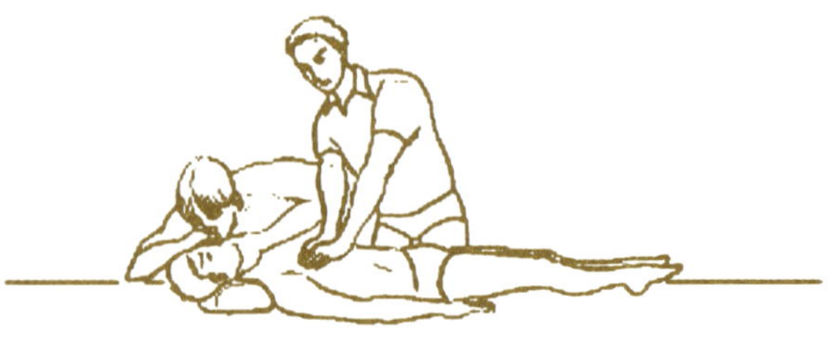

图 9–21 人工呼吸

《看一看》

人工呼吸方法介绍

人工呼吸方法很多，有口对口吹气法、俯卧压背法、仰卧压胸法，但以口对口吹气式人工呼吸最为方便和有效。进行人工呼吸时要注意如下事项。

1. 有效心脏按压：要求产生适当血流，频率60～80次/分，压/放比相等，中断按压时间控制在5秒以内。

2. 人工呼吸：每次人工呼吸吹气时间为1秒以上，并要见到胸部起伏。

（四）自我救护

1. 手指抽筋缓解法

先将手指握成拳，然后用力张开。反复做几次即可缓解，如图9–22所示。

2. 大腿、小腿或脚趾抽筋缓解法

先吸一口气，使身体浮在水面上，再用抽筋脚的对侧手握住抽筋的脚趾，用力向身体方向拉，同时用同侧手压在抽筋腿的膝盖上，使抽筋腿伸直，即可缓解，如图9–23所示。

图9–22　手指抽筋缓解法

图9–23　大腿、小腿或脚趾抽筋缓解法

皮划艇

皮划艇运动是一项极具魅力的水上运动，运动员通过徒手持桨划动两头尖小且无桨架的船艇，在水面上前行。其起源可追溯到久远的过去，最初作为一种古老的交通方式，承载着人们在水域间的出行需求。

皮艇起源于格陵兰岛上的因纽特人所制作的小船，这种船用鲸鱼皮、水獭皮包覆在动物骨架上，使用两端带有桨叶的桨进行划动。而划艇则起源于加拿大，故又称加拿大划艇。随着时间的推移，皮划艇逐渐从实用工具演变为体育竞技项目。19世纪60年代，英国成为现代皮划艇竞技运动的发源地，1867年，苏格兰人麦克格雷戈创建了“英国皇家皮划艇俱乐部”，并举办了首次皮划艇比赛，标志着皮划艇正式走上竞技体育的舞台。1936年，皮划艇静水运动在第11届柏林奥运会上被列为比赛项目；1972年，皮划艇激流回旋项目首次亮相第10届慕尼黑奥运会。此后，皮划艇运动在全球范围内迅速发展，深受人们喜爱。

在现代体育体系中，皮划艇项目丰富多样。从项目类别上，可分为激流回旋和静水；从比赛方式区分，则有皮艇和划艇。奥运会作为皮划艇运动的顶级赛事舞台，目前，皮划艇静水比赛设有10个小项，皮划艇激流回旋设有6个小项。除奥运会项目外，还有皮艇水球、龙舟、皮划艇马拉松等非奥运项目，进一步丰富了皮划艇运动的内涵与外延。国际皮划艇联合会作为该运动的最高组织，总部位于西班牙马德里，负责全球范围内皮划艇运动的推广、赛事组织与规则制定。中国皮划艇协会总部设在北京，承担着推动国内皮划艇运动发展的重任。

一、皮划艇分类

（一）皮艇（Kayak）

皮艇的艇身通常较为细长，呈封闭式结构，运动员坐在艇内进行划水操作。皮艇所使用的划桨两端均有桨片，运动员通过左右交替划动桨叶，利用桨叶对水的作用力推动艇身前进。皮艇可搭载一名、两名或四名选手，分别对应K1（单人皮艇）、K2（双人皮艇）和K4（四人皮艇）。在奥运会比赛中，设有男子皮艇赛和女子皮艇赛。由于皮艇的设计和划桨方式，其在水面上行驶时较为灵活，速度也相对较快，对运动员的协调性和节奏感要求较高。运动员需要精准地控制划桨的力度、频率和方向，以保持艇身的直线行驶和高效前进。

（二）划艇（Canoe）

划艇为开放式船只，与皮艇不同，运动员采用单膝跪在艇内的姿势，使用单片划桨在艇身一侧划水。每只划艇可乘坐一或两名选手，即C1（单人划艇）或C2（双人划艇），目前奥运会划桨选手仅限男性。划艇的艇身相对皮艇更为宽阔，稳定性较好，但在灵活性上稍逊一筹。划艇运动员在划水时，需要借助身体的扭转和手臂的力量，将桨叶深入水中，向后划动，从而推动艇身前进。在双人划艇项目中，两名运动员之间的默契配合至关重要，他们需要保持划桨节奏的高度一致，才能发挥出最佳的竞技水平。

二、皮划艇基本技术动作

（一）握桨姿势

皮艇握桨姿势：运动员双手分别握住桨柄，双手间距略宽于肩宽，以桨的中心处为标点，保持双手对称握持。手指自然弯曲，轻松握住桨柄，手臂放松，避免僵硬。桨面应面向外侧，这样在划水时能够使桨叶充分接触水，产生最大的推力。在实际操作中，运动员可根据自身的舒适度和划水习惯对握桨姿势进行微调，但总体原则是保持双手的对称和手臂的放松，以确保划水动作的流畅性和高效性。

划艇握桨姿势：划艇运动员单手持桨，握桨手位于桨柄的一端，手指紧握桨柄，手臂伸直。另一只手则用于控制艇身的平衡和方向，可轻扶在艇身边缘。在划水过程中，握桨手要根据划水动作的需要，灵活调整握桨的力度和角度，以充分发挥桨叶的作用。划艇握桨姿势要求运动员具备较强的手臂力量和手部控制能力，能够稳定地握住划桨，同时通过手臂的挥动和身体的扭转，将力量有效地传递到桨叶上，推动艇身前进。

（二）上下艇方法

上艇方法：将皮划艇平稳地放置在水边，确保艇身稳定。运动员站在艇的一侧，双脚与肩同宽，身体微微下蹲。双手抓住艇身两侧的边缘，用力将身体抬起，轻轻跨进艇内。进入艇内后，迅速调整身体位置，将脚部放在脚托上，身体坐在座位上，保持身体平衡。在整个上艇过程中，要注意动作的平稳和协调，避免用力过猛导致艇身晃动或翻覆。对于皮艇，进入艇内后要及时拉上防水裙，确保艇内的密封性；对于划艇，要调整好单膝跪地的姿势，使身体重心稳定。

下艇方法：将皮划艇划至岸边浅水区域，当水深足以站立时，停止划水。先将桨放在座舱前的甲板线上，然后双手抓住座舱两侧，抬起膝盖，将脚拉近臀部。先抬起一只脚，踩在座舱旁的浅水中，保持身体平衡，再慢慢站起来，最后走出皮划艇。在下艇过程中，同样要注意动作的缓慢和稳定，防止因动作过快或失衡而摔倒在水中。离开艇身后，要及时将皮划艇固定好，避免其被水流冲走。

（三）划水动作

皮艇划水动作：皮艇划水动作主要包括前划、后划和转向划水。前划时，将右桨往右前方伸出，在脚趾附近将桨叶插入水中，然后沿船身往后拉回，至大约臀部位置后将桨叶拉出水面。在右桨完成划水动作的同时，左桨重复相同的动作，左右桨交替进行，推动艇身前进。后划时，动作与前划相反，将右桨大约在臀部附近插入水中，沿船身往前推回，至大约膝盖附近将桨叶拉出水面，左右桨交替操作，实现艇身的后退。转向划水时，若要向右转向，则多划左侧桨片，利用桨叶对水的作用力使艇身向右转动；若要向左转向，则多划右侧桨片。在划水过程中，要注意利用身体的扭转带动手臂发力，通过髋关节的转动，将腰部的力量传递到桨上，以提高划水效率。同时，要保持划桨的节奏稳定，避免出现划桨频率过快或过慢的情况。

划艇划水动作：划艇划水主要依靠单桨在艇身一侧进行。前划时，运动员单膝跪在艇内，握桨手将桨叶深入水中，从艇身前端开始，沿着艇身一侧向后划动，利用桨叶对水的反作用力推动艇身前进。划水过程中，身体要随着划桨动作自然扭转，以增加划水的力量。后划时，将桨叶从艇身后端插入水中，向前推划，实现艇身的后退。划艇的转向则通过改变划水的位置和力度来实现，例如，若要向右转向，可在艇身右侧后部用力划水，使艇身右侧受到更大的阻力，从而实现向右转向；若要向左转向，则在艇身左侧后部划水。划艇划水动作对运动员的身体协调性和力量控制要求较高，需要通过长期的练习来掌握。

三、皮划艇训练方法

（一）体能训练

有氧耐力训练：有氧耐力是皮划艇运动员的重要体能基础。常见的有氧耐力训练方法包括长跑、游泳、骑自行车等。长跑训练可选择在操场或户外道路上进行，每周进行3～4次，每次持续时间30分钟以上，逐渐增加跑步的距离和速度。游泳训练不仅能提高有氧耐力，还能增强运动员在水中的协调性和适应能力，每周可安排2～3次，每次游泳距离在1 000米以上。骑自行车训练可在室内或户外进行，通过调整骑行的阻力和速度，模拟皮划艇运动中的不同强度，每次训练时间30～60分钟。通过有氧耐力训练，能够提高运动员的心肺功能，增强身体的耐力储备，为长时间的皮划艇训练和比赛提供有力支持。

力量训练：力量训练对于皮划艇运动员至关重要，主要包括上肢力量、核心力量和下肢力量训练。上肢力量训练可通过俯卧撑、哑铃推举、引体向上等练习来增强肩部、手臂和胸部的肌肉力量。俯卧撑每周可进行3～4次，每次分组进行，每组10～20个；哑铃推举可选择合适重量的哑铃，进行坐姿或站姿推举练习，每组8～15次，共进行3～4组；引体向上则根据运动员的实际能力进行，尽量多做。核心力量训练包括平板支撑、仰卧起坐、俄罗斯转体等动作，平板支撑每次持续时间2～3分钟，进行3～4组；仰卧起坐每组20～30个，进行3～4组；俄罗斯转体每组15～20次，进行3～4组。下肢力量训练可通过深蹲、蛙跳等练习来实现，深蹲每周进行2～3次，每次分组进行，每组10～15个；蛙跳每次进行3～4组，每组跳跃距离根据运动员的体能而定。通过系统的力量训练，能够提高运动员的划水力量和身体的稳定性，提升皮划艇运动表现。

（二）技术训练

基础技术巩固训练：在皮划艇技术训练中，基础技术的巩固至关重要。运动员需要反复练习握桨姿势、上下艇方法和划水动作，确保每个动作都规范、标准。可在岸上进行模拟划桨练习，通过镜子或教练的指导，纠正划桨姿势中的错误，如手臂的伸展角度、桨叶的入水角度等。同时，进行上下艇的反复练习，提高上下艇的熟练程度和稳定性。在水上训练时，注重划水动作的连贯性和节奏感，通过设定固定的划桨频率，逐渐提高划水效率。每次训练时间可根据运动员的体能和状态进行调整，一般每次技术训练持续时间为60～90分钟。

专项技术提升训练：针对皮艇和划艇的不同特点，进行专项技术提升训练。对于皮艇运动员，可进行弯道划水、冲刺划水等专项训练。弯道划水训练时，设置不同半径的弯道，让运动员练习在弯道中如何调整划桨的力度和节奏，保持艇身的平衡和稳定；冲刺划水训练则模拟比赛中的冲刺阶段，要求运动员在短时间内发挥出最大的划水力量，提高冲刺速度。对于划艇运动员，可进行逆流划水、急流穿越等专项训练。逆流划水训练能够增强运动员的划水力量和对抗水流的能力；急流穿越训练则要求运动员在湍急的水流中准确判断水情，灵活运用划水技术，安全通过急流区域。专项技术提升训练需要根据运动员的实际水平和训练目标进行有针对性的设计，每周可安排2～3次，每次训练时间为90～120分钟。

（三）心理训练

专注力训练：皮划艇运动需要运动员在比赛和训练中保持高度的专注力。专注力训练可通过冥想、注意力集中练习等方法来实现。冥想训练时，运动员找一个安静舒适的地方坐下或躺下，闭上眼睛，专注于自己的呼吸，排除杂念，每次冥想时间为15～20分钟，每天进行1～2次。注意力集中练习可采用视觉追踪、听觉专注等方式，例如，让运动员在规定时间内追踪一个移动的物体，或专注听一段复杂的声音，分辨其中的细节，通过这些练习提高运动员的注意力集中能力。在皮划艇训练和比赛中，运动员可通过设定明确的目标和任务，例如，在规定的划桨次数内达到一定的速度，或在特定的水域内准确完成一系列划水动作，来提高自己的专注力。

抗压能力训练：皮划艇比赛中，运动员面临着来自对手、比赛环境和自身期望等多方面的压力。抗压能力训练可通过模拟比赛场景、设置困难挑战等方式进行。模拟比赛场景训练时，组织内部的对抗赛，邀请其他队伍进行友谊赛，让运动员在接近真实比赛的环境中锻炼心理素质，逐渐适应比赛压力。设置困难挑战训练则故意为运动员制造一些困难，例如，在恶劣的天气条件下进行训练，或在训练中设定更高的难度要求，让运动员在克服困难的过程中增强抗压能力。同时，运动员要学会自我调节情绪，通过深呼吸、积极的自我暗示等方法，在比赛和训练中保持冷静和自信，发挥出最佳水平。

速度滑冰

速度滑冰是一项在冰面上进行的竞速类运动，运动员借助冰刀在冰道上滑行，以最快速度完成规定距离的比赛。它是冬季奥运会的核心项目之一，凭借其高速滑行的刺激感和极强的竞技性，深受全球冰雪运动爱好者的喜爱。

速度滑冰的起源可追溯至古代，早在数千年前，北欧的游牧民族就已利用兽骨制作的简易冰刀在冰面上滑行，主要用于交通和狩猎。随着时代的发展，滑行工具不断改进，13世纪荷兰出现了铁制冰刀，使滑行速度大幅提升，速度滑冰逐渐从实用功能向竞技运动转变。1763年，荷兰成立了世界上第一个速度滑冰俱乐部，标志着速度滑冰运动开始走向规范化。1892年，国际滑冰联盟在荷兰成立，统一了速度滑冰的比赛规则和技术标准。1924年，速度滑冰被列为首届冬季奥运会的正式比赛项目，此后其影响力不断扩大，赛事体系日益完善。

现代速度滑冰项目丰富多样，根据比赛距离可分为短距离、中距离、长距离和全能项目。短距离项目包括500米和1 000米，考验运动员的爆发力和起跑速度；中距离项目有1 500米，对运动员的速度耐力要求较高；长距离项目则包括3 000米、5 000米和10 000米，着重考验运动员的耐力和滑行节奏把控能力。全能项目则是运动员在多个不同距离项目中的综合表现比拼，最终以总积分决定名次。

一、速度滑冰装备

（一）冰刀

冰刀是速度滑冰最重要的装备之一，其设计直接影响运动员的滑行速度和稳定性。速度滑冰冰刀由刀刃、刀身和刀托组成，整体呈流线型。刀刃采用高碳钢或合金材料制作，锋利且耐磨，能够在冰面上形成良好的滑行轨迹。刀身较长，一般在40～50厘米之间，前端略微上翘，后端平直，这种设计可增加冰刀与冰面的接触面积，提高滑行的稳定性。刀托用于将冰刀固定在冰鞋上，通常采用轻质合金材料，既保证了连接的牢固性，又减轻了整体重量。根据比赛项目的不同，冰刀的弧度和长度也会有所差异，短距离冰刀弧度较小，更注重爆发力的传递；长距离冰刀弧度稍大，有利于保持滑行节奏。

（二）冰鞋

速度滑冰冰鞋的制作注重轻便、贴合和支撑性。鞋面多采用优质皮革或合成材料，具有良好的透气性和柔韧性，能够紧密贴合运动员的脚部，减少滑行过程中的晃动。鞋帮较高，可有效包裹脚踝，提供足够的支撑，防止脚踝在高速滑行中受伤。鞋底采用硬质材料制作，与刀托连接牢固，能够将运动员的腿部力量高效传递到冰刀上。冰鞋内部通常设有保暖内衬，在寒冷的冰场环境中为运动员提供温暖。不同项目的冰鞋在硬度和灵活性上也有区别，短距离冰鞋硬度较高，以增强爆发力的传导；长距离冰鞋则相对柔软，更注重滑行过程中的舒适性。

（三）服装装备

连身服：速度滑冰运动员穿着的连身服采用特制的紧身面料制作，具有极强的弹性和透气性。这种面料能够最大限度地减少空气阻力，同时贴合身体曲线，不影响运动员的肢体活动。连身服的设计注重流线型，从颈部到脚踝整体光滑，避免多余的褶皱和装饰，以降低滑行时的风阻。在寒冷的比赛环境中，连身服内部还可搭配保暖内衣，但需保证整体的紧身效果。

护具：虽然速度滑冰是竞速运动，但护具依然不可或缺。头盔是必备护具之一，采用轻质高强度材料制作，能够在运动员摔倒或发生碰撞时保护头部安全。此外，部分运动员会佩戴护膝、护肘等护具，防止在训练或比赛中因意外摔倒而受伤。护具的设计同样注重轻量化和贴合性，不会对运动员的滑行动作造成阻碍。

其他装备：手套是速度滑冰运动员的常用装备，采用保暖且灵活的材料制作，既能保护手部免受寒冷侵袭，又能保证手指的灵活活动，便于运动员摆臂和控制身体平衡。眼镜也是重要装备之一，冰场的光线反射较强，眼镜可有效保护运动员的眼睛，减少强光对视线的干扰，同时防止冰屑溅入眼中。

二、速度滑冰基本技术

（一）起跑技术

起跑是速度滑冰比赛中至关重要的环节，直接影响运动员的比赛成绩。起跑技术可分为预备姿势、蹬冰出发和加速滑行三个阶段。预备姿势时，运动员双脚平行站立在起跑线上，间距与肩同宽，冰刀与冰面垂直，身体前倾，膝关节弯曲，重心降低，双臂自然下垂或置于身体两侧，双眼注视前方，集中注意力等待出发信号。

听到出发信号后，运动员迅速蹬冰出发。首先用有力的一脚（通常是右脚）向侧后方猛蹬冰面，获得向前的初速度，同时另一只脚向前迈出，冰刀刀刃切入冰面。蹬冰时要充分利用腿部肌肉的力量，蹬冰角度要小，蹬冰方向要准确，以获得最大的蹬冰反作用力。身体在蹬冰过程中保持前倾，双臂配合腿部动作自然摆动，帮助身体平衡和加速。

出发后进入加速滑行阶段，运动员通过连续的蹬冰动作逐渐提高滑行速度。此时步频较快，蹬冰力度逐渐加大，身体重心随着蹬冰动作不断前移，双臂的摆动幅度也相应增大，为身体提供向前的动力。加速滑行阶段要保持动作的连贯性和节奏感，尽快达到较高的滑行速度。

（二）滑行姿势

速度滑冰的滑行姿势对滑行速度和效率有着重要影响，正确的滑行姿势能够减少空气阻力，提高蹬冰效果。基本滑行姿势为：上体前倾，背部平直，头部自然抬起，双眼平视前方；膝关节深屈，大腿与小腿之间的夹角约为90度，踝关节保持适度弯曲，使身体重心降低，靠近冰面；双脚交替滑行，冰刀在冰面上形成交替的滑行轨迹；双臂自然弯曲，在身体两侧前后摆动，摆动幅度不宜过大，主要用于平衡身体和协调动作。

在滑行过程中，身体的重心应始终保持在支撑腿的上方，随着腿部的蹬冰和收腿动作灵活移动。上体的前倾角度需根据滑行速度进行调整，速度越快，前倾角度越大，以最大限度地减少空气阻力。同时，要保持全身肌肉的适度紧张，避免身体僵硬或过度放松，确保动作的协调性和稳定性。

（三）蹬冰与收腿技术

蹬冰是速度滑冰获得动力的关键动作，分为单脚支撑蹬冰和双脚交替蹬冰两个过程。单脚支撑蹬冰时，支撑腿的膝关节由弯曲逐渐伸直，通过腿部肌肉的收缩发力，将力量传递到冰刀上，向侧后方蹬冰。蹬冰要充分利用髋关节、膝关节和踝关节的协同动作，蹬冰幅度要大，蹬冰时间要短而有力，以获得最大的推进力。

蹬冰结束后进入收腿阶段，收腿动作要迅速、放松，将蹬冰腿从冰面上收回，向支撑腿靠拢。收腿时膝关节弯曲，大腿带动小腿向内上方提拉，冰刀离开冰面后保持水平，避免与冰面发生摩擦。收腿动作要紧凑，尽量减少能量消耗，为下一次蹬冰做好准备。在收腿过程中，身体重心要保持稳定，随着收腿动作自然前移。

（四）摆臂技术

摆臂在速度滑冰中主要起到平衡身体、协调动作和辅助发力的作用。摆臂时，双臂自然弯曲，肩部放松，以肩关节为轴前后摆动。当左腿蹬冰时，右臂向前摆动，左臂向后摆动；当右腿蹬冰时，左臂向前摆动，右臂向后摆动，摆臂方向与腿部蹬冰方向相反，形成协调的动作节奏。

摆臂的幅度和力度应根据滑行速度和阶段进行调整。在起跑和加速阶段，摆臂幅度较大，力度较强，以帮助身体加速和平衡；在高速滑行阶段，摆臂幅度相对减小，主要用于保持身体的平衡和动作的协调性。摆臂时要避免过度用力或动作僵硬，保持自然流畅，与腿部动作紧密配合。

三、速度滑冰训练方法

（一）基础体能训练

力量训练：力量是速度滑冰运动员的重要体能素质，包括腿部力量、核心力量和上肢力量训练。腿部力量训练可通过深蹲、腿举、蛙跳等练习进行，深蹲每组10～15次，进行3～4组；腿举可根据自身能力调整重量，每组8～12次，共3～4组；蛙跳每组20～30米，进行3～4组。核心力量训练采用平板支撑、仰卧起坐、俄罗斯转体等动作，平板支撑每次持续30～60秒，进行3～4组；仰卧起坐每组20～30次，进行3～4组；俄罗斯转体每组15～20次，进行3～4组。上肢力量训练可通过哑铃弯举、俯卧撑等练习，哑铃弯举每组10～12次，进行3～4组；俯卧撑每组15～20次，进行3～4组。

耐力训练：耐力训练有助于提高运动员在长距离滑行中的持续能力，可采用长跑、骑自行车、游泳等方式。长跑每周进行3～4次，每次30～60分钟，逐渐增加跑步距离和速度；骑自行车可在室内或户外进行，每次40～60分钟，通过调整阻力模拟不同强度的训练；游泳每周2～3次，每次30～45分钟，既能提高耐力，又能锻炼全身肌肉的协调性。

速度与爆发力训练：速度和爆发力训练对短距离项目尤为重要，可通过短跑、折返跑、跳台阶等练习进行。短跑每次30～60米，进行6～8组；折返跑在规定距离内往返奔跑，每组5～8次，进行3～4组；跳台阶选择合适高度的台阶，连续跳跃20～30次，进行3～4组。训练时要注重动作的快速性和爆发力，间歇时间要充足，以保证训练效果。

（二）专项技术训练

冰上基础训练：冰上基础训练主要包括起跑练习、滑行姿势练习和蹬冰动作练习。起跑练习可通过反复进行起跑动作，纠正错误姿势，提高起跑速度和反应能力，每次练习10～15组。滑行姿势练习要求运动员在冰面上保持正确的滑行姿势，进行慢滑和匀速滑练习，每次持续5～10分钟，增强身体的平衡能力和动作的稳定性。蹬冰动作练习可采用单腿蹬冰、双腿交替蹬冰等方式，重点体会蹬冰的发力顺序和动作要领，每次练习8～10组。

专项距离训练：根据不同的比赛项目，进行针对性的专项距离训练。短距离项目运动员可多进行500米、1 000米的重复滑行练习，每组滑行后适当休息，逐渐提高滑行速度和耐力；中长距离项目运动员则进行1 500米、3 000米等距离的滑行训练，注重滑行节奏的把控和耐力的保持，每次训练可完成2～4组。在专项距离训练中，要模拟比赛环境，培养运动员的比赛感觉和战术意识。

战术训练：战术训练对比赛成绩有着重要影响，包括起跑战术、途中滑行战术和冲刺战术。起跑战术训练要提高运动员的反应速度和起跑质量，确保在起跑阶段占据有利位置；途中滑行战术训练要教会运动员合理分配体力，根据对手的情况调整滑行速度和位置，节省体力的同时保持竞争力；冲刺战术训练则注重在比赛最后阶段的加速能力，通过反复练习冲刺动作，提高冲刺阶段的爆发力和速度。

四、速度滑冰比赛规则

（一）比赛项目与组别

速度滑冰比赛项目按距离可分为短距离、中距离、长距离和全能项目。男子比赛项目包括500米、1 000米、1 500米、3 000米、5 000米、10 000米和全能；女子比赛项目包括500米、1 000米、1 500米、3 000米、5 000米和全能。比赛按性别和年龄分为不同组别，确保比赛的公平性。

（二）出发与滑行规则

运动员在比赛前需进行抽签确定出发顺序，按顺序在起跑线上准备。起跑时，运动员需在出发信号发出后才能开始滑行，抢跑将受到警告，多次抢跑将被取消比赛资格。滑行过程中，运动员必须在自己的跑道内滑行，不得擅自进入其他跑道，否则将被判犯规。如因意外情况偏离跑道，需尽快回到自己的跑道继续比赛，且不得干扰其他运动员。

（三）计时与成绩判定

速度滑冰比赛采用电子计时系统，精确到千分之一秒。运动员的成绩以从起点到终点的滑行时间为准，用时最短者获胜。在多人组比赛中，如运动员在滑行过程中发生碰撞等干扰行为，影响其他运动员的比赛，犯规者将被取消成绩，被干扰的运动员可获得重新比赛的机会。全能项目以运动员在各单项比赛中的积分总和判定名次，积分越少，名次越靠前。

五、速度滑冰安全注意事项

冰场检查：在进行速度滑冰训练或比赛前，要对冰场进行全面检查，确保冰面平整、光滑，无裂缝、凸起或凹陷等缺陷，冰面温度适宜，避免因冰面问题导致滑倒或冰刀损坏。同时，要检查冰场的安全设施，如防护栏、急救设备等是否齐全有效。

装备检查：每次上冰前，要仔细检查冰刀、冰鞋和护具等装备。冰刀要锋利且固定牢固，无松动或损坏；冰鞋要合脚，鞋带系紧，确保脚踝得到充分支撑；护具要佩戴正确，头盔、护膝等部件无损坏。发现装备问题要及时更换或修理，不得带着故障装备上冰。

热身与放松：上冰前必须进行充分的热身运动，包括慢跑、关节活动、动态拉伸等，使身体各部位肌肉、关节得到充分活动，提高身体的柔韧性和灵活性，减少受伤风险。训练或比赛结束后，要进行适当的放松运动，如静态拉伸、按摩等，帮助肌肉恢复，缓解疲劳。

滑行规范：在冰场上滑行时，要遵守滑行规则，保持安全距离，避免与其他运动员发生碰撞。初学者应在教练的指导下进行练习，选择人少的区域滑行，不得盲目追求高速度。如果在滑行中感到身体不适或遇到危险情况，要及时减速停止滑行，确保自身安全。

冰　壶

冰壶又称“冰上溜石”，是一项结合技巧、策略与团队协作的冰上运动，被誉为“冰上国际象棋”。它起源于16世纪的苏格兰，最初是当地人在结冰的池塘或湖面上进行的休闲活动，使用天然石头在冰面滑动比拼距离。19世纪初，冰壶运动在苏格兰得到规范化发展，制定了最初的比赛规则，并成立了首个冰壶俱乐部。1998年，冰壶正式成为冬季奥运会的比赛项目，分为男子、女子和混合双人三个组别，凭借其独特的竞技魅力和深厚的策略内涵，逐渐在全球范围内普及。

冰壶运动的核心是通过团队协作，将冰壶石精准投掷到目标区域（营垒），并通过刷冰等技术调整冰壶的滑行轨迹和距离，最终以冰壶在营垒内的位置决定得分。比赛在特制的冰道上进行，场地平整且设有特定的标记线，全程强调精准控制、战术规划和团队配合，而非单纯的力量比拼，展现了“以智取胜”的运动智慧。

现代冰壶运动在欧美国家尤为盛行，加拿大、瑞典、挪威等国长期处于世界领先水平。随着冬季运动的推广，冰壶在亚洲国家也逐渐发展，中国女子冰壶队曾在2009年世锦赛上夺冠，展现了该项目在我国的发展潜力。冰壶运动不仅是竞技赛事的重要组成部分，也因其低强度、高策略的特点，成为适合各年龄段参与的休闲运动。

一、冰壶装备

（一）冰壶石

冰壶石是冰壶运动的核心装备，多采用苏格兰艾尔萨克雷格岛特有的花岗岩制作，这种石材质地坚硬、密度均匀，不易因撞击而碎裂，且具有良好的吸水性，能减少冰面水汽对滑行的影响。标准冰壶石直径约29厘米，高11.5厘米，质量在19.96～20.41千克之间，每个冰壶石都经过精密加工，底部磨成光滑的弧形，确保滑行的稳定性。

冰壶石由壶体和手柄组成，手柄呈圆形，安装在壶体顶部中央，便于运动员握持投掷。手柄颜色通常为红色或黄色，用于区分比赛双方的冰壶石，部分高级冰壶石的手柄还刻有防滑纹路，提升握持的稳定性。

（二）冰壶刷

冰壶刷由刷板和刷柄组成，用于在冰壶滑行过程中擦拭冰面，调整冰壶的滑行轨迹和速度。刷板早期采用马毛制作，现代则多使用尼龙或合成材料，这些材料韧性强、耐磨，能有效减少冰面摩擦。刷柄通常为碳纤维材质，轻便且具有弹性，长度可根据运动员身高调节，确保刷冰动作的舒适性和有效性。

冰壶刷的使用是冰壶运动的关键技术之一，通过刷冰可使冰面温度升高，形成一层薄薄的水膜，减少冰壶与冰面的摩擦力，延长滑行距离并调整方向。不同材质的刷板对冰面的影响不同，运动员需根据冰面状况和战术需求选择合适的冰刷。

（三）冰壶鞋

冰壶鞋专为冰壶运动设计，分为左右两只不同功能的鞋子。滑行脚的鞋底采用特氟龙材料制作，摩擦力极小，便于运动员在投掷时向前滑行；支撑脚的鞋底则带有橡胶防滑垫，能提供稳定的支撑，防止在冰面滑倒。鞋面通常采用皮革或合成材料，轻便且保暖，鞋帮高度适中，既能保护脚踝，又不影响腿部动作的灵活性。

部分高级冰壶鞋还可更换鞋底，根据冰面状况调整滑行脚的摩擦力，以适应不同场地的需求。鞋带系统设计注重贴合性，确保鞋子与脚部紧密贴合，避免投掷时因脚部晃动影响动作稳定性。

（四）其他装备

护具：冰壶运动虽对抗性低，但仍需基础护具。护膝是常用护具，采用弹性材料制作，能在运动员屈膝投掷或刷冰时保护膝关节；护肘则可在摔倒时缓冲撞击，避免肘部受伤。护具设计轻便，不会限制肢体活动。

服装：运动员通常穿着专业的冰壶运动服，上衣为长袖运动衫，下装为运动裤，面料采用透气、保暖的材质，确保在低温冰场环境中保持舒适。服装颜色鲜明，便于区分不同队伍，且款式宽松，不影响投掷和刷冰动作。

冰道标记工具：冰道上的标记线（如营垒、前卫线、后卫线等）需通过专业工具绘制，确保线条清晰、位置准确。此外，比赛中还需使用激光测距仪等设备，辅助判断冰壶的位置和距离。

二、冰壶基本技术

（一）投掷技术

投掷是冰壶运动的核心技术，分为准备姿势、滑行投掷和释放三个阶段。准备姿势时，运动员站在投掷区后端，双脚分开与肩同宽，支撑脚踩在防滑垫上，滑行脚放在冰壶石后方，身体前倾，双手握住冰壶石手柄，将冰壶石置于冰面，目视目标区域（营垒）。

滑行投掷阶段，运动员推动冰壶石向前滑行，同时身体随滑行脚向前移动，保持重心稳定。滑行过程中，手臂自然伸直，控制冰壶石的方向，通过肩部和手臂的协调发力，赋予冰壶石初始速度。滑行距离通常为2～3米，需保持身体平衡，避免晃动影响投掷精度。

释放阶段是决定冰壶轨迹的关键，当滑行至投掷线附近时，运动员通过手腕旋转调整冰壶石的旋转方向（顺时针或逆时针），然后轻柔释放手柄，使冰壶石按预定轨迹滑行。释放时手腕动作要精准，旋转力度需根据目标距离和冰面状况调整，确保冰壶石准确进入营垒区域。

（二）刷冰技术

刷冰技术直接影响冰壶的滑行距离和方向，分为单手持刷和双手持刷两种方式，常用单手持刷以保证灵活性。刷冰时，运动员身体前倾，膝盖弯曲，刷板与冰面保持45度角，通过手臂前后摆动带动刷板在冰面快速擦拭，擦拭频率通常为每秒3～4次。

刷冰的时机和位置至关重要，当冰壶石需要延长滑行距离时，需在其前方冰面快速刷冰，通过摩擦生热融化冰面形成水膜，减少摩擦力；若需调整方向，可在冰壶石偏离轨迹一侧刷冰，利用冰面摩擦力差异引导其回归目标路线。刷冰时需紧跟冰壶石滑行节奏，保持刷板与冰面的有效接触，同时避免触碰冰壶石。

（三）站位与配合技术

冰壶是团队项目，四人制比赛中队员分工明确，包括一垒、二垒、三垒和四垒（队长），各位置需掌握特定的站位和配合技术。投掷时，除投掷员外，其余队员需站在冰道两侧，避免干扰冰壶滑行。刷冰队员需根据队长的指令，快速移动到冰壶前方合适位置进行刷冰，与投掷员保持默契配合。

队长站在营垒附近，通过手势或口令指挥队友调整投掷力度、旋转方向和刷冰策略，投掷员需根据队长指令调整动作，刷冰队员则需迅速响应队长的刷冰信号，形成“指挥—执行—调整”的高效配合体系。站位时需保持身体稳定，避免遮挡队友视线，确保信息传递畅通。

三、冰壶战术策略

（一）进攻战术

进攻战术的核心是将己方冰壶石精准投入营垒中心区域（圆心），或接近圆心以争夺高分位置。开局阶段，一垒和二垒通常采用“占位投掷”，将冰壶石投至营垒前方区域，为后续投掷建立基础；三垒和四垒则根据局势进行“精准打击”，通过旋转和力度控制，使冰壶石避开对方障碍，进入高分区域。

当己方已有冰壶石在营垒内时，可采用“保护战术”，投掷新的冰壶石至己方冰壶石前方或两侧，阻挡对方冰壶石的撞击，巩固优势位置。进攻时需根据冰面状况和对方布局，灵活调整投掷力度和旋转方向，确保冰壶石的最终位置对己方有利。

（二）防守战术

防守战术旨在限制对方冰壶石进入高分区域，或通过撞击移除对方优势冰壶石。常用“障碍投掷”，将己方冰壶石投至营垒入口或对方目标路线上，形成障碍物，迫使对方冰壶石改变轨迹或减速，难以接近圆心。

若对方已有冰壶石在营垒内，可采用“撞击战术”，通过精准投掷将对方冰壶石撞出营垒区域，同时控制己方冰壶石停留在有效位置。撞击时需计算力度和角度，确保既能移除对方冰壶，又不影响己方已有冰壶的位置，必要时可牺牲己方次要冰壶石完成防守。

（三）全局策略

冰壶比赛共10局，每局得分累加决定最终胜负，因此全局策略需兼顾每局得失与整体局势。开局阶段以试探和布局为主，建立有利的冰壶分布；中局阶段加强攻防转换，根据比分调整战术，落后时加大进攻力度，领先时巩固防守；收官阶段（最后2～3局）需精准计算得分差距，通过关键投掷和刷冰操作争夺决胜分。

队长作为战术核心，需实时观察冰壶位置变化，评估每一次投掷的风险与收益，制定最优策略。团队成员需严格执行战术指令，确保每一个动作都服务于全局目标，体现“一盘棋”的协作思维。

四、冰壶训练方法

（一）基础技术训练

投掷精准度训练：在冰道上设置不同距离的目标标记，进行单目标投掷练习，每组10次，逐渐提高投掷位置的准确性。可通过调整目标大小（如缩小圆心区域）增加难度，重点训练手腕旋转控制和力度把握能力。

刷冰效率训练：划定固定冰面区域，进行限时刷冰练习，记录单位时间内的刷冰次数和冰面温度变化，提高刷冰速度和力度的稳定性。结合冰壶滑行实验，观察不同刷冰强度对滑行距离的影响，培养刷冰的判断能力。

平衡与滑行训练：在冰面进行无冰壶滑行练习，控制滑行距离和速度，保持身体重心稳定，每组练习5～8次，增强腿部力量和身体协调性，为投掷时的滑行动作奠定基础。

（二）战术与团队训练

战术模拟训练：模拟比赛场景设置冰壶初始布局，由队长指挥队员进行攻防演练，每局结束后分析战术执行效果，优化投掷和刷冰策略。通过多场景模拟（如领先、落后、平局），提高团队的战术适应能力。

团队配合训练：进行四人制完整局次训练，强化队长与队员的信号传递、指令执行和临场调整能力。重点训练投掷员、刷冰员与队长的默契，如刷冰时机的快速响应、投掷力度的准确把控，每组训练3～5局，逐步提升团队协作效率。

心理抗压训练：设置高压训练场景，例如，模拟比赛最后一局决胜投掷，或在比分胶着时进行关键投掷练习，培养队员的心理素质和临场应变能力，确保在压力下保持技术稳定性。

五、冰壶比赛规则

（一）场地与器材规则

冰壶场地为长44.5米、宽4.32米的冰道，两端各设有营垒（圆形目标区域），营垒由圆心向外分为四个同心圆，半径分别为0.15米、0.61米、1.22米和1.83米。冰道表面需打磨光滑，且均匀喷洒细小水珠形成“冰粒”，以控制冰壶滑行速度。

比赛使用16个冰壶石，每队8个，分别为红色和黄色。投掷时需在投掷区完成释放，冰壶石完全越过前卫线有效，未过线或超过后卫线则视为无效，需移除该冰壶石。

（二）比赛流程规则

四人制比赛每队由一垒、二垒、三垒、四垒（队长）组成，每局每队轮流投掷8次冰壶石，交替进行。投掷顺序由赛前抽签决定，每局开始前重新决定投掷权。

每局结束后，以营垒内距离圆心最近的冰壶石所属队伍得分，每有一个比对方最近冰壶石更靠近圆心的冰壶石得1分，最多可得8分。得分队获得下一局的首投权，比赛共进行10局，总分高者获胜，若平局则加赛一局。

（三）犯规规则

投掷时冰壶石未完全过前卫线、运动员身体越过投掷线、刷冰时刷板触碰冰壶石、或故意干扰对方投掷，均视为犯规。犯规的冰壶石需移除，若影响比赛公平性，裁判可判对方获得额外得分或重新投掷机会。刷冰仅允许在冰壶石到达营垒前进行，进入营垒后禁止刷冰，否则判犯规。

六、冰壶比赛欣赏

冰壶比赛被誉为“冰上国际象棋”，其魅力不仅在于精准的技术动作，更在于复杂的战术博弈和团队协作。要真正领略冰壶比赛的精髓，需从多个维度深入观察和理解。

（一）明确比赛核心目标：“占位”与“得分”的博弈

欣赏冰壶比赛首先要理解其核心规则：每局比赛中，双方通过投掷冰壶石争夺营垒（圆形目标区域）的有利位置，最终以距离营垒圆心最近的冰壶石决定得分。得分规则的关键在于“相对性”——并非冰壶石必须进圆心，而是比对方所有冰壶石更靠近圆心即可得分。因此，比赛的核心看点在于双方如何通过投掷和刷冰，实现“保护己方冰壶”与“压制对方冰壶”的动态平衡。

观赛时可重点关注每局冰壶石的分布变化：开局阶段双方的“占位投掷”如何为后续战术铺路；中局阶段的“撞击对抗”如何改变营垒格局；收官阶段的“关键投掷”如何锁定得分优势。理解每一次投掷的目标——是为了占据圆心、阻挡对方路线，还是移除对方优势冰壶，能快速进入观赛状态。

（二）聚焦技术细节：精准与控制的艺术

冰壶的技术美感体现在对细节的极致把控，观赛时可重点关注以下技术环节：

投掷技术：观察运动员的准备姿势是否稳定，滑行过程中身体重心是否平衡，释放瞬间手腕旋转的精准度。优秀的投掷能让冰壶石按预定轨迹滑行，旋转均匀且力度恰到好处，即使面对复杂的冰面状况也能保持稳定。

刷冰技术：留意刷冰队员的时机选择、刷冰频率和力度控制。当冰壶石需要延长距离时，刷冰队员是否通过高频次擦拭（每秒3～4次）快速提升冰面温度；当需要微调方向时，是否精准瞄准冰壶石前方的关键区域。刷冰不仅是体力付出，更是基于冰面状况和战术需求的即时决策。

旋转与滑行：冰壶石的旋转方向（顺时针或逆时针）决定了其滑行轨迹的曲线，优秀运动员能通过旋转控制让冰壶石“绕开障碍”或“精准停位”。观察冰壶石在滑行过程中的速度衰减和轨迹变化，可感受冰面摩擦力、旋转惯性等物理原理的实际应用。

（三）解读战术策略："冰上棋局"的智慧较量

冰壶的战术深度是其最具魅力的部分，观赛时可从以下角度解读策略。

攻防转换：进攻时关注球队如何通过连续投掷构建"得分集群"，例如，用前序冰壶石占据营垒外围形成保护，为后续投掷创造机会；防守时观察如何通过"障碍投掷"封锁对方路线，或用精准撞击移除对方威胁冰壶，理解"以守为攻""牺牲局部保全局"的战术逻辑。

局势判断：留意队长（四垒）的指挥决策，他们站在营垒附近通过手势或口令调整战术，每一次投掷前的暂停讨论都蕴含对局势的分析——剩余冰壶数量、得分差距、冰面状况变化等。例如在比分落后时，是否选择冒险的"打甩"战术（撞击对方冰壶后自身停位）；领先时是否采用"保守占位"巩固优势。

全局规划：冰壶比赛共10局，需关注球队的阶段性策略。开局是否注重布局试探，中局是否加强对抗强度，收官阶段是否敢于承担风险。优秀球队能根据每局结束后的得分变化灵活调整战术，展现"步步为营"的全局思维。

（四）感受团队协作：默契与信任的力量

冰壶是团队协作的典范，四人制比赛中每个位置都不可或缺。

一垒与二垒：他们的投掷为比赛奠定基础，通过精准占位构建战术框架，其稳定性直接影响后续队友的发挥。观赛时可关注他们如何通过"清理障碍"或"建立保护"为团队创造有利局面。

三垒：作为战术衔接者，负责执行关键的攻防转换投掷，既要精准完成自身投掷任务，又要为四垒的决胜投掷创造条件，其技术全面性和应变能力至关重要。

四垒与队长：作为核心决策者，不仅要完成最后两次关键投掷，还要全程指挥战术，其心理素质和临场判断决定比赛走向。而刷冰队员与投掷员的默契配合——无须言语即可理解对方意图，快速响应刷冰指令，更是团队协作的直观体现。

（五）品味体育精神：优雅与坚韧的碰撞

冰壶比赛还传递着独特的体育精神。

尊重与礼仪：比赛中运动员始终保持优雅风度，即使失误也会向对手致意，赛后双方握手致意的传统展现了"竞技第二，尊重第一"的体育道德。

坚韧与专注：面对漫长的比赛（单局约15分钟，全程近3小时），运动员需保持高度专注，即使连续几局处于劣势也不放弃，关键投掷时的冷静与抗压能力令人动容。

智慧与体能的平衡：冰壶虽非高强度对抗运动，但对体能的持续性要求极高——投掷需要稳定的力量控制，刷冰需要持久的耐力输出，而战术决策则考验脑力。这种"文武结合"的特点让比赛充满层次感。

总之，欣赏冰壶比赛需要"慢下来"——既看技术的精准，也品战术的智慧；既感受团队的默契，也悟体育的精神。每一次冰壶石的滑行都承载着策略与努力，每一局的胜负都浓缩着攻防的博弈，这种"于无声处听惊雷"的独特魅力，正是冰壶运动的精髓所在。

思考题

1. 蛙泳和自由泳的技术要点分别是什么？
2. 在游泳过程中出现抽筋时应如何处理？
3. 速度滑冰的技术要点是什么？
4. 如何欣赏冰壶比赛？

第十章 CHAPTER 10

户外休闲运动

导言

户外休闲运动是指在自然环境中开展的、以休闲娱乐、健康健身、亲近自然为主要目的的体育活动，它打破了传统体育的场地限制，将运动与自然体验深度融合，近年来成为大众健康生活的重要选择。这类运动既包括轻度的休闲活动，也涵盖具有一定挑战性的探险项目，凭借对自然环境的亲近感和活动形式的多样性，深受各年龄段人群喜爱。

学习目标

- 深入理解户外休闲运动的核心特点，能结合具体项目实例阐述这些特点。
- 掌握一种户外休闲运动的基础技能，能在模拟场景或实际体验中规范完成操作。
- 增强生态保护和社会责任意识，将环保理念内化为行动自觉。

登山和攀岩

一、登山

普通登山活动有两种，旅游登山和定向登山比赛。旅游登山是旅游和登山相结合的运动，历史悠久；定向登山是一项普通活动，在欧洲、日本等地开展较普遍。

（一）健身价值

登山运动是在特定的地理环境下，以徒步攀登为基本行为特征的休闲运动。它能够增加肺通气量、肺活量，促进血液循环，全面改善心、肺循环系统的机能，提高人体的有氧代谢能力，所以又被称为“心血管体操”。多次数、长时间、中低负荷的登山运动，不但有益于血压、血脂、血糖保持正常的水平，还可以提高肌肉的力量，促进体内钙质的吸收和代谢，对预防骨质疏松具有特殊的作用。此外，通过登山运动可以欣赏到大自然的神奇造化，使人心旷神怡，从而达到改善心境、缓解紧张情绪的目的。

（二）方法与要求

每个人都可以根据自己的锻炼目的采取不同的登山方法。如果想增强耐力，可采用小步幅、中频率配合深呼吸进行；如果想提高腿部力量，可采用中、大步幅，中速进行；如果想提高速度素质，可采用中步幅、高频率等方式进行。如果想以健身为目的，登山时步幅要小，全脚掌着地，步行节奏和呼吸合拍，身体保持稍前倾的姿势，匀速行进，全程应分配好体力并确认好攀登路线。进行登山运动最好是轻装上阵，如果距离较远需携带毛巾、食品、饮料或其他物品时，最好选择双肩背包。登山运动应结伴而行，穿防滑纹路的软底运动鞋。

（三）安全措施

（1）了解天气情况，确定适宜的登山时间。

（2）穿适宜攀登的运动鞋和与气候相适宜的运动服。

多层穿衣法：

① 贴身内层（内衣），选排汗性佳的内衣。

② 保暖层，选择保湿性佳的衣物。

③ 外层，选择防风、防雨、防晒。

（3）登山时脚要踩稳，不要踩踏浮动的石头，也不要向山下踢石头，避免摔倒或砸伤下面的人。

（4）下山时不要跑步，以免受伤。

（5）注意保护环境，不乱扔废弃物，不损害自然环境和植物。

《看一看》

最难攀登的山峰

乔戈里峰，在塔吉克语中意为“高大雄伟的山峰”，海拔8 611 m，它是喀喇昆仑山脉的主峰。喀喇昆仑山脉海拔仅次于喜马拉雅山脉，位于中国和巴基斯坦边界。乔戈里峰的高度在世界所有山峰中列第二位，国外又称K2峰，是国际登山界公认的攀登难度较大的山峰之一。1954年7月31日，意大利登山队首次从南侧的巴基斯坦境内登上了乔戈里峰；1982年8月14日，日本登山队第一个从难度更大的北侧成功登顶。

二、攀岩

攀岩运动是一项不用助力工具，仅依靠手脚和身体平衡，克服自身重力，攀登陡峭岩壁或人造岩墙的新兴体育运动项目，是一项属于勇敢者的运动。

（一）健身价值

攀岩时，要采用各种用力方法，如抓、握、挂、抠、撑、推、压等，以保证身体维持平衡，这就有效锻炼了练习者的身体力量及平衡控制能力。通过攀岩锻炼，不仅能够培养力量、灵敏等身体素质，更能培养人勇敢、顽强和坚韧不拔的精神。攀岩运动集健身、娱乐、竞技于一体，练习者既要具有顽强的意志品质，又要具有良好的柔韧性、节奏感和攀岩技巧，这样才能在岩壁上完成轻松准确的腾挪、跳跃、引体等惊险动作。

（二）方法与要求

1. 身体姿势

攀岩时身体要自然放松，以3个支点稳定身体重心，而重心要随攀登动作的转移而移动，这是攀岩能否稳定、平衡、省力的关键。攀岩时要有节奏，上下肢要协调舒展，上拉、下蹬要同时用力，身体重心一定要落在脚上，保持面向岩壁、三点固定支撑、直立于岩壁上的攀登姿势。

2. 手臂动作

攀登人工岩壁时，第一指关节用力抠紧支点，手腕要紧张，手掌要贴在岩壁上。但攀登自然岩壁时，动作变化很大，要根据支点的不同而采用不同的用力方法，如抓、握、挂、抠、拉、推、压等。

3. 脚的动作

攀岩时，两腿膝关节要向外打开，大脚趾内侧贴近岩面，两腿微曲，以脚踩支点维持身体重心。切记，膝关节不要接触岩石表面，否则会影响脚的支撑和身体平衡。另外，脚踩支点时切忌用力过猛。

4. 手脚配合

学习攀岩首先要练好上肢力量，上肢又要以手指、手腕和小臂力量为主，再配合脚趾、脚腕以及腿部力量，使身体重心随着用力方向的不同而协调移动，上、下肢协调用力，手脚配合自如。

（三）安全措施

（1）攀岩前检查必须装备是否带足，保护设置是否正确。

（2）要观察清楚攀岩路线，注意可能遇到的难点，提前想好攀登方案。

（3）攀登途中遇到浮石或松动的石头，一定不要乱扔，避免砸到下面的攀登者。

（4）攀岩时，切忌以草或者小树枝等作为支点。有积雪或过于潮湿的岩壁不宜进行攀登。

《看一看》

全球七大洲七顶峰

1. 亚洲：珠穆朗玛峰，海拔8 848.86 m。
2. 南美洲：阿空加瓜峰，海拔6 960 m。
3. 北美洲：德纳里峰，海拔6 194 m。
4. 非洲：乞力马扎罗峰，海拔5 895 m。
5. 欧洲：厄尔布鲁士峰，海拔5 642 m。
6. 南极洲：文森峰，海拔4 892 m。
7. 大洋洲：查亚峰，海拔4 884 m。

飞　盘

一、飞盘的锻炼价值

飞盘是一种新兴运动，其基本玩法是用力将其所使用的盘状器具抛向空中，使其经一段飞行而降落，由自己或他人用手接住。飞盘作为投掷类项目，对上肢爆发力要求较高。与此同时，飞盘需要练习者在空中准确抓住飞行的目标，使身体各部位协同工作，增强手、眼、身体的协调能力，也培养练习者的速度素质。在部分玩法中，飞盘是一项团队合作的运动，参与者需要相互配合和沟通，从而增强团队意识和合作精神。

二、飞盘运动的项目分类与规则

飞盘运动近年来已经发展出各种不同的玩法和规则，包括团体飞盘、掷准飞盘、躲避飞盘等。

（一）团体飞盘

团队飞盘是一项通过自我监管来开展、禁止身体接触的飞盘运动项目。比赛由两支队伍进行对抗，每队有7名队员在场上。团队飞盘比赛分公开组、女子组和混合组，其中，混合组的场上至少得有3名女队员在场。每一方队伍防守一个得分区。如果一名己方队员在对方防守的得分区中成功接住飞盘，就算得一分。持盘人不可以持盘移动，但可以将飞盘传给任何方向上的队友。一旦拥有盘权的一方没有完成传盘，就立即转换攻防，对方队员可以拿起飞盘并向对面得分区进攻，尝试在对方防守得分区接住飞盘来得分。比赛持续100分钟，目标分通常是15分。

（二）掷准飞盘

掷准飞盘运动的目标是，用最少的飞盘投掷次数掷准完场地上所有目标筐——洞，每一个目标筐为一个单独的记分单元。每个洞的比赛，从开盘区开始，到目标所在处结束。在选手开盘投掷后，后续的每次投掷都从上次投掷形成的投掷点开始。当选手完成一个洞时，便去下一个洞的开盘区继续投掷，直到掷准完场地上所有的洞。

（三）躲避飞盘

躲避飞盘运动为两队对抗性运动，只能使用飞盘打击对方队员的身体，并以飞盘碰触到对方身体的任何部位作为得分依据。在比赛中，内外场的队员均可以使用飞盘直接打击对方队员的身体。内场队员也可以传盘给自己队伍的外场队员。外场的队员可以直接传盘给自己队伍的内场队员及外场队员。躲避飞盘比赛的胜负是以在规定的时间内，内场所剩队员人数为记分标准，剩余人数多的团队获胜。

三、飞盘的基本技术

飞盘的丢准、瞄准都需要正确的握法和接法。

（一）反手握法

1. 基础握法

在这种方法中，食指要贴于飞盘的外缘，中指伸展开来指向飞盘的中心。这样做可以加强对飞盘的控制，使飞盘不摇晃。贴于边框的食指用于把握方向，支撑住飞盘的中指保证了飞盘飞行的稳定。在飞盘的底部，只有两根手指紧握着飞盘的边缘，从而导致这种握法与其他方式相比缺乏力度。握盘力度的大小取决于食指尾部对飞盘的牵引力。

2. 强力握法

这种方法在经验丰富的掷盘者人群中最为流行。所有手指都紧紧地握着盘缘，不用任何手指来支撑飞盘的底部。由于出盘点很难去把握，所以掷盘者有可能会控制不好飞盘。经常练习可以帮助掷盘者更好地控制飞盘。食指尾部对飞盘的拉动可以带来一股很强的力量，这种力量有利于克服飞盘不稳等问题。使用这种握盘方式的话，是很难扔反手高位盘的，因为在出手之前飞盘缺少往上迅速上升的助推力。

3. 混合握法

混合握法是前述两种握法的结合：食指紧握盘缘，为掷盘提供力量。中指略微伸展开来，支撑住飞盘。掷盘者可以使用混合握法去掷各种盘（包括反手高位盘），而且不需要改变握法。混合握法有个缺点就是，与强力握法相比，其掷盘力度会稍微欠缺。混合握法中关于拇指位置的要点可参照“强力握法”。

（二）正手握法

1. 基础握法

正手握法原则上近似于相对应的反手握法。中指置于盘的底部边缘，食指朝盘的中心伸展开来并支撑飞盘。这种握法的优点是可以很好地控制好飞盘飞行方向，缺点是力度不够。这是因为食指伸开的时候手腕无法往后竖过来。

2. 强力握法

食指紧靠中指，紧贴于飞盘的内缘。这样，手腕可以往后竖起来，给盘更多的动力，因而出盘可以更有力。飞盘容易失去控制，因为没有手指支撑着它。如果出盘时盘和手腕的角度不一致，盘会上下摆动，导致其飞得不够远。

3. 混合握法

正手的混合握法类似于反手的混合握法，但它并不常见。不需要将食指和中指平行，食指应该是弯曲着的。食指和中指的指腹都牢牢地压在飞盘的内缘。食指的弯曲部分可以起到支撑飞盘的作用。手腕依然可以往后竖起来，以增强出盘的力量。准备掷盘时将盘握平，这有助于掷出正手高位盘。

4. 其他握法

其他握法是指将中指侧面（而非指腹）顶着内缘。使用这种握法时，手掌是朝上的，而且出盘时不需要转换正手。这种握法的不利之处在于，指关节是出盘时的发力点，经常使用的话会受到损伤。因此，这种握法仅作为一种推荐方法，而非常用方法。

（三）接盘方法

1. 三明治拍接法

双手一上一下，掌心相对。眼睛看向飞盘，当飞盘飞到身前时，双手迅速合拢拍夹。拍夹的位置在飞盘的中心，使飞盘停止旋转并控制在手上。

2. 双手钳式接法

准备接盘时手呈钳子形状，掌心朝向飞盘。眼睛盯着飞盘，并用双手夹接飞盘盘沿。接到飞盘后手臂快速后撤，将飞盘缓冲控制下来。

3. 单手钳式接法

当飞盘离自己身体较远且无法用双手控制时，一般采用单手钳式接法。它的动作要领跟双手钳式接法一样，分为上手接法和下手接法两种，分别用于接不同高度的飞盘。

四、安全措施

（1）应该选择专业运动装备。例如，穿抓地力强的运动鞋，穿轻薄、透气、弹性好的运动服，佩戴专业手套，容易受伤的关节部位要佩戴护具。

（2）运动前后进行热身锻炼。飞盘运动强度很大，为避免在奔跑抢盘时出现肌肉拉伤，参与者要在运动前后做好肌肉和关节的拉伸，如大腿、踝关节、手臂、肩关节、手指等部位的拉伸。

（3）进行飞盘运动时尽量避免留长指甲，以防接盘时导致自己受伤。

（4）夏季进行此运动时，注意及时补充水分和电解质，同时做好防暑防晒准备。最好再准备一些应急药品，如果出现擦伤、扭伤、拉伤，能及时进行消毒等简单处理。

骑　行

骑行是指以自行车为工具，在自然或半自然环境中开展的休闲健身与探索活动，是户外休闲运动中最普及、最易参与的项目之一。它将运动健身与自然体验完美结合，既可以是城市周边的短途漫游，也可以是跨区域的长线旅行，凭借灵活性高、适应性强的特点，成为大众亲近自然、践行健康生活的重要方式。

骑行的历史可追溯至19世纪末自行车发明普及后，最初作为代步工具逐渐衍生出休闲属性。20世纪中期，随着山地自行车的出现，骑行运动突破了城市道路限制，向山野、林地等自然环境拓展，形成了多样化的户外骑行类型。如今，骑行已发展出城市通勤骑行、乡村漫游骑行、山地越野骑行、长途旅行骑行等多个细分领域，满足不同人群的需求：家庭可选择平缓的绿道骑行享受亲子时光，年轻人可挑战山地路线体验速度与激情，中老年群体可通过休闲骑行锻炼体能。

在现代生活中，骑行的价值愈发凸显：它是绿色环保的出行方式，减少碳排放；是低成本的健身手段，能有效提升心肺功能和下肢力量；更是探索世界的窗口，让参与者在车轮转动中感受不同地域的自然景观与人文风情，例如，穿越乡村田野欣赏田园风光，骑行古镇街巷体验民俗文化等。

一、骑行装备

（一）核心装备：自行车的选择

根据骑行场景选择合适的自行车是户外骑行的基础。

城市休闲自行车：适合城市周边绿道、平坦公路骑行，车架设计舒适，车座宽大，通常配备挡泥板、车筐等实用配件，骑行姿势较为直立，注重舒适性和便利性，适合新手和家庭使用。

山地自行车：专为野外非铺装路面设计，车架坚固，轮胎宽厚且纹路较深，具有良好的抓地力和减震效果，配备多挡变速系统和碟刹装置，能适应山地、林地等复杂地形，适合有一定经验的爱好者挑战越野路线。

旅行自行车：针对长途骑行设计，车架承重能力强，可安装货架、挡泥板、侧挂包等配件，车座和把手角度符合长途骑行的人体工学，骑行姿势兼顾舒适与效率，适合多日长线骑行。

公路自行车：适合平坦公路骑行，车架轻盈流线，轮胎窄而光滑，滚动阻力小，追求高速骑行体验，对骑手体能和技术有一定要求，适合公路竞速和长距离耐力骑行。

（二）安全与防护装备

头盔：头盔是骑行最重要的安全装备，需选择符合国家安全标准的产品，确保外壳坚硬、内衬缓冲良好，佩戴时松紧适宜，能有效保护头部免受撞击伤害。不同类型骑行头盔设计略有差异，山地骑行头盔通常侧面防护更全面，公路骑行头盔更注重轻量化和透气性。

骑行服与护具：专业骑行服采用透气速干面料，能减少汗液堆积，长袖款式可防晒防虫；骑行裤内置坐垫，能减轻长时间骑行的臀部压力。护具包括护膝、护肘（山地骑行必备）和手套，手套能防滑减震，保护手掌在摔倒时免受擦伤，夏季可选半指手套保持灵活，冬季则需保暖全指手套。

其他防护装备：骑行眼镜可防风、防尘、防紫外线，尤其在强光或风沙环境中必不可少；夜间或低光照环境骑行需配备前后车灯和反光条，确保自身可见性；雨具（如防水骑行风衣）则根据天气情况准备，保持骑行舒适。

（三）辅助装备

导航与通信设备：手机安装骑行导航App（如骑行轨迹记录软件），配备手机支架固定在车把上，长途骑行建议携带充电宝确保电量充足。必要时携带对讲机或卫星电话，在信号薄弱区域保持通信。

维修工具：基础工具包包括内六角扳手、螺丝刀、打气筒、补胎套装、链条油等，用于应对爆胎、螺丝松动等常见故障。长途骑行可额外携带备用内胎、链条快拆等配件，避免因装备问题滞留途中。

补给装备：水壶架和水壶是必备品，确保随时补水；便携背包或车后货架可携带食物（能量棒、水果等）、急救包、备用衣物等物品，背包需选择贴合背部的骑行专用款式，减少骑行时的晃动。

二、骑行基本技术

（一）基础骑行姿势

正确的骑行姿势能减少疲劳和受伤风险，核心要点是“三点支撑、重心稳定”：双手轻握车把，肘部微微弯曲以吸收路面震动；腰部挺直或微弓，避免含胸驼背，保持上半身放松；臀部坐于车座中部，双脚踩在脚踏上，脚掌前掌发力，踩踏时膝盖与车架保持适当距离，避免内扣或外翻。

不同骑行场景需调整姿势：平路骑行保持直立放松，重心均匀分布在车座和车把之间；上坡时身体前倾，重心前移至脚踏，便于发力；下坡时身体后移，重心落在车座后方，双手轻握车把控制速度，保持稳定性。骑行过程中需随时调整姿势，避免长时间保持同一动作导致肌肉僵硬。

（二）踩踏与变速技巧

高效踩踏是骑行的核心技术，采用“圆形踩踏法”：脚掌通过脚踏完整完成360度圆周运动，不仅向下发力，向上提拉时也需用力，使踩踏节奏连贯均匀，避免“死点”（上下死点时用力不足）。初学者可从低阻力挡位开始，专注于踩踏的流畅性，逐步提高踩踏频率（理想频率为每分钟60～90次）。

变速技巧需根据路况灵活调整：平路骑行使用中速挡位，保持稳定频率；上坡前提前降挡，选择低挡位（轻阻力），减轻腿部负担；下坡时可升高挡位（大阻力），利用惯性保持速度；遇到碎石、颠簸路面时，适当降挡以增加操控性。变速时需在踩踏用力瞬间完成，避免静止时变速导致链条脱落。

（三）转向与刹车控制

转向时需提前观察路况，轻转车把而非猛打方向，身体随转向自然倾斜，倾斜角度根据转弯半径和速度调整，急转弯时需减速并小幅转动车把，保持重心稳定。避免在湿滑或碎石路面急转，防止侧滑摔倒。

刹车控制要遵循"后刹为主、前刹辅助"原则：正常减速时前后刹同时使用，力度比例约前6后4；紧急情况时先轻捏后刹，再逐渐加重前刹力度，避免单独急刹前刹导致前轮抱死翻车。下坡时需间歇性点刹，避免长时间刹车导致刹车片过热失效，刹车过程中身体重心后移，增加后轮抓地力。

（四）复杂路面应对技巧

面对不同自然路面需掌握特定技巧：骑行碎石路时，降低重心，双手轻握车把，保持匀速通过，避免急刹或急加速；泥泞路面需保持直线骑行，适当提高车速以减少车轮陷泥，刹车时提前减速，避免打滑；通过浅滩或积水路面时，观察水深和水底状况，低速匀速通过，避免中途停车。

遇到障碍物（如小石块、树根）时，可采用"抬前轮"技巧：双手用力提车把，同时身体后移，借助惯性使前轮越过障碍，落地时轻缓发力；若障碍较高，需提前减速绕行，确保安全。

三、骑行路线规划与准备

（一）路线选择原则

路线选择需结合自身能力、装备条件和兴趣需求：新手优先选择铺装路面（绿道、乡村公路），避开陡坡、急弯和交通繁忙路段，长度控制在单日30千米以内；有经验的骑行者可挑战山地越野路线，但需确认路线难度与自身技术匹配；长途骑行需分段规划，每天骑行距离根据体力设定（一般60～100千米），避免过度疲劳。

规划时需收集路线信息：通过户外App、当地骑行俱乐部获取路况（坡度、路面类型、补给点分布）、天气情况、海拔变化等数据，避开自然灾害高发区（如雨季的山区易发生滑坡）和禁行区域，优先选择有救援保障的成熟路线。

（二）出行前准备流程

装备检查：出行前全面检查自行车，包括刹车灵敏度、轮胎气压（根据路面调整，硬路稍高、软路稍低）、链条润滑度、变速系统是否顺畅，确保所有部件正常工作。试骑1～2千米，感受骑行状态，及时调整车座高度、车把角度等细节。

信息告知：将骑行路线、预计返回时间、联系方式告知家人或朋友，确保紧急情况下能及时获得帮助。携带纸质地图或离线导航，避免依赖手机信号。

身体准备：骑行前进行5～10分钟热身，活动膝关节、踝关节、腰部和手臂肌肉，避免运动损伤。根据天气准备衣物，分层穿衣便于调节体温，如内层速干衣、中层保暖衣、外层防风防水衣。

四、骑行安全与环保规范

（一）安全防护要点

遵守交通规则：在公路骑行时靠右侧行驶，不逆行、不闯红灯，转弯或变道时提前示意（打手势或使用转向灯），夜间或低能见度时开启车灯并穿反光衣物，避免在机动车道长时间停留。

风险防范意识：随时观察路况，注意避让行人、车辆和障碍物，雨天、雾天减速慢行，保持安全车距。骑行中若感到疲劳，及时停靠在安全区域休息，避免疲劳驾驶。

应急处理能力：掌握基础急救技能，如轻微擦伤的消毒包扎、肌肉拉伤的冷敷处理、中暑后的降温补水等。携带急救包，包含碘伏、创可贴、绷带、止痛药等常用物品，遇到严重受伤立即停止骑行并寻求专业医疗帮助。

（二）环保与礼仪规范

骑行需践行“无痕户外”理念。

垃圾零遗留：随身携带垃圾袋，将食品包装、水瓶等垃圾全部带走，不随意丢弃在自然环境中，尤其注意不可降解垃圾（塑料瓶、塑料袋）的回收处理。

生态保护：不碾压植被、不追逐野生动物，骑行路线尽量避开生态敏感区（如湿地、自然保护区核心区），不在禁火区域吸烟或使用明火，防止引发火灾。

尊重他人与文化：经过乡村或居民区时，减速慢行并降低音量，不打扰居民生活；尊重当地风俗习惯，不随意进入私人领地，拍照前征得他人同意，与自然和人文环境和谐共处。

五、骑行的价值与体验

骑行不仅是一种运动方式，更是一种生活体验：在健康层面，它能增强心肺功能、锻炼下肢肌肉群，改善血液循环，长期坚持可有效预防心血管疾病和肥胖问题；在心理层面，自然环境中的骑行能缓解压力，骑行过程中的专注与节奏能带来身心放松，完成目标路线后的成就感能提升自信心。

更重要的是，骑行让人们以更亲近的方式感受世界：春日骑行花海感受生机盎然，秋日漫游山林欣赏层林尽染，在古镇街巷中品味历史韵味，在乡村小道上体验风土人情。车轮转动的每一千米，都是与自然和人文的深度对话，让户外休闲的意义超越运动本身，成为连接人与自然、人与生活的纽带。

徒步运动

徒步运动是一项以双脚为主要工具，在自然或人工步道上进行的户外休闲运动，通过行走体验自然景观、锻炼体能并享受探索乐趣。它是人类最原始的运动方式之一，从古代的迁徙、狩猎到现代的休闲健身，徒步始终与人类生活紧密相连。随着户外休闲理念的普及，徒步运动已发展为涵盖城市徒步、乡村徒步、山地徒步、高原徒步等多种类型的成熟项目，成为大众亲近自然、释放压力的重要方式。

徒步运动的核心魅力在于"自然沉浸"与"身心磨砺"的结合。与其他户外运动相比，徒步门槛低、包容性强，不受年龄、体能的严格限制：儿童可在公园步道认识植物，老年人可通过慢走颐养身心，户外爱好者可挑战长线徒步穿越山河。它强调"过程体验"而非速度竞技，参与者在行走中感受四季更替、地形变化，聆听自然声响，这种沉浸式体验能有效缓解现代生活的焦虑，实现身心放松。

从健康价值看，徒步能提升心肺功能、增强下肢力量、改善血液循环，长期坚持可降低心血管疾病风险；从社会价值看，团队徒步能增进人际交流，培养协作意识；从文化价值看，徒步路线常与地域文化结合，如古驿道徒步可触摸历史遗迹，民俗村寨徒步能体验民族风情，让运动成为文化传承的载体。如今，徒步运动已成为全球参与人数最多的户外运动之一，展现出强大的生命力和包容性。

一、徒步运动装备

（一）核心装备：徒步鞋与背包

徒步鞋：选择适合地形的徒步鞋是徒步的基础。低帮徒步鞋轻便灵活，适合城市周边、乡村平地徒步，鞋底防滑纹路较浅，注重舒适性；中帮徒步鞋脚踝支撑性好，鞋底防滑耐磨，适合中等难度的山地、碎石路徒步；高帮徒步靴鞋面坚固，鞋底厚且纹路深，配备防水涂层，能保护脚踝并应对泥泞、陡坡等复杂地形，适合长线山地徒步。选购时需试穿确保合脚，预留脚趾活动空间，避免磨脚或打滑。

背包：根据徒步时长和负载需求选择背包。单日短途徒步可选用20～30升背包，配备腰带和胸带分担重量，侧袋可放置水壶；多日长线徒步需40～60升背包，具备分区收纳设计（主仓放衣物、睡袋，顶仓放常用物品）、外挂系统（可固定登山杖、帐篷）和防雨罩。背包背负系统需贴合背部，腰带应能将重量转移到臀部，减轻肩部压力，确保长时间背负舒适。

（二）服装与防护装备

服装选择：采用"分层穿搭法"适应气温变化。内层穿速干衣裤，吸汗快干避免受凉；中层穿抓绒衣或羽绒内胆，提供保暖；外层穿防风防水冲锋衣裤，应对风雨天气。徒步服装需宽松透气，裤腿可收束防蚊虫，长袖衣物能防晒防刮擦。夏季选择浅色系衣物反射阳光，冬季选用深色衣物吸收热量，同时携带备用衣物应对天气突变。

防护装备：帽子是必备品，宽檐帽防晒遮阳，保暖帽应对低温；墨镜保护眼睛免受紫外线和风沙伤害；手套在攀爬或寒冷天气使用，防滑手套便于抓握登山杖。防晒霜、唇膏能防止皮肤晒伤，驱蚊液在植被茂密区域必不可少，尤其夏季需提前涂抹。

（三）辅助装备与补给用品

导航与通信：携带纸质地图和指北针作为基础导航工具，配合手机导航App（提前下载离线地图）使用。长途徒步需携带充电宝（10 000 mAh以上）确保电量，偏远地区可配备对讲机或卫星电话。随身携带紧急联系卡，注明个人信息、紧急联系人及健康状况，以备不时之需。

徒步工具：登山杖能减轻下肢30%的压力，选择可伸缩的铝合金或碳纤维材质，配备避震装置和防滑杖尖，上坡时助力，下坡时缓冲。护膝适合负重徒步或膝关节较弱者，能稳定关节减少磨损。此外需携带多功能刀具（切割、开瓶等）、手电筒（含备用电池）、防水袋（保护电子设备和衣物）。

补给用品：水壶或水袋（单日徒步至少1.5升水），根据路线是否有补水点调整携带量，可搭配滤水器在野外获取水源。能量食品如巧克力、能量棒、坚果等便于快速补充体力，长途徒步需携带正餐食物（如脱水米饭、罐头），选择高热量、易保存的食品。

二、徒步运动基本技术

（一）行走姿势与步态

正确的行走姿势能减少疲劳和损伤：身体保持直立，抬头挺胸，目光平视前方，避免含胸驼背或低头看脚；肩膀放松，双臂自然摆动，摆动幅度与步频协调；步幅适中，避免迈大步导致膝盖过度伸展，落地时脚跟先着地，再过渡到前脚掌，利用脚掌缓冲地面冲击力。

不同地形需调整步态：平地行走保持匀速，步频每分钟80～100步；上坡时身体前倾，重心前移，步幅减小，借助登山杖助力，避免膝盖超过脚尖；下坡时身体后倾，重心降低，步幅放缓，脚跟先着地并轻踩，利用登山杖支撑控制速度，避免奔跑或蹦跳。长时间行走需定时活动颈肩、腰部肌肉，避免僵硬。

（二）登山杖使用技术

登山杖是徒步的“第三只脚”，正确使用可节省体力、增强平衡。调整长度时，站立持杖，肘部弯曲90度为宜，手柄高度与髋部平齐；上坡时缩短下山侧手杖，下坡时伸长下山侧手杖，适应地形变化。

行走时采用“两步一撑”法：左脚踏出时，右手持杖支撑地面，右脚踏出时，左手持杖支撑，杖尖落地位置在脚掌前方10～15厘米，形成稳定支撑。过碎石路或湿滑路段时，双手同时撑杖，增加平衡支点；攀爬陡坡时，将登山杖底部斜插入地面，借助推力向上；过独木桥或狭窄路段时，单杖垂直支撑，辅助平衡。使用后需检查杖尖磨损情况，及时更换防滑套。

（三）地形应对技术

面对复杂地形需掌握特定技巧：

碎石路：脚步踩在石块平整处，小步快走保持重心稳定，避免踩在石块边缘打滑，必要时借助登山杖探路。

泥泞路：选择有草或树根的地方落脚，脚步要稳，避免抬脚时带起泥浆，可采用“外八字”步态增大支撑面积。

陡坡：“之字形”路线能降低坡度，行走时侧身迈步，重心放低，手脚并用攀爬较陡路段，下山时“之字形”迂回可减缓冲击。

水域/溪流：观察水流缓急和河床情况，选择水浅、石块稳固处过河，赤脚过河需注意水底碎石，拄杖保持平衡，两人以上可手拉手互助过河。

三、徒步路线规划与准备

（一）路线选择原则

根据自身能力和目标选择路线：新手优先选择难度低、距离短（单日10千米内）、有成熟步道的路线，如城市公园、郊野公园；有经验者可挑战中等难度路线（单日15～25千米），包含一定海拔上升和复杂地形；长线徒步需具备丰富经验，选择有补给点、救援设施的成熟路线，避免独自进入无人区。

路线评估需考虑多因素：海拔落差（单日上升不超过1 000米为宜）、路况类型（铺装路、碎石路、泥土路比例）、天气条件（避开暴雨、台风等恶劣天气）、补给点分布（水、食物、住宿是否便利）。可通过户外平台、徒步俱乐部获取路线轨迹、海拔图、难度评价等信息，参考其他参与者的经验反馈。

（二）出行前准备流程

体能准备：提前1～2周进行适应性训练，如每日快走30分钟、爬楼梯等，增强下肢力量和耐力。长线徒步前需进行负重训练，逐步增加背包重量，适应行走强度。出发前保证充足睡眠，避免疲劳状态参与。

装备检查：列出装备清单逐一核对，重点检查徒步鞋是否合脚、背包背负系统是否调整到位、导航设备电量是否充足、雨具是否完好。试穿全套装备行走1～2千米，确保无磨脚、背包晃动等问题，及时调整或更换装备。

信息准备：下载路线离线地图，标记关键点位（补给点、岔路口、紧急避难所）；了解天气预报，准备应对预案；将路线、预计返回时间、同行人员信息告知家人或朋友，约定联络时间，确保紧急情况可及时求助。

四、徒步运动安全与环保规范

（一）安全防护要点

身体信号关注：徒步中留意身体反应，出现头晕、胸闷、关节疼痛等不适需立即停下休息，补充水和能量，症状未缓解需果断放弃行程返回。避免过度疲劳，每行走1～2小时休息10～15分钟，恢复体力。

天气变化应对：山区天气多变，随身携带防雨保暖装备，遇暴雨、雷电需立即寻找安全庇护所（远离山脊、大树、电线杆），待天气好转再出发。高温天气注意防暑，多喝水、戴遮阳帽，避开正午高温时段行走；低温天气注意保暖，防止失温，可通过活动身体产生热量。

紧急情况处理：轻微扭伤需立即停止活动，冰敷（或冷水冲）后加压包扎，抬高患肢；外伤需用碘伏消毒，创可贴或绷带包扎，避免伤口感染。迷路时保持冷静，停留在有明显标记处，使用导航设备定位，联系外界求助，必要时点燃烟雾信号或呼喊求救。

（二）环保与礼仪规范

徒步运动需严格践行“无痕户外”理念。

垃圾零遗留：随身携带垃圾袋，将所有垃圾（食品包装、水瓶、果皮等）带出户外，不随意丢弃，难降解物品（电池、塑料）需专门回收处理，不焚烧垃圾。

生态保护：不采摘植物、不捕捉动物，尊重野生动植物的生存环境，保持安全距离观察野生动物，不投喂动物。保护文物古迹，不刻画、不触碰历史遗迹，不擅自移动路线标记。

礼仪规范：遵守“徒步礼仪”，相遇时主动避让，下坡者让上坡者，单人让团队，保持安静不喧哗，不打扰自然环境和其他徒步者。露营时选择指定营地，不破坏植被，离开时清理营地痕迹，做到“来无痕，去无踪”。

五、徒步运动训练与进阶

（一）基础体能训练

耐力训练：每周3～4次有氧训练，如快走、慢跑、游泳，每次30～60分钟，逐步提高心肺功能和耐力。

力量训练：重点锻炼下肢肌肉，深蹲、箭步蹲、提踵等动作每周2～3次，增强腿部力量；平板支撑、俯卧撑可提升核心力量，改善行走稳定性。

柔韧性训练：徒步后进行拉伸，重点拉伸小腿、大腿、腰部肌肉，每个动作保持20～30秒，缓解肌肉紧张，预防拉伤。

（二）技能进阶路径

新手掌握基础装备使用、平地行走技巧后，可逐步学习地图导航、野外生存技能；中级阶段可尝试负重徒步、复杂地形穿越，学习风险评估和应急处理；高级阶段可挑战长线徒步、高原徒步，掌握高海拔适应、野外露营等专业技能，必要时参加专业培训获取资格认证。

徒步运动的真谛在于“量力而行，享受过程”。无论是短途休闲还是长线挑战，保持对自然的敬畏之心、对安全的重视之心、对环境的守护之心，才能在行走中收获健康、快乐与成长，让每一步都成为与自然和谐共处的印记。

思考题

1. 登山和攀岩时要注意哪些事项?
2. 团队飞盘与躲避飞盘有何异同?
3. 骑行和徒步运动在安全方面有哪些注意事项?

主要参考文献

[1]段锐，王健，乔德才，等.运动生理学[M].北京：高等教育出版社，2024.
[2]彭莉，任重宇，陆玉坤.体育保健学[M].重庆：西南大学出版社，2024.
[3]黄远旺，蒙励坚，王明.新编体育与健康教程[M].北京：人民体育出版社，2021.
[4]毛志雄.体育运动心理学简编[M].3版.北京：北京体育大学出版社，2024.
[5]石磊，余银，韩炜.运动训练学实用教程[M].北京：人民体育出版社，2023.

郑重声明

高等教育出版社

教学资源服务指南

感谢您使用本书。为方便教学，我社为教师提供资源下载、样书申请等服务，如贵校已选用本书，您只要关注微信公众号“高职素质教育教学研究”，或加入下列教师交流QQ群即可免费获得相关服务。

“高职素质教育教学研究”公众号

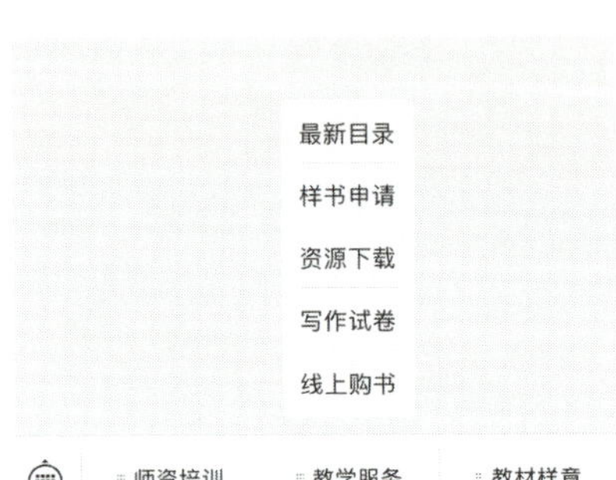

资源下载：点击 “**教学服务**”—“**资源下载**”，或直接在浏览器中输入网址（http://101.35.126.6/），注册登录后可搜索下载相关资源。（建议用电脑浏览器操作）

样书申请：点击 “**教学服务**”—“**样书申请**”，填写相关信息即可申请样书。

样章下载：点击 “**教材样章**”，可下载在供教材的前言、目录和样章。

师资培训：点击 “**师资培训**”，获取最新直播信息、直播回放和往期师资培训视频。

联系方式

职业素养和创新创业教师交流QQ群：310075759

联系电话：（021）56961310　电子邮箱：3076198581@qq.com